CITY

鲍林强 著

中国都市病
治理研究
公共产品供给的视域

ZHEJIANG UNIVERSITY PRESS
浙江大学出版社
·杭州·

图书在版编目（CIP）数据

中国都市病治理研究：公共产品供给的视域 / 鲍林
强著. -- 杭州：浙江大学出版社，2023.8
  ISBN 978-7-308-24130-4

  Ⅰ.①中… Ⅱ.①鲍… Ⅲ.①公共物品—供给制—研
究—中国 Ⅳ.①F20

  中国国家版本馆CIP数据核字(2023)第158870号

中国都市病治理研究：公共产品供给的视域
ZHONGGUO DUSHIBING ZHILI YANJIU: GONGGONG CHANPIN GONGJI DE SHIYU
鲍林强　著

责任编辑	赵　静
责任校对	胡　畔
封面设计	林智广告
出版发行	浙江大学出版社
	（杭州市天目山路148号　　邮政编码　310007）
	（网址：http://www.zjupress.com）
排　　版	杭州林智广告有限公司
印　　刷	杭州日报报业集团盛元印务有限公司
开　　本	710mm×1000mm　1/16
印　　张	15.5
字　　数	250千
版 印 次	2023年8月第1版　2023年8月第1次印刷
书　　号	ISBN 978-7-308-24130-4
定　　价	78.00元

序 言

探究都市病治理问题的一个重要维度

鲍林强博士新著《中国都市病治理研究：公共产品供给的视域》出版，是一件值得庆贺之事。如何治理与祛除都市病，在当下中国是一个日益引发人们特别关注的论题。积极推进其深入研究，具有重要的理论意义和现实意义。

城市，是人类社会文明发展进步孕育的硕果。数千年来，城市的升级换代一直在持续。无论是作为一个国家或区域的政治中心、经济中心或文化中心，或是二者、三者兼而有之的中心，或是现代的金融中心、科技中心或物流中心，城市在人类社会的重要功能性作用都在不断拓展增强。城市既是一种生活方式，也是一种经济社会运行模式。来自天南海北的大量人群以较高的密度集聚在一个个特定的市域空间共同生活，一大批生产经营活动汇集在一个个特定的市域空间竞相发展，这既是共享资源、同台竞争，又是相互借力、相依相存、共享繁荣。这就是城市之最本质具象与生存逻辑。城市所形成的日愈强劲的资源集聚效应与规模效应，不仅能使城市居住者生活得更惬意、更便捷、更有活力，也为城市工商各业的成长兴盛提供了较优裕的条件——它们得以孕育成长和良性运行所需要的阳光、雨露与沃土，使它们的竞争发展更有效度。城市，是人类社会高效发挥资源集聚效应与规模效应的典范，这应是不争之论。

城市发展的高级阶段是都市。当代意义上的都市，不仅能够汇聚更多的人口，拥有更大的经济能量，更重要的是市域中的第三产业能够在所有生产经营

1

活动中占有更大的比重，处于更重要的地位，而且其经济、金融或科学文化事业的活动能够在国际、国家或区域范围中产生强大的示范作用和标杆作用，较之其他城市更具蓬勃生机与活力。大都市是一个国家或地区内的甚至是全球范围内的文明进步和经济社会发展的旗帜、发动机和领头羊，是一个国家或地区的重要标识，能够为一个国家或地区的发展带来强劲的资源吸纳力与资源整合力。因此，大都市的良性发展运行能够对一个国家或地区的经济社会发展和文明进步起到极其重要的推动作用、辐射作用和引领作用。这种作用不可替代，亦不可或缺。

然而，都市如同其他类型的城市一样，在彰显城市的资源集成效应和规模效应的同时，也有可能产生负面效应，即罹患各种城市病。规模越大的城市越有可能出现城市病，并遭受严重危害。这正如越是拥有强大负载能力和高速度的运载工具，其产生的令人烦扰的震颤与噪声就可能越严重，规模越大、人口越是密集、功能越强的都市越是可能产生严重的都市病，而且其都市病病症的种类也可能越多。因此，深入研究都市病的病症、病因及其危害，探讨治理都市病的有效路径与方略，有利于我们对症施治、祛病治本，也有利于防止其发展蔓延，而且对于维护和促进都市机体健康与良性运行、维护和促进一个国家或地区的经济社会持续发展和文明进步，以及改善民生、增进社会福祉都具有十分重要的意义。

都市病病症虽然有多种类型，但其主要病因大都来自都市资源稀缺、公共产品供给不足或供给失当。具体表现在：由于基础设施供给不足或供给失当，交通拥堵滞塞，出行困难、物流不畅；住房资源紧缺，安居问题尖锐；环境与生态保护失守，都市生存环境恶化；居民收入差距扩大，贫富不均现象突出；教育、卫生资源短缺，看病难、入学难等问题难以破局。这些问题与都市管理的制度法规或供给不足、或供给滞后、或供给低效及都市运行缺乏有效政策调节有关。其直接后果是都市生活条件退化甚至恶化，都市居民生活品质下降，都市经济功能和社会功能衰退，都市运行阻滞低效。

首先，现代都市出现都市公共产品供给不足和供给不均衡问题，其根本原因是公共资源的稀缺性。公共资源的稀缺性与非均质性是现代都市政府必须直面的严峻挑战，是制约公共产品供给的基础性原因。维系一个都市生产生活的良性运行，需要以都市政府为核心主体的公共部门主导，为社会提供充足和高质量的公共物品和公共服务。保障这样的供给和服务，依赖于财力、物力、技术、智力以及各种自然资源。但是，公共资源的有限或稀缺是一种常态，这就使满足都市人口持续增长、都市不断发展扩张带来的需求成为持续的挑战。一方面，由于人口增长与自然环境的退化与恶化，资源本身所具有的稀缺性必定会日益凸显；另一方面，一部分资源如土地、能源等所具有的不可再生性使这样的矛盾更为尖锐。此外，公共资源供给的非均质性也会在很多时候使都市的公共物品和公共服务供给陷入窘境。公共资源供给的非均质性体现在其供给构成、供给分布与供给配置的非均质性三个方面。以当下中国都市为例，公共教育资源、公共卫生资源与公共基础设施资源的供给在上述三个层面的非均质状态都十分严重。

与此形成强烈反差的是，都市公众期望以自己的较少投入，即较少的税负代价，获得较多较好的公共产品供给，包括教育卫生资源、住房和公共政策的供给，以及都市基础设施的供给和自然环境的改善。都市各种生产活动的经营者，无论是在第三产业、第二产业还是第一产业，无论其产业规模大小，都希望获得更充足更优质的资源供给，包括人力资源、财力资源和各种能源，以及各种公共产品，包括基础设施、经济政策和制度法规的有效供给。这样的不断增长的对公共产品和公共服务供给的期望值，无论是供给数量还是质量，都会远高于都市政府实际供给能达到的程度。这种刚性需求会给都市政府造成巨大压力，并且在可以预见到的较长时期中，这样的压力仍将会难以缓释。因此，公共资源的可获得性和充足性之难以保障，与公众对公共物品和公共服务的刚性需求之间的矛盾不但必须直面，而且正在变得日渐尖锐。由于这样的反差，都市病的发生和蔓延难以遏止；这样的矛盾愈是凸显和锐化，都市病的病象就会愈加严重，并且会造成更大的危害。

其次，都市公众利益与信念的过度分散性也成为加剧公共产品和公共服务供给难度的重要诱因。随着时代的发展，都市公众的价值选择与利益偏好愈来愈趋向多元化，而其实现的可能性也在不断得到实质性的增量拓展。这样的潮流体现社会文明的进步，表明社会比过去更宽容、更理性，社会的发展进步给人们提供了更多有利于个人选择的机会和条件。但是，现代都市中的利益和信念若过度分散也会带来极具挑战性的问题。其影响之一，是导致都市政府供给公共产品与公共服务的能力与其所面临的都市公众的要求之间的距离有可能进一步加大，都市政府解决供给公共产品与公共服务问题的复杂性与难度有可能更为凸显，从而导致都市病病症范围的扩大及其危害程度的加剧。

一方面，都市公众利益和信念的日益多元化意味着公众对于公共产品供给的要求更具多样化、更为复杂和更具差异性，并且公众获取公共物品供给的方式与路径更具竞争性，这就有可能使得政府供给所需资源更多，供给方式抉择的难度更大。另一方面，都市公共物品供给包括了制度与政策的供给，都市公众利益和信念的过度分散必然使不同区域、不同阶层、不同群体的利益与价值取向更难以协调与整合，因而都市政府制定和执行既能被不同人群中的大多数公众认可，又能有效整合国家利益、地方利益及不同群体利益的制度与政策更为不易。因此，不论是一般公共物品和公共服务的供给，还是制度与政策的供给，都更有可能出现供给滞后缺位、供给不足、供给低质低效的问题，在严重的情况下这样的现象甚至会成为常态。由此，就必然会加剧都市病的蔓延与恶化。

再次，政府失灵问题也会导致都市政府在公共产品供给方面出现偏差失误。政府失灵即如萨缪尔森所指，是政府政策或集体行动所采取的措施不能改善经济效率或实现道德上可接受的收入分配。① 或如沃尔夫所言，是由政府组织的内在缺陷及政府供给与需要的特点所决定的政府活动的高成本与低效率以及分配不公。② 换言之，政府失灵是政府对经济社会事务干预过多或干预不力，或

---

① 保罗·A.萨缪尔森、威廉·D.诺德豪斯：《经济学》，高鸿业译，中国发展出版社，1992年，第189页。
② 查尔斯·沃尔夫：《市场或政府——不完善的可选事物间的抉择》，谢旭译，中国发展出版社，1994年，第56页。

实施了错误的干预，其结果不但没有很好地促进经济和社会发展，反而造成政府或是规模过度扩张、寻租活动增多、交易成本加大，或是管理失效或低效、社会经济效率低下、社会资源难以优化配置。①

都市政府失灵会带来制度与政策供给的路径依赖、政策制定与执行的价值偏移和低效、政府部门自我扩张挤占和浪费公共资源、公共产品供给低效、公共权力寻租等一系列严重后果。这些都有可能会使都市政府公共产品的供给（包括制度政策供给）的效率和质量被进一步侵蚀消解。

最后，公共产品供给主体之间的关系不能理顺、各主体责任界分不清、供给路径不适当也会导致公共产品供给出现严重问题，从而诱发或加剧都市病。该书明确指出都市公共产品的供给主体应该包括三个方面，即政府、市场与社会。政府、市场与社会是现代社会的三种基本构成力量，三者各有其独特的不可替代的运行机制。都市亦不例外。从公共产品供给的视域看，实现三种力量和三种机制的良性交集、互动与合作是实现都市公共产品有效供给的根本保障。

在都市公共产品供给中，无论是基础设施建设运行、文教卫生事业的发展推进，抑或是民生改善与社会救助体系的建构运作，都需要三种力量和三种机制共同承担责任并发挥作用。虽然总体而言，都市公共物品的供给如同所有其他地域一样，应当由政府力量和政府机制起主导作用，但市场与社会的力量和机制不可或缺。

一方面，仅仅依靠政府的计划和行政措施无法实现都市资源的有效配置和公共产品的有效供给；另一方面，在都市公共产品供给过程中也会出现市场失灵。仅仅依靠市场手段，也无法实现资源的优化配置。而且，在此过程中，政府机制与市场机制没有完全的互补关系，并非一旦出现市场失灵，只需政府介入予以积极干预就能够手到病除化解危困。反之亦然。这是当代都市治理者必须清醒认识的重大问题。因此，都市公共产品供给必须通过实现政府与市场、社会的协同合作来进行，必须充分实现政府、市场与社会三种力量与机制的良

---

① 黄健荣等：《公共管理新论》，社会科学文献出版社，2005 年，第 166 页。

性互动与合作。

这样的三种力量各有其特定的运行方式或机制（见序表1）。政府机构或公共部门之运行机制是由权力驱动的官僚制，其运行方式主要基于制度规则、程序与等级控制，强调命令与服从。市场力量之运行机制是由利益驱动的，其运行方式是交易与竞争。社会力量之运行是由价值认同的共识所驱动的，其运行方式是基于互动互惠的协商合作。三种力量的运行机制各有其特定的能有效解决其适用问题的方法。政府的强制机制、市场的竞争机制与社会的合作机制成为其各自最显著的特点。在都市公共产品供给事务中，三种力量与机制总体功能各有优劣利弊，三者可以在适当的条件下实现不同配置方式的整合而不可互相替代。

序表1　都市公共产品供给中三种力量的动力与运行机制

分类	政府力量	市场力量	社会力量
运行动力	权力驱动	所有权明晰界定，利益驱动	共识与集体的自我约束
运行机制	官僚制	利益诱因与价格机制	协商互惠
运行方式	基于规则、程序的等级控制，强调命令与服从	交易与竞争	基于共同规范与价值的协商合作

既然都市公共产品供给存在的各种严重问题是导致都市病产生的一个重要原因之一，那么从公共产品供给的视角切入对防范和治理都市病问题进行深入研究，就是破解都市病困局的一个重要路径。换言之，探讨如何改善和优化都市公共产品供给，是撬动和解决都市病问题的一个重要支点。

该书正是从公共产品供给理论的视角切入，对如何治理都市病问题进行的一次系统、深入、别开生面的探索之旅。基于对都市病及其治理研究成果的系统分析研究，本书建构了以公共产品供给理论为指导的都市病治理研究的分析框架，对都市病的概念、成因、本质与现状等基本问题进行全面考察，进而探讨都市病的基本类型界分，以及都市病的各种危害性。同时，该书以中国北京、上海、杭州三大都市为典型案例，对都市病治理实践进行深度审视与比较分析；之后，对纽约、东京、伦敦这三个国际大都市的都市病治理经验得失进行考察研究和比较分析；最后，提出分类型治理与整体性治理相结合的当下中国都市病治理的指导思想与对策建议，以期为实现都市病治理的标本兼治提供理论和方法的借鉴。

这部著作的基础是作者的博士学位论文。作者鲍林强是我指导的 2011 级博士研究生和 2007 级硕士研究生。在我所指导的博、硕研究生中，鲍林强从事实务工作时间最长。在读研、读博前后，他长期在都市企事业单位任职管理，工作勤谨务实，善于思考，能干事，能成事，积累了很多对管理运行观察分析和实施对策的经验。以这样厚积兼收之管理经验和体验来观察和研究都市的管理实务，观察和研究都市病治理问题，作者显然有其自身的优势，有其独特的视角、思考与感悟。就其本质而言，在某种意义上，都市也是一个企业，一个别具特色的由各种营利和非营利部门构成的超级企业。虽然，都市管理远比企事业管理复杂得多，但应当说，二者仍在许多方面有相通之处。在理论拓展提升的基础上，鲍林强在此项研究中着力实现五个层面的结合，即理论研究与实践研究相结合，微观研究与宏观研究相结合，定量研究与定性研究相结合，国内都市病治理比较研究与国外都市病治理比较研究相结合，都市病治理静态研究与动态研究相结合，从而使本研究能够获得有实质意义的推进，在理论探索上达到一定的高度，在现实研究和对策建构方面达到较好的深度。因而，其研究成果具有较好的学术创新性，并具有特别的现实意义。

可以期待的是，这一著作将得到学术界和都市治理实务界的关注，对深化人们对都市病问题的认知、推进都市病治理的学术研究与对策研究有所助益。

黄健荣

2022 年 7 月

于南京大学秦淮亦柳斋

.

目　录

第一章　导　论 / 1

　　第一节　选题缘起 / 2

　　第二节　研究文献述评 / 11

　　第三节　研究内容、研究技术路线及创新与不足 / 23

第二章　核心概念与理论分析框架：公共产品供给的视域 / 32

　　第一节　城镇、城市与都市 / 32

　　第二节　城市化与城镇化 / 39

　　第三节　城市病与都市病 / 45

　　第四节　都市病及其治理研究的公共产品供给结构分析框架 / 52

第三章　当下中国都市病剖析：现状、类型及危害 / 63

　　第一节　当代中国都市病病象 / 63

　　第二节　公共产品供给理论维度的中国都市病类型界分 / 73

　　第三节　当下中国都市病危害分析 / 84

第四章　当下中国都市病成因分析：公共产品供给结构的视域 / 93

　　第一节　公共产品供给结构视域的都市病成因分析 / 93

　　第二节　制度公共产品供给视角下的都市病成因 / 99

　　第三节　公共产品供给结构失衡与都市自组织系统结构变异 / 103

第五章　中国都市病治理研究：以北京、上海、杭州为例　/ 109
　　第一节　北京市都市病治理考察　/ 110
　　第二节　上海市都市病治理分析　/ 121
　　第三节　杭州市都市病治理审视　/ 129
　　第四节　当下中国都市病治理方式反思　/ 137

第六章　都市病治理的国际经验考察：以东京、纽约、伦敦为例　/ 144
　　第一节　全球城市化发展趋势　/ 144
　　第二节　东京都市病治理　/ 147
　　第三节　纽约都市病治理　/ 155
　　第四节　伦敦都市病治理　/ 163
　　第五节　典型国际都市治理都市病的经验启示　/ 172

第七章　分类治理与整体治理：当下中国都市病治理之路向　/ 177
　　第一节　供给不足型都市病治理　/ 177
　　第二节　供给不均衡型都市病治理　/ 189
　　第三节　供给品质紊乱型都市病治理　/ 196
　　第四节　都市病整体性治理的路径与对策　/ 203

第八章　研究结论　/ 218

参考文献　/ 222

后　记　/ 236

第一章 导 论

　　城市是人类文明发展的重要成果，也是保障和促进人类文明薪火传承、持续发展进步的重要基地。城市人才集中，资源集聚效应突出，基础设施和公共服务供给相对充裕，在很多方面具有传统乡村社会无可比拟的优越性。正是在这个意义上，人们有充分理由认为，"城市，让生活更美好"。然而，人类生活的真谛也许正在于事实常常会偏离人们的理想与愿景，当然，这种偏离或许才是生活丰富多彩的精髓所在。就城市生活而言，我们通常看到的是科技进步与经济社会发展使世界城市化进程不断加快，但快速发展的城市化在使人们生活更加美好的同时，也带来了诸如交通拥堵、上学难上学贵、医疗资源紧缺、空气污染严重、垃圾围城等困扰人们生活的城市病或都市病，极大地降低了城市居民的生活质量，销蚀城市生活给人带来的幸福指数。因此，有效治理各类城市病或都市病在某种程度上是实现"城市，让生活更美好"愿景的前提与基础。一般而言，都市是指人口与空间规模较大的城市。由于人口和空间规模更大，都市中各种都市病的病症表现比一般城市更为典型、更为严重，给都市居民生活带来的负面影响也更大，因而都市病的治理也更为迫切、更为重要、更为复杂、更具代表性、更有研究价值。都市病的本质是什么？是什么原因导致都市病的滋生肆虐？都市病有哪些危害？如何有效预防和治理都市病？本研究以都市病及其治理问题为研究对象，聚焦探讨这些理论与实践问题，以期推进当下中国的都市病治理理论研究，为都市病治理实践提供理论支撑。

第一节 选题缘起

一、研究问题的提出

城市化发展带来的人口、资源与信息等要素的高度集聚，在深层次上改变了传统的生产、生活方式与社会结构，为都市居民带来日益增长的福祉。然而，受诸多因素影响，都市人口集聚与都市公共产品和公共资源供给之间形成巨大张力，导致形形色色的都市病滋生蔓延。在世界都市发展史上，几乎所有国家的都市发展都曾经受或正在经受都市病的困扰。在英国伦敦，由于市中心集中了政府机构及大量企业和娱乐场所，每天高峰时段都有超过 100 万人、每小时有 4 万辆机动车进出市中心区域，导致高峰时的机动车平均时速只有 14.3 公里，伦敦核心区成为全英最为拥挤的区域。在巴黎、曼谷、纽约、东京、悉尼等地，几乎所有的大都市都面临交通拥堵的困局，都市生产和生活的交通通勤成本高昂。除了交通拥堵，环境污染、贫富差距、资源短缺、都市贫困等问题也持续困扰着都市人们的生活，阻滞都市的有效运行，使都市经济社会功能衰退，都市生活环境持续恶化，都市居民生活质量不断下降。

据联合国《2018 年世界城市化趋势》报告发布的数据，截至 2018 年底，世界平均城市化水平已经达到 55%。[①] 在中国，2011 年城镇人口占全国人口总数的比重首次超过 50%。中国 2018 年的人口城镇化率已经超过世界平均水平，达 59.58%[②]，2021 年的人口城镇化率已经达到 64.27%，城市化发展迅速。近年来，随着城市化水平不断提升，各种都市病病症在中国各大都市中也日益凸显，其中较为典型的如交通拥堵问题、高房价问题、城市环境污染、都市垃圾处理危机、都市水资源危机等，都在各大都市不同程度地显现，严重影响了都市居民的生活幸福指数，对都市发展形成较大阻碍。

[①] 联合国经济和社会事务部：《2018 年世界城市化趋势》，全球经济数据网，2018 年 1 月 10 日，http://www.qqjjsj.com/show151a30151，访问日期：2020 年 3 月 9 日。

[②] 《2018 国民经济成绩单：城镇化率达 59.58% 中西部潜力仍然很大》，第一财经网，2019 年 1 月 21 日，http://baijiahao.baidu.com/s?id=1623246255372270648&wfr=spider&for=pc，访问日期：2020 年 5 月 3 日。

交通拥堵问题严重。当今中国，交通拥堵已经变成几乎所有都市人日常生活的噩梦。全国大大小小的城市乃至集镇都难以摆脱交通拥堵的命运。据央视《经济半小时》记者2010年10月所做的跟踪调查，北京白领每天上班单程消耗的时间至少需要3小时，每天上班往返要耗费6小时以上。[①]《京华时报》的调查数据显示，北京市区日交通拥堵时间已达5小时。[②]北京2021年地面公交出行时间指数分别为3.47分钟/公里，较2020年同期增长3.58%，每百公里出行耗时增加约12分钟。轨道交通出行时间指数为2.22分钟/公里，较2020年同期增长1.83%，每百公里出行耗时增加约4分钟。小汽车出行时间指数为2.84分钟/公里，较2020年同期增长6.37%，每百公里出行耗时增加约17分钟。[③]杭州曾有高架拥堵7小时的记录。京藏高速北京段曾经发生"史上最长拥堵"，拥堵超过55公里，时间长达11天之久。

高房价问题。人口大量涌向城市，尤其是北京、上海、广州等大城市，导致城市房价持续高涨。在中国，城市高房价、高房租已经不是新鲜话题。在多年宏观调控之下，城市房价不仅没有出现下降迹象，一些大型都市房价反而节节攀升。据上海易居房地产研究院发布的全国35个大中城市房价收入比数据，在剔除可售型保障性住房后，2013年中国35个大中城市房价收入比均值为10.2，其中北京、上海、深圳、福州4个城市遥遥领先，北京高达19.1，位居榜首。[④]2019年，中国房价收入比比2018年提高了0.2，达到28.4，而世界发达经济体的房价收入比大多低于中国，比如日本为13.3，德国为9.4，美国为3.7，发展中经济体的该数据也普遍低于中国，比如越南为21.9，巴西为16.5，

---

① 《央视调查背景堵车状况：白领每天路上耗6小时》，搜狐网，2010年10月14日，http://m.sohu.com/n/275685781/?v=3&_trans_=000014_baidu_ss，访问日期：2010年10月24日。
② 傅莎莎：《北京每天拥堵5小时 私家车使用强度超东京两倍》，《新京报》2010年4月10日。
③ 北京交通发展院：《2021年北京市交通运行状况评价》，腾讯网，2022年2月9日，https://mp.weixin.qq.com/s/QR2s0OXE2nD5jrheYS4EZw，访问日期：2022年5月5日。
④ 庞无忌：《35城房价收入比出炉 北京房价超出合理值3倍多》，中国经济网，2020年11月20日，http://district.ce.cn/newarea/roll/201405/26/t20140526_2876590.shtml，访问日期：2020年12月9日。

俄罗斯为 11.3。[1] 截至 2021 年底，全国各地平均房价收入比为 8.4，最高的北京达到了 21.5，最低的内蒙古也有 5.6。[2] 高涨的房价使新进都市的人群面临不可承受之重，蚕食着都市人的生活幸福指数。在大城市房价居高不下、生活成本和生活压力持续增长的情况下，一些人已经开始"逃离北上广"。

城市环境污染问题。随着工业化的发展和城市建设进程的加快，都市污染问题也日益严重。以城市空气污染为例，根据世界卫生组织的标准，PM2.5 小于 10 是安全值，采用的上限标准是 PM2.5 不超过 35。如果根据世界卫生组织的标准，当前各大城市的 PM2.5 几乎全部超标。2011 年 9 月，世界卫生组织以 PM10 为主要参照指数，发布了全球城市空气污染报告。根据该报告，中国在报告中参与排名的 91 个国家中处于第 77 位。报告表明，31 个省会及直辖市中的 4/5 人口所生活的城市空气 PM10 年平均浓度超过 70 微克 / 立方米，严重的空气污染正在威胁着城市居民身体健康。[3] 2013 年 1 月 12 日，中国环境监测总站网监测数据显示，在当天被监测的全国 74 个城市中，有 33 个城市的空气质量属于严重污染级别，其空气质量指数都超过 300（图 1–1）。[4] 2021 年，在中国 PM2.5 年均浓度实现六连降之后，在全国 339 个地级及以上城市中，仍有 121 个城市的环境空气质量指数超标，占 35.7%。[5]

---

[1]　梁中华、张陈：《宏观每日一图：房价收入比继续上升》，新浪网，2020 年 5 月 23 日，https://stock.finance.sina.com.cn/stock/go.php/vReport_Show/kind/lastest/rptid/650537343936/index.phtml，访问日期：2020 年 7 月 2 日。

[2]　房产领域创作者：《房价收入比 3 ～ 6 倍是合理值，我们已经 8.4 倍了，房价为何不能再降？》，2020 年 4 月 17 日，https://baijiahao.baidu.com/s?id=1737032873523296970&wfr=spider&for=pc，访问日期：2020 年 5 月 20 日。

[3]　白志鹏、王宝庆、杜世勇：《PM2.5 如何防控》，《中国环境报》2012 年 2 月 21 日第 2 版。

[4]　《74 个监测城市中 33 个空气质量达严重污染级别》，人民网，2013 年 1 月 13 日，http://sc.people.com.cn/GB/n/2013/0113/c345460-18012131.html，访问日期：2020 年 5 月 20 日。

[5]　张璐：《2021 中国生态环境状况公报发布，PM2.5 实现"六连降"》，2022 年 1 月 14 日，https://baijiahao.baidu.com/s?id=1733886352160191145&wfr=spider&for=pc，访问日期：2022 年 2 月 16 日。

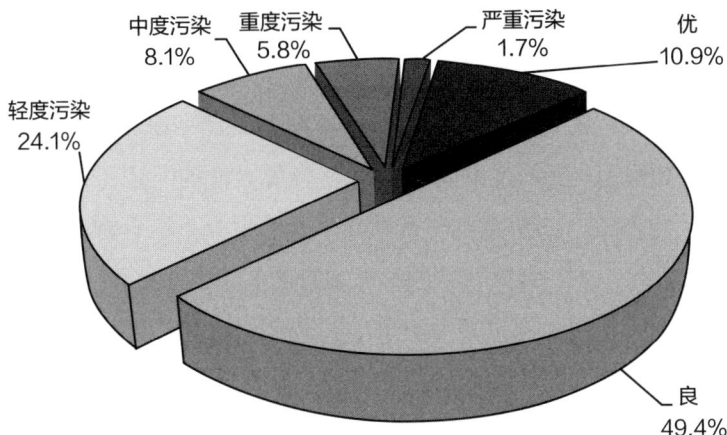

中度污染　　重度污染　　　　严重污染　　　　优
8.1%　　　　5.8%　　　　　　1.7%　　　　10.9%

轻度污染
24.1%

良
49.4%

图 1-1　2014 年上半年 74 个城市日空气质量级别分布[①]

都市垃圾处理危机。目前国内多数城市都面临垃圾处理问题，三分之一以上的城市正面临巨大的垃圾围城危机。[②] 有数据表明，全国 668 个较为大型的地级以上城市中，约三分之二已经遭遇垃圾处理困境，超过四分之一的地级以上城市的垃圾填埋堆放场已经处于饱和状态。[③] 在全国各大城市都遭遇垃圾处理困境的同时，各地政府建设垃圾处理设施的努力却陷入邻避冲突的困局之中。例如，安徽舒城建设垃圾填埋场引发的群体性事件、广东番禺建设垃圾焚烧发电厂引起的群众抗争、北京六里屯建设垃圾填埋场引发的社会冲突、浙江余杭中泰垃圾焚烧发电厂设址争议等，都向人们昭示了随着城市化进程的加快，城市垃圾处理必然要面对的困境。

都市水资源缺乏导致的水资源使用危机。统计数据表明，我国人均水资源拥有量只是世界人均水资源拥有量的四分之一，是美国人均水资源拥有量的五分之一，在世界各国人均水资源排名中为第 121 位，处于全世界水资源最贫乏的 13 个国家之列。国家水资源不足进而导致都市水资源严重不足。截至 20 世

---

① 《2014 年上半年 74 个城市空气质量状况报告》，PM2.5 监测网，2014 年 7 月 4 日，http://www.cnpm25.cn/article/201407043414.html，访问日期：2014 年 8 月 6 日。

② 李柯勇、南婷：《中国三成城市深陷垃圾围城　焚烧厂建设引担忧》，2010 年 10 月 31 日，http://news.xinhuanet.com/2010-10/31/c_12720525.htm，访问日期：2012 年 2 月 20 日。

③ 《破解中小城市垃圾围城　路在何方？》，《科技日报》2010 年 12 月 10 日第 7 版。

纪末，全国有400多个城市都面临着不同程度的供水问题，几乎占全国600多个城市的三分之二。这400多个城市中，又有110多个城市属于严重缺水的城市。例如，被称为天府之国的四川，虽然境内有岷江、沱江、嘉陵江与长江四大江流过，却仍然有约90.2%的人口面临水资源紧缺的问题，16座城市属于水资源短缺城市。而作为巨型城市的首都北京属于世界上水资源缺乏最严重的城市之一。[①]有研究表明，目前北京每年的水资源缺口已经接近10亿立方米。严重的水资源短缺问题已经对北京市和北京人民的日常生产和生活造成巨大负面影响，成为影响和约束北京经济社会运行和发展的最为重要的环境资源条件。[②]

问题远不止于此。实际上，城市热岛效应、贫民窟等问题无不在困扰着都市人的生活。有学者认为，城市目前正面临失血症、失盲症、失忆症、失控症、失调症等多项城市病的困扰。[③]而根据胡欣、江小群（2005）的研究，我国的都市病多达24种，主要包括：都市大拆大建、空间无序开发、居民住宅问题、安全问题、烂尾楼、流动人口集聚与城市烂边、城中村、环境污染、空城现象、病态建筑、垃圾围城、绿化误区、工程误区、热岛效应、城市地质灾害、交通拥堵、马路杀手、劳动力资源损伤、水危机、文化资源过度开发、规划问题、基础设施布局不合理、公共卫生体系滞后、城市管理不力等。[④]种类繁多、日益高发的都市病正在困扰着几乎每一个大中城市乃至小城镇，严重影响了城市人民生活和经济社会发展，极大增加了都市运行成本、居民生活成本、国家政治成本。

以交通拥堵为例，都市交通拥堵像一个生命体上的毒瘤，正在蚕食着都市肌体的健康与生命。据统计，在欧洲，每年因交通事故造成的经济损失就高达500亿欧元。在北京，几乎每个都市上班族都不堪交通拥堵之苦。《2011北京市交通发展年度报告》研究表明，交通拥堵每年给北京市造成的各类经济损失总额高达1056亿元，约等于北京年GDP总量的7.5%。交通拥堵还使北京每日人均延误66分钟。此外，交通拥堵还增加机动车辆燃油消耗量，提高了居民的健

①　杨健：《400多个城市存在供水不足 水危机面临大挑战》，《解放日报》2009年11月16日第6版。
②　薛松：《"大城市"病笼罩中国》，《环境》2012年第9期，第50-52页。
③　颜新展：《直面中国"城市病"》，《中州建设》2009年第17期，第40-44页。
④　胡欣、江小群：《城市经济学》，立信会计出版社，2005年，第211-221页。

康风险，加重生态污染，增加道路事故率。另据交通运输部发布的数据，每年因交通拥挤导致的经济损失约占 GDP 总量的 5% ～ 8%。中国社会科学院可持续发展战略研究成果表明，包括北京、上海在内的国内 15 个大都市每天用于处理交通拥堵的费用就高达 10 亿元。此外，住房紧张、都市污染、热岛效应、都市安全、马路杀手等各种类型的都市病都极大地消耗了都市的公共资源，增加了都市居民的个人生活成本和安全成本，也深度影响着都市居民的生活质量。另一方面，随着政府新一轮城镇化发展战略的推进，未来几年的城镇化发展速度必然会进一步加快。由于人口众多、人均资源不足、城市规划和城市基础设施建设存在诸多不足、城市管理经验相对落后，快速城镇化必然会使日趋严重的都市病雪上加霜。治理都市病在中国已经迫在眉睫。

　　面对日益凸显的都市病，从中央到地方，中国各级政府都已经开始出台政策，应对和治理都市病。在中央层面，《中华人民共和国国民经济和社会发展第十二个五年规划纲要》就专门针对城市病治理提出了明确要求："合理确定城市开发边界，规范新城新区建设，提高建成区人口密度，调整优化建设用地结构，防止特大城市面积过度扩张。预防和治理'城市病'。"在地方层面，各地政府也出台了众多针对单一都市病治理的治理对策。如北京市政府出台了车辆限行和摇号政策以缓解日益严重的交通拥堵问题；杭州市率全国之先建设"城市大脑"，开了都市病"智慧治理"的先河。可见，国家和地方政府都已经开始从实践上重视预防和治理都市病，但与此相对应的是，国内理论界对都市病及其治理的理论研究还相对不足。在此背景下，本研究拟在对都市病及其治理现有研究成果进行系统梳理分析的基础上，尝试运用多维理论对都市病的概念、类型、本质等理论问题做出解构和建构，并以北京、上海、杭州三地为例，对都市病及其治理现状开展案例研究，同时借鉴国外若干国家和地区的都市病治理经验，提出治理都市病的对策建议，这对中国都市病的治理具有积极的理论和现实意义。

二、研究的理论价值

　　首先，本研究有利于提升都市病及其治理理论研究的系统化。都市病是一个复杂的社会问题。都市病的具体种类繁多，涉及诸多领域，因而都市病及其治理也是一个复杂的理论和实践问题。科学、有效的都市病治理需要对都市病内在本质、形成原因、不同都市病之间的逻辑关联性进行科学、系统的分析，在此基础上才可能探索可行的治理路径与政策举措。但是，从国内现有都市病及其治理的研究成果来看，现有文献主要以期刊论文为主，相关著作较少。目前，都市病及其治理研究的学术性和系统性都存在一定不足，都市病及其治理的系统性研究成果值得期待。本研究以都市病为研究对象，拟在对现有都市病及其治理相关研究成果进行系统梳理的基础上，尝试运用多维理论对都市病的概念、类型、成因和本质等理论问题进行梳理分析，并对我国都市病发展的历史、现状和治理举措等开展案例研究和比较研究，进而在借鉴国外若干国家和地区都市病治理经验的基础上，提出治理我国都市病的对策建议，这将是国内少数针对都市病及其治理这一复杂社会问题的系统性研究成果之一，有利于提升都市病及其治理理论研究的系统化，能够提高对都市病及其治理问题的系统认识。

其次，本研究有助于深化都市病及其治理研究。都市病是复杂而系统的都市运行与管理问题，有着深刻的政治学、经济学、城市规划学、人口学、社会学、公共管理学等学科内涵。从不同学科视域出发，对都市病的表现、特征、类型、成因及本质等的理论解读都存在一定差异，从不同学科视域出发所开出的都市病治理药方亦存在迥异之处，现有成果对都市病及其治理研究的理论成果亦不够深入。本研究从多维理论视角出发，在运用多维理论对都市病做出多角度理论分析的基础上，构建都市病及其治理研究的公共产品供给结构分析框架，对都市病的成因、类型、治理等进行深入解读，进而参照中医"辨证施治"理论，认为针对不同都市病的单一治理措施有可能会顾此失彼，都市系统的复杂性及都市系统各子系统之间的相关性、公共政策的负外部性等，往往会导致治理一种都市病的针对性治理举措可能会加重另一种都市病的病症，有时甚至会引发另一种新型都市病，出现政策激发性都市病的"激发症"现象，都市病治理需要防止或削减都市病治理政策引发激发性都市病的负外部性影响。考量都市病的现实影响、都市社会运行和都市病治理的现实情境，都市病治理既需要及时缓解都市病病症的针对性治理举措，更需要"固本培元"式的治本之策。此外，本研究还综合分析了各类都市病之间的逻辑关联，为都市病的整体性治理提供理论支持，有助于深度解读都市病及其治理问题，能够推进都市病及其治理研究的系统化、深入化。

再次，本研究有利于拓展都市病及其治理的研究主题。从现有都市病相关理论研究成果来看，目前国内学界关于都市病及其治理的理论研究成果主要集中于都市病的现状、成因和治理对策研究。多数研究成果的研究视域主要聚焦于都市病的种类列举、成因的综合分析、提出针对性治理对策建议等，缺少系统性、聚焦性的深入理论解读，研究主题和研究结论重复度较高。研究主题的局限性和重复性导致现有研究成果已经很难、事实上也未能提出更有新意的创新性成果。本研究在对现有研究成果的研究主题和研究结论进行梳理分析和重新界定的基础上，进一步拓展研究的理论视野，对都市病的类型、不同都市病的逻辑关联性以及都市病的治理理路进行理论探讨，是对都市病及其治理研究主题和研究内容的拓展和创新。

三、研究的现实意义

本研究针对目前已经凸显并日益严重的都市病问题，开展系统的理论研究，为诊断都市病的现状和病症提供诊断工具，并在借鉴若干城市都市病治理经验的基础上，为预防和治理国内日益严重的都市病提供理论指导和对策建议，实践意义明显。

首先，本研究提出不同类型都市病之间具有逻辑关联性的观点，并提出都市病治理的整体性思路，有利于转变都市病治理理念。目前，各级政府在都市病治理实践中采用的基本上是针对性治理策略，如治理交通拥堵时主要讨论交通线路设计、道路条件改善、交通工具迭代更新（如由传统公交车到地铁、轨道交通）等，而缺少将都市交通拥堵问题治理与都市产业布局、都市教育医疗等公共服务设施配套布局、住宅区和商业区建设布局优化等问题相结合的宏观统筹思维。这导致都市病治理往往是"头痛医头、脚痛医脚"，"按下葫芦浮起瓢"。由于都市病治理政策往往存在负外部性，一种都市病的治理策略往往会加重另一种都市病的病症表现，导致既浪费了都市资源，又很难实现都市病的真正治理。都市病治理必须转变理念，实现治理理念的转型迭代。本研究认为，都市病治理应该深入分析和把握不同都市病之间的关联性，对都市病实行"固本培元"式的整体性治理。这对重新审视和确定都市病治理理念，改革都市病治理实践，降低都市病治理成本，提升都市病治理实效有积极意义。

其次，本研究以典型城市为例对我国都市病现状进行实证考察，对正确认识把握我国都市病现状有积极意义。目前，虽然学界和实务界分析都市病现状的文献成果较多，但现有研究文献对都市病现状的讨论多属于经验型的直观判断。从案例研究角度出发的、对都市病现状做出案例考察和比较研究的文献成果并不多见。本研究既对都市病现状做出了整体性考察，又选择作为国家政治与行政中心的超大型都市首都北京、作为国家重要经济中心和直辖市的超大型都市上海，以及引领中国智慧治理的省会城市杭州三个典型都市为例，对都市病及其治理现状开展案例研究和比较分析，改变了对都市病现状等依赖经验判断的研究传统。这有助于正确认识和把握都市病现状、影响及治理实践，对都市病及其治理现状的理论研究和实践治理有积极意义。

再次，本研究以东京、纽约和伦敦为例，考察其都市病治理的成败得失，对都市病治理实践有借鉴意义。都市病并非中国独有，发达国家在城市化发展进程中同样经历了都市病暴发和治理过程。日本东京、英国伦敦、美国纽约三个城市历史上都曾暴发过都市病，而且至今都还在一定程度上遭受都市病的困扰，三地政府亦为治理都市病做出了诸多努力。本研究以三个城市为例，探讨其治理都市病的成败得失，对深化都市病理论研究、促进我国都市病治理有启示和借鉴意义。

最后，本研究提出都市病的类型化治理策略和整体性治理理念，有助于将都市病的短期治理和长期治理结合起来，达到科学预防和有效治理都市病的目的。通过都市病的短期治理为都市病的长期治理赢得时间、释放空间，亦有利于都市病的长期治理。当前，我国都市病已经处于全面暴发期，"固本培元"式的长期治理理路是都市病治理的治本之策。然而，面对已经严重暴发的都市病，如果不采取短期遏制措施和治理策略，显然并不现实。因此，本研究提出，都市病治理需要标本兼顾，既要从增强都市有机体"体质"的治本角度采取整体性治理方略对都市有机体进行"固本培元"，又要保留传统"治标"的针对性治理举措，按照都市病的类型，采用"直达病灶式"的针对性治理，还应综合考虑都市子系统之间的逻辑关联性，防止都市病治理实践中出现单一针对性治理策略加重另一种都市病病症或引发另一种都市病的政策激发性都市病的情况，在出台针对特定类型都市病的治理政策时，必须综合考量和评估针对性治理政策对都市系统或其他类型都市病的负外部性影响，尽可能将政策负外部性影响降到最低。这既有助于实现都市病的短期治标式治理，缓解都市病病症，又有助于都市病的长期治理，达到固本强基的目标，从而全面提高都市病治理实效，降低都市病治理成本。

第二节　研究文献述评

无论是作为一种社会问题，还是作为政府治理的对象，都市病都由来已久。因此，国内外学者围绕都市病问题开展了大量研究。从现有成果来看，关于都市病的研究文献多是建立在对"城市化"概念的理解，以及对"城市化"演化与发展机理进行探究的基础之上，研究成果主要包括期刊论文、学术专著、博士及硕士学位论文和报纸网络文章等，这些研究成果就城市病或都市病及其治理相关问题开展了广泛讨论，为都市病及其治理的理论研究提供了研究基础和理论支撑。

一、国外相关研究现状

国外学界对都市病治理研究较早，现有研究文献主要是针对单一都市病及其治理的针对性研究。如罗伯·怀特（Rob White）研究了世界性的城市垃圾处理问题。他认为，大企业和西方国家的有毒废弃物交易对有毒废弃物的"全球化"有重要影响。这些大企业和西方国家应该在防止废弃物的扩散中承担责任。有必要加强对大企业和西方国家的监管和检查，并且增强执政党和领导人的责任。最为重要的是发现谁在制造有毒废弃物，他们在哪里制造、怎样制造这些有毒废弃物以防止垃圾危机。[1] 拉莫斯（Ramos）和费克勒（Fuckner）等 [2] 诸多学者研究了城市垃圾问题。如阿曼达·鲁格（Amanda Ruggeri）研究了城市建设进程中的老建筑不断被拆除的问题。他认为，世界各大具有悠久历史的城市在建设中都存在拆除城市古旧建筑的现象，这是在毁坏城市的历史和人文景观。应该像其他保护生态的努力一样，从多方面着手以保护世界各大城市中的历史建筑，防止具有历史意义的城市不断消失。[3] 史丹利·利托瓦（Stanley Litow）等研究了大城市的学校系统管理问题；[4] 乔治·利普斯特（George Lipsitz）、卡罗尔·沙马斯（Carole Shammas）研究了美国城市空间问题。[5] 此类研究已经形成了微观视角的大量研究成果，有助于对都市病的病症和成因进行探查。

二、国内相关研究现状

随着近年来国内都市病日益凸显，国内学界对都市病的关注和研究也持续增强。国内学界在都市病的研究中主要使用"城市病"这一概念。梳理国内学界相关研究成果，其研究主题主要包括以下几方面。

（一）城市病的内涵和外延

城市病的内涵和外延研究是国内城市病研究的重要主题。学者从不同角度

---

[1] Rob White, "Toxic Cities: Globalizing the Problem of Waste", *Social Justice*, Vol. 35, No. 3(2008): 107–119.

[2] S. E. V. de C. Ramos, & M. Fuckner, "The Historical City of Paranagua and the Garbage Problem", *Journal of Coastal Research*, Vol. 3, No. 39(2004): 1332–1335.

[3] Amanda Ruggeri, "The Tragedy of Line C: The World's Great Cities Have A Monumental Roblem. By Building For The Future, Must They Erase The Past?", *World Policy Journal*, Vol. 27, No. 4(2011): 49–58.

[4] Stanley S. Litow, Michael Casserly, Bruce MacLaury and Joseph P. Vieritti, "Problems of Managing A Big-City School System", *Brookings Paper on Education Policy*, No. 2(1999): 185–230.

[5] George Lipsitz, "No Shining City on a Hill: American Studies and The Problem of Place", *American Studies*, Vol. 40, No. 2(1999): 53–69; Carole Shammas, "The Space Problem in Early United States Cities", *The William and Mary Quarterly*, Vol. 57, No.3(2000): 505–542.

对城市病的内涵和外延进行探讨。鉴于概念界定部分将会对此做出总结和阐述，这里不做详细论述。关于城市病的外延，不同学者有不同观点，但主要包括狭义和广义两种外延界定方法。

狭义城市病外延界定的主要代表如陈哲和刘学敏，他们认为城市病的主要表现是人口膨胀、交通拥挤、环境污染、资源短缺。[①] 朱颖慧研究认为中国城市病有六个方面的主要表现：能源资源紧张、人口无序集聚、交通拥堵严重、生态环境恶化、安全形势严峻和房价居高不下。[②] 倪鹏飞总结出困扰中国城市的七大病症：住房紧张、环境污染、交通拥堵、城市灾害、贫困失业、安全弱化、健康危害。[③]

广义城市病外延界定的主要代表有何强、胡欣、张鸿雁等。何强总结认为城市病主要包括五大类表现：住房问题、就业问题、生态环境和资源问题、交通问题、治安问题。[④] 胡欣、江小群认为城市病包括 24 类：都市大拆大建、空间无序开发、居民住宅问题、安全问题、烂尾楼、流动人口集聚与城市烂边、城中村、环境污染、空城现象、病态建筑、垃圾围城、绿化误区、工程误区、热岛效应、城市地质灾害、交通堵塞、马路杀手、劳动力资源损伤、水危机、文化资源过度开发、规划问题、基础设施布局不合理、公共卫生体系滞后、城市管理不力。[⑤] 张鸿雁认为城市病的主要表现包括：交通拥挤、人群拥挤、住房拥挤、房价畸高、就业难、贫困人口增长、城市犯罪增长、自杀率增长以及心理疾病频发。广义城市病外延界定的代表还有龙泉和孙立坚等。龙泉认为光污染[⑥]是城市病的具体病症表现，孙立坚认为金融泡沫也是[⑦]。

除城市系统疾病之外，也有学者认为城市病还包括城市生活引发的人们的

① 陈哲、刘学敏：《"城市病"研究进展和评述》，《首都经济贸易大学学报》2012 年第 1 期，第 101-108 页。
② 朱颖慧：《城市六大病：中国城市发展新挑战》，《光明日报》2010 年 11 月 7 日。
③ 倪鹏飞：《中国部分城市已患上严重"城市病"》，《中国经济周刊》2013 年 3 月 5 日，第 24-25 页。
④ 何强：《北京的"城市病"根源何在》，《中国统计》2008 年第 11 期，第 16-17 页。
⑤ 胡欣、江小群：《城市经济学》，立信会计出版社，2005 年，第 211-221 页。
⑥ 龙泉：《光污染——不可忽视的城市病》，《康乐园》2002 年第 7 期，第 12-13 页。
⑦ 孙立坚：《"金融泡沫"是一种现代城市病》，《社会观察》2009 年第 6 期，第 60 页。

身体、心理及行为疾病。如张鸿雁探讨了"非典型现代都市病"的社会病理，认为除了一般意义上的城市病问题外，还存在逃避现实型、现代生活方式病态型和文化偏执型，主要包括厌世情绪、自杀狂想症、绝望型个体复仇心理、白领生活自闭症、宅男与宅女、工作强迫型忧郁症、厌倦城市症、群体焦虑症、城市夜生活综合征、交通拥堵恐惧症、住房还贷综合征、手机综合征、鼠标手抖动症、网迷、宠物综合征、电视综合征、狂人文化、匪气文化、伪娘文化、极端拜金主义及无羞耻感文化的流行等"非典型现代都市病"。①

（二）城市病分类

关于城市病的分类，不同学者有不同的主张，但现有研究文献关于城市病的类型划分主要是采用列举式分类方法，从逻辑上对城市病分类的研究成果并不多见。李天健从城市病的病症表现视角将城市病分为：交通拥堵、人口膨胀、环境污染、局部贫困和公共资源短缺这五种主要类型。② 王格芳认为现代城市病主要包括：社会矛盾凸显、生态环境恶化、交通拥堵严重、安全基础薄弱、能源资源短缺五类。③ 倪鹏飞认为有七大病症在困扰着中国城市，主要包括城市交通拥堵问题、城市环境污染问题、城市贫困和失业问题、城市住房紧张、城市健康危害、城市公共灾害和安全弱化问题等。④ 采用列举法对城市病进行分类显得过于烦琐，但其优点是能较为全面、直观地呈现城市病的类型和范围。然而，要对城市病问题进行系统深入的研究，有必要在厘清城市病本质的基础上，按照一定的逻辑标准对城市病进行类型学划分，这有利于厘清纷繁复杂的城市病问题，也有利于更为清晰地认识城市病的问题及本质，根据不同城市病提出针对性治理策略。

（三）城市病成因

对城市病的研究往往是学者们分析城市病病症和病灶的立足点。关于"城市

---

① 张鸿雁：《中国"非典型现代都市病"的社会病理学研究》，《社会科学》2010 年第 10 期，第 50-58 页。
② 李天健：《北京城市病研究》，首都经济贸易大学学位论文，2013 年。
③ 王格芳：《快速城镇化中的"城市病"及其防治》，《中共中央党校学报》2012 年第 5 期，第 76-79 页。
④ 倪鹏飞：《中国部分城市已患上严重"城市病"》，《中国经济周刊》2013 年 3 月 5 日，第 24-25 页。

病"的起因，学者们基于不同的学科视角和工具方法，得出了多样化的分析结论。例如，张忠华等认为，城市病是城市化进程中必然伴生的一种阶段性问题，它是城市化迅速发展导致城市规模快速扩大所带来的直接后果。也就是说，城市人口总量迅速增加，城市规模不断扩张，但是城市管理和公共资源却难以满足城市人口迅速增加和规模快速扩张的需要，不能有效提供满足需要的配套建设及管理服务，由此引发城市病。[1] 段小梅认为，城市病的实质是以城市人口迅速增长为主要标志的城市负荷量超过了以城市公共基础设施和公共服务等为标志的城市负荷能力所能承受的程度，使城市公共基础设施和公共服务呈现出不同程度的"超载状态"。[2] 但石忆邵指出，城市病与城市规模之间并无必然的因果联系，导致中国城市病大量出现的原因并不都在于城市规模的过于庞大。[3] 与此类似，周加来也认为导致发生城市病的根源在于城市系统的缺陷，与城市规模无关。[4] 刘纯彬则指出，并非只有大城市才有严重的城市病，小城镇的城市病要比大城市更为严重。[5] 陆铭认为城市规模、人口集聚等都不是造成城市病的原因，治理城市病的良药是技术与管理手段并用。[6]

有学者认为政府行为导致社会资源分配失衡，这是导致城市病的一个重要原因。例如，亨德森认为，受公共政策自身倾向性等问题的影响，中国整个国家的公共资源主要集中于大城市，导致大城市对人口的吸引力更大，吸引、集聚了大量人口，因而导致城市病。[7] 房亚明认为，由于高层级地方政府所在的城市的规模往往较大，这样的城市所掌握的优质资源往往更多，但城市内部高度集中化的政治权力常常也进一步导致城市利益和城市资源高度集中的问题，

---

① 张忠华、刘飞：《当前城市病问题及其治理》，《发展研究》2012 年第 2 期，第 84-85 页。
② 段小梅：《城市规模与"城市病"——对城市发展方针的反思》，《中国人口、资源与环境》2001 年第 4 期，第 133-135 页。
③ 石忆邵：《城市规模与"城市病"思辨》，《城市规划汇刊》1998 年第 5 期，第 15-18 页。
④ 周加来：《"城市病"的界定、规律与防治》，《中国城市经济》2004 年第 2 期，第 30-33 页。
⑤ 刘纯彬：《二元结构与城市化》，《社会》1990 年第 4 期，第 34-35 页。
⑥ 陆铭：《重思"都市病"》，《中国经济报告》2013 年第 2 期，第 69-71 页。
⑦ Henderson, Vernon, "Urbanization in China: Policy Issue and Options", *Reports for the China Economic Research and Advisory Program*, 2007.

进而使城市公共资源也往往更加倾向于向城市政府机构所在地或城市中央商务区（Central Business District，CBD）等地集中。造成地方政府过多干预城市发展的主要原因通常是地方政府过于注重经济增长的重要性，过于看重 GDP 增长所代表的政绩。在这种情况下，城市发展通常不是城市科学规划和建设的结果，而是城市政府决策层之间在政策制定和执行过程中相互博弈、互相妥协的产物，这种利益博弈和妥协进而导致城市规划、建设常常会顾此失彼，因而激发各种城市病。就此而言，可以说城市政府的非理性行为正是导致各类城市病的幕后推手。[1] 陈哲和刘学敏亦认为政府干预过度是导致城市病的重要原因。[2]

多数学者从综合角度探讨城市病的成因。如王桂新虽然也认为城市规模过大会导致人口拥挤、住房紧张、交通堵塞、环境污染等问题，但他同时认为城市病和城市发展中的大城市化之间没有必然联系。城市病是一个国家社会经济发展到一定阶段的产物。市场短期行为、市场失灵、政府失灵等均可能会造成或加剧大城市病，而空间结构规划发展不合理则是造成大城市病的重要原因。[3] 石忆邵认为导致城市病的原因是多方面的，除规模过于庞大外，还包括存在城市结构失调、管理体制磨合不顺、公共政策失误、公共管理失控、管理技术失当以及政府与社会道德失范等综合原因。这实际上也指出了中国城市病并非只暴发于大城市的原因，一些中小城市乃至乡镇都有着或重或轻的"城镇病"，城市的空间结构和政府政策不合理是城市病发生的根源。[4] 陈哲和刘学敏亦认为，造成城市病的原因主要包括城市人口和空间规模过大、城市空间结构不合理、城市建设存在较大的盲目性、政府对城市运行干预过度、城市公共资源分配失衡、农村劳动力过度向城市转移。[5]

① 房亚明：《"城市病"、贫富分化与集权制的限度、资源分布格局的政治之维》，《湖北行政学院学报》2011 年第 4 期，第 27–31 页。
② 陈哲、刘学敏：《"城市病"研究进展和评述》，《首都经济贸易大学学报》2012 年第 1 期，第 101–108 页。
③ 王桂新：《中国"大城市病"预防及其治理》，《南京社会科学》2011 年第 12 期，第 55–60 页。
④ 石忆邵：《城市规模与"城市病"思辨》，《城市规划汇刊》1998 年第 5 期，第 15–18 页。
⑤ 陈哲、刘学敏：《"城市病"研究进展和评述》，《首都经济贸易大学学报》2012 年第 1 期，第 101–108 页。

还有学者从城市管理和配套服务等专业视角探究成因。例如，倪鹏飞将城市病的发生归结为城市人口质量与城市配套建设和管理服务水平两个因素的对比。[①] 张汉飞则指出，城市公共环境资源的承载能力难以匹配城市人口与空间规模快速扩张的速度，导致两者之间的匹配度失衡，这是诱致城市病的本质原因。[②] 王桂新在实证调查和分析的基础上提出，城市规划没有达到有效优化城市空间结构的目标，而城市空间结构分布的不合理导致城市承载量超出了城市空间所能承载的限度，因而引发各种城市病。以北京为例，北京市常住人口的62%、经济产出的70%都集中于仅占全市总面积8.3%的城区。这种不合理的空间结构是造成城市病的直接原因。[③] 池子华认为，城市病的病源与农民工的过度城市化有直接联系。[④] 林家彬探讨了中国城市病的体制性成因，认为偏重于经济指标的政绩考核体系，不合理的财税管理体系、土地管理制度、城市规划体制，现行的中央和地方关系等都是导致城市病的重要原因。[⑤] 也有学者从公共产品供给角度对城市病和都市病的深层原因进行了探讨。例如，刘成玉认为，过度集中于大城市的公共产品供给格局是导致和加剧我国大城市病的根源之一。[⑥] 张鸿雁从社会病理学视角出发分析城市病的成因，认为现代化潮流的冲击使中国社会进入典型的"风险性社会"，高速发展的城市化引发的社会变迁使结构性问题显性化而产生"非典型现代都市病"。董梅和张军红认为，引发城市病的原因主要包括：城市化的超前和滞后、城市化空间布局的不平衡，以及城市化对生态环境的破坏等。[⑦] 多元学科视角的研究为本书提供了借鉴。

---

① 倪鹏飞：《中国城市竞争力报告 NO.9——城市：让世界倾斜而平坦》，社会科学文献出版社，2011年，第 318 页。

② 张汉飞：《我国城市病表现及治理》，《天津日报》2010 年 11 月 8 日。

③ 王桂新：《我国大城市病及大城市人口规模控制的治本之道——兼谈北京市的人口规模控制》，《探索与争鸣》2011 年第 7 期，第 50–53 页。

④ 池子华：《农民工与近代中国"城市病"综合征》，《徐州师范大学学报（哲学社会科学版）》2011 年第 2 期，第 77–82 页。

⑤ 林家彬：《我国"城市病"的体制性成因与对策研究》，《城市规划学刊》2012 年第 3 期，第 16–22 页。

⑥ 刘成玉：《中国"大城市病"诊断与治理新思路》，《中国经济问题》2012 年第 6 期，第 25–32 期。

⑦ 董梅、张军红：《新疆"城市病"问题初探》，《新学术》2007 年第 6 期，第 84–86 页。

（四）城市病诊断与评价

关于城市病的诊断与评价的成果并不多见。李天健认为，城市病的主要表现是自然资源短缺、环境恶化和交通拥堵，他据此构建了城市病评价指标体系，并运用构建的指标体系对北京等九个城市进行了实证考察，分析了九个城市的城市病的基本特征和病况等级。[1] 郁亚娟认为，健康的城市生态系统主要应该包括吸引力、支持力、承载力、延续力和发展力五大功能，并据此构建了诊断城市病和城市生态系统健康状况的评价体系。[2] 整体而言，现有关于城市病诊断与评价的研究成果还不够系统与精细，比较零散，其科学性、系统性有待提高，应用性效果亦有待进一步验证。

（五）城市病治理

城市病治理问题是城市病研究的重要主题，学者从不同角度对如何治理城市病提出了诸多建议。

有学者认为应该通过控制人口数量以限制城市发展规模来治理城市病。如丁金宏认为，"大"是导致城市病的根本原因，要缓解和治理城市病就必须控制城市人口规模。[3] 郑亚平、聂锐亦认为，城市人口规模在 170 万～ 250 万人时，对资源要素有较强的吸引力，在这种人口规模的城市进行投资的投资回报率一般比其他规模的城市更高，其城市社会福利相对其他规模的城市也较好，因而导致这种规模的城市对周边地区形成较为明显的集聚效应和扩散辐射能力，城市的综合效益比较好，一般也不会出现明显的"大城市综合征"。超过这一规模的城市往往容易产生城市病，因此，应该控制城市规模以控制城市病。[4]

另有学者从城市与区域的关系角度提出城市病治理方案。如盛广耀主张要打破传统割裂城市和乡村有机联系的传统理念，特别是要避免只是就城市论城市、就农村论农村的片面做法，建立起互相补充、互相促进、协调统一的新型

---

① 李天健：《城市病评价指标体系构建及应用研究》，《城市观察》2012 年第 4 期，第 112–119 页。
② 郁亚娟等：《城市病诊断与城市生态系统健康评价》，《生态学报》2008 年第 4 期，第 1736–1747 页。
③ 丁金宏：《论城市爆炸与人口调控》，《前进论坛》2011 年第 2 期，第 33–36 页。
④ 郑亚平、聂锐：《城市规模扩张要"适度"》，《宏观经济研究》2010 年第 12 期，第 58–68 页。

城乡关系，确立促进城乡统筹协调发展为主的城市化战略。① 朗朗、宁育育则从城市和农村之间的现有关系角度出发，在全面分析当前有关城市问题的学术理论观点的基础上，提出城市面临的治理问题与农村问题治理不可分离、解决城市治理问题必须综合考虑农村问题治理的主张。② 刘永亮、王孟欣亦提出，小城镇发展战略并不能有效缓解城市人口压力，仅靠控制城市规模和鼓励发展小城镇并不能够有效治理城市病；认为通过缩小城乡差距、逐步消除城乡分离的二元结构、促进城乡平衡协调发展才是有效治理城市病问题的治本之策。③除了以上观点，还有学者主张通过发展城市群、卫星城等措施来缓解中心城市压力。

还有学者提出加强管理和提高决策水平以治理城市病。例如，王桂新指出，治理城市病应该以预防为主，可以通过完善市场经济体制、提高政府决策水平、合理构建大城市及以大城市为核心城市的城市体系的空间结构、统筹城乡资源配置和推进城乡一体化平衡发展以治理城市病。④ 显然，这一原则和思路在都市病治理中仍然适用。孙久文指出，传统限购之类的限制性方法不是治理城市病问题的根本方法，应该提高城市管理智慧以改善城市治理水平和管理水平，进而提高城市资源利用效率以提升城市生态系统和社会系统的承载能力。⑤ 林家彬则提出，应该从改革政府政绩考核体系、城市规划体制、土地管理制度、财税管理制度以及中央和地方关系角度来治理城市病。⑥

亦有学者从单一角度提出治理城市病的治理对策。例如，潘家华主张在城市区域框架下打破现有政策约束，重新进行城市规划以改善城市发展格局，认为这是治理城市病的根本之道。⑦ 又如，方维蔚系统研究了信息化对城市资源禀

① 盛广耀：《中国城市化模式的反思与转变》，《经济纵横》2009 年第 9 期，第 31—35 页。
② 朗朗、宁育育：《城市病的 N 种症状》，《世界博览》2010 年第 13 期，第 30—37 页。
③ 刘永亮、王孟欣：《城乡失衡催生"城市病"》，《城市》2010 年第 5 期，第 71—74 页。
④ 王桂新：《中国"大城市病"预防及其治理》，《南京社会科学》2011 年第 12 期，第 55—60 页。
⑤ 孙久文：《政府需提高城市管理水平，而不能是总是限制》，央视网，2011 年 8 月 4 日，http://news.cntv.cn/2011-0804/100216.shtml，访问日期：2011 年 9 月 20 日。
⑥ 林家彬：《我国"城市病"的体制性成因与对策研究》，《城市规划学刊》2012 年第 3 期，第 16—22 页。
⑦ 潘家华：《中国城市发展报告 NO.3》，社会科学文献出版社，2010 年。

赋、产业更新、用地格局、生态环境等方面的影响，提出通过信息化治理城市病。[①] 李强认为在小城镇化模式、中等城镇模式、大城市和超大城市模式、城市群或城市带模式之外，还可以通过"乡村生活的城市化"模式来推进城市化发展，认为这可能是治理城市病的有效举措。[②]

城市病治理实际上是个复杂的系统工程，多数研究文献都从综合角度提出治理城市病的治理对策。如陈哲、刘学敏对国内现有城市病治理研究文献进行梳理，认为治理城市病的对策主要包括：通过提高城市化发展的质量、提高城市建设与管理水平、均衡城市人口空间分布、设计城市新模式、区域范围内解决城市病、促进乡村生活的城市化。[③] 刘成玉为治理城市病提出了系统的对策建议，主要包括：弱化以行政为主导的城市公共资源和管理方式，打破国有企业垄断公共服务供给的局面，加强城市公共产品供给的市场化；逐步完善政府政绩考核体系；进一步建立和完善公众参与和制衡的城市政府管理绩效监督评价机制；按照城市人口比例合理安排大中小城市的公共财政支出；要求新增城市公共产品供给要向中小城市倾斜；国家政治中心逐步与经济中心适当分离，城市公共权力机关和大型城市公众服务机构要逐步撤出城市中心城区；适当限制特大城市和大城市的公共产品供给，将公共产品资源逐步向中小城市和农村倾斜，促进实现按人口比例而不是按照城市规模或层级分配公共资源；重视发展城市和城际轨道交通。[④]

另有部分学者在借鉴国际城市病治理经验的基础上，提出通过新型城市发展模式以治理城市病的主张。他们认为，为了有效应对传统城市发展模式导致的各类城市病问题，西方发达国家早就谋划建设和发展新型城市以实现"城市转型"来消除城市病，这些经验值得借鉴。如霍华德提出了建设"田园城市"的

---

① 方维蔚：《论信息化与"城市病"的治理》，《科学对社会的影响》2004 年第 1 期，第 32—36 页。
② 李强：《当前我国城市化和流动人口的几个理论问题》，《江苏行政学院学报》2002 年第 1 期，第 61—68 页。
③ 陈哲、刘学敏：《"城市病"研究进展和评述》，《首都经济贸易大学学报》2012 年第 1 期，第 101—108 页。
④ 刘成玉：《中国"大城市病"诊断与治理新思路》，《中国经济问题》2012 年第 6 期，第 25—32 页。

主张，柯布西耶提出了建设"阳光城市"的建议，沙里宁提出了"有机疏散城市"的概念。有鉴于此，国内有学者提出，可以借鉴西方国家各种新型城市建设的新模式，通过建立创新型城市、生态环保城市、生态健康城市、低碳生活城市、紧凑格局城市、宜居生活城市、智慧城市等来促进都市病治理。[①]

三、研究文献评析

从以上介绍可以看出，目前国内外学者已从不同角度对都市病问题进行了较为深入的研究。其运用的研究方法主要包括实证研究法、历史研究法、比较研究法、制度分析法、定量研究法、定性研究法等多种。研究文献从都市病的基本理论、成因、治理经验借鉴及治理对策等方面，提出了较为全面的研究结论。现有研究表明，虽然都市病治理的实践效果不彰，但理论研究已有一定基础，这为本研究提供了理论借鉴。从可及文献来看，国内外现有研究成果有以下成就：

一是积累了都市病及其治理研究的基本理论基础。现有研究从不同角度对都市病的概念、表现、成因、治理等做出大量探讨，对都市病的概念、成因、表现、治理等进行了理论分析，形成了系列理论研究成果，这些都为进一步开展都市病及其治理的理论研究提供了研究基础。

二是积累了大量案例资料。现有研究成果中，尤其是国外都市病及其治理研究成果中，有大量实证研究成果。特别是单一都市病及其治理研究的研究成果，基本都是个案式的实证研究。这些实证研究成果记录了大量都市病及其治理案例文献资料，为进一步开展都市病及其治理研究提供了素材。尤其是国外都市病及其治理的实证研究成果，为我们研究国外都市病及其治理的得失成败提供了大量文献资料，这是现有研究的重要成就。

三是提出了众多都市病治理对策建议。公共管理学科的理论研究的出发点和落脚点应该是立足于解决实际都市运行与管理问题，而都市病及其治理研究

---

① 唐子来：《"美好城市" VS "城市病"》，《城市规划》2012 年第 1 期，第 52–72 页。

是一个实践性极强的研究选题，相关研究解决实际问题的功能需要更为明显。现有研究从不同角度探讨了不同国家或地区的都市病治理问题，提出了众多都市病及其治理对策建议，为都市病治理实践和理论研究提供了重要基础。

但综观现有研究成果，亦存在以下几点不足：

一是缺少从综合层面对都市病及其治理问题的系统理论解读。虽然现有研究对都市病的表现、成因及治理提出了多角度的理论观点，但整体而言，现有研究成果对都市病成因的分析还相对比较单一，缺少有理论深度的研究成果，也基本未见从公共产品理论角度对都市病及其治理问题进行系统解读的研究成果，而对都市病治理的研究也相对单一，缺少针对不同都市病治理整体性视角的理论建构。

二是缺少不同都市病之间相关性的系统研究。事物是普遍联系的，现代都市是一个由多维子系统构成的复杂有机体。都市系统的各个子系统之间存在复杂的有机联系，这导致不同都市病之间也存在深层的关联，一种都市病可能是另一种都市病的诱因，也可能在两者之间形成"并发症"。此外，一种都市病治理措施可能存在的政策负外部性影响，既可能弱化也可能会强化另一种都市病的症状程度，有时甚至会导致都市有机体发生功能性紊乱，引发另一种都市病。然而，现有研究未能充分重视都市系统的复杂相关性和都市病之间的有机关联性，缺少针对不同都市病之间逻辑关系的理论或实证研究成果。

三是国外都市病治理实践的借鉴性成果缺乏系统性。现有研究文献中不乏国外都市病治理的借鉴性比较研究成果，但基本都是对国外都市病治理的一般性经验介绍，缺少对国外都市病治理举措及其成效的深入反思，基本未能上升到理论层面的系统理论综合分析与探讨，也缺少不同国家都市病治理举措与成效的综合性、系统性比较研究成果。

四是都市病治理的对策性建议存在不足。现有研究成果中有大量关于都市病治理的对策建议，但整体而言，现有成果有重复之嫌，且一般都是针对某一种都市病问题提出"直达病灶"式的"西医疗法"，而很少采用中医"固本培元"式的综合性治本之策，停留于一般性理论探讨的针对性治理措施，其针对性、可操作性和实效性常常存在一定不足。

以上不足之处表明进一步开展都市病及其治理研究有其必要性、紧迫性。根据现有研究不足，本研究可能的研究空间有：

一是都市病的概念、表现、成因、治理等相关基本理论问题还存在诸多争议，可以从特定理论视角对都市病相关基本理论问题进行深入探讨，做出创新性界定，并尝试探讨不同都市病之间的逻辑关联，为都市病及其治理研究的基本理论提供知识积累。

二是针对国内都市病现状实证研究成果不足的现状，可以通过案例考察来研究当前中国的都市病现状，为分析都市病现状、影响及提出治理对策提供基础资料。同时，对都市病现状的案例考察和比较研究有利于深入分析中国式都市病的成因和影响。

三是针对国内学者对国外都市病治理经验缺乏系统性和深入性研究的现状，可以开展国外都市病治理经验的比较研究，系统分析其得失成败经验教训，为国内开展都市病治理实践提供启示和借鉴。

四是针对现有都市病治理对策研究存在的不足，可以进一步开展都市病治理对策研究，在总结现有都市病治理理论和实践的基础上，创新都市病治理的理论和实践对策，为国内都市病治理提供理论借鉴和知识积累。

第三节　研究内容、研究技术路线及创新与不足

学术理论研究的研究内容、研究技术路线等是研究逻辑性和科学性的重要载体，也是决定研究结论科学性和可靠性的重要保证。科学的研究建立在科学的研究方法之上。本节着重阐明本研究的研究内容、技术路线及可能的创新与不足。

一、研究目标

鉴于都市病日益凸显的现状及现有都市病理论研究的不足，结合国内外都市病相关理论研究现状，本研究的主要研究目标如下。

一是研究我国都市病的基本现状，为治理都市病提供基础资料。都市环境污染、道路交通拥堵、住房紧张、房价高企、医疗和教育资源紧缺、垃圾围城、城市安全等各种都市病都是客观存在的事实，每个生活在都市中的都市人都可以直观而真切地感受到这些问题的存在。然而，研究要建立在科学的方法和翔实的论据之上。我们不能以直观感受为依据，更不能依赖直观感受得出研究结论。一项研究本身必须建立在对研究对象科学、客观、系统把握的基础之上。都市病的病症表现、严重程度、病灶何在、政府的举措、面临的挑战、存在的问题、全球的治理经验，以及探索适合我国国情的治理路径等，这些议题都可以在对都市病概念内涵的准确把握基础上，通过分领域、类型化的实证考察来厘清，从而探索如何构建我国的都市病预防和治理体系。因此，本研究的首要目标是考察和分析我国都市病的基本现状，为都市病治理实践和都市病理论研究提供研究资料。

二是厘清都市病相关基本理论问题。虽然理论界和实务界已经为都市病及其治理的理论研究和治理实践积累了理论基础，但都市病相关理论还存在诸多争议和模糊不清之处。都市病的概念、成因、本质、类型等基本理论问题还有待进一步深入研究。因此，本研究拟在对现有都市病相关理论研究成果进行系统分析的基础上，综合运用案例研究法和规范分析法，以公共产品理论为视角，建构都市病及其治理研究的公共产品供给结构分析框架，对都市病的概念、成因、本质和类型等进行分析和界定，进而分类阐发各类都市病的具体成因，有助于深化对都市病问题的理论认识，促进都市病问题的实践治理。

三是为治理国内都市病提供理论建议。理论研究一定要为实践服务才有积极意义，公共管理学科的学术研究尤其应该如此。都市病是一个重要的理论问题，更是一个重要的实践问题，但现行都市病治理中缺乏科学有效的理论指导工具，而针对不同都市病的治理举措，常常容易导致"交叉感染"而增加都市病的治理难度。因此，如何为都市病治理提供有效的理论指导，防止"按下葫芦浮起瓢"，增强都市病治理实效，降低都市病治理成本，是理论研究者的重要任务。本研究拟在分析都市病成因的基础上，借鉴国内外都市病治理的现实经验，构建都市病治理的整体性治理框架，为都市病治理提供理论指导。这是本研究的关键目标和价值所在。

二、研究内容

基于研究对象和实际研究逻辑需要，为达成上述研究目标，本研究主要包括以下研究内容。

一是都市病基本理论研究。在梳理都市病及其治理现有研究成果的基础上，厘清都市病相关基本理论问题，科学界定都市病的基本概念，构建都市病及其治理研究的公共产品供给结构分析框架，分析都市病的成因，阐明都市病的内在本质，并对都市病的具体类型做出界分，进而分析都市病对都市幸福生活的影响，这是本研究的首要研究任务和研究内容。

二是都市病及其治理现状的典型案例考察。北京、上海是中国两个超大型都市，其中，首都北京是中国的政治中心、行政中心，"魔都"上海是中国的重要经济中心，还是重要的直辖市之一。作为中国的两个超大型都市，北京、上海具备几乎所有类型的都市病的典型特征，在都市病治理方面既有很多值得借鉴的先进经验，又存在诸多引发争议的治理举措，对于研究都市病及其治理具有典型性、代表性和借鉴意义。杭州是浙江省省会城市，在城市大脑建设、都市病智慧治理方面是重要先发城市，为通过现代技术治理城市提供了诸多典型经验，具有较强的典型性和代表性。因此，本研究以北京、上海、杭州为例，运用都市病及其治理研究的公共产品供给结构分析框架，对都市病现状及治理进行实证考察，分析三地都市病对都市幸福生活的系统性影响，并对其治理都市病的治理方法进行系统分析和比较研究，为科学把握都市病现状、影响及治理方法和治理绩效提供实证资料。

三是国内外若干国家或地区都市病治理得失检视。发达国家在城市化发展进程中曾经历了都市病的阵痛，在都市病治理过程中积累了比较丰富的经验。纽约、东京、伦敦是国际重要都市的典型代表，三个大都市治理都市病的思路与对策各具特色。本研究试图通过文献研究法对纽约、东京和伦敦等地治理都市病的经验与得失进行系统分析和比较研究，以利于为建构都市病综合治理理论与优化我国都市病治理实践提供借鉴。

四是都市病治理的类型化治理策略探讨。都市病是一个复杂的都市运行与管理问题，现代都市病涉及都市生活的方方面面。从短期而言，为防止都市肌体"病入膏肓"，也为了降低都市运行成本和都市病长期治理成本，必然需要对一些"急症型"都市病问题进行短期治理。因此，本研究虽然批评了职能分割的针对性治理举措的缺陷和问题，但同时提出要在科学界分都市病基本类型的基础上，根据都市病的基本类型继续采取针对性的类型化治理举措，从都市公共产品供给主体结构、类型结构、供需结构、空间结构、制度结构等视角，阐明都市病治理的类型化治理策略，以期直接作用于都市病病灶，力求实现都市病的短期针对性治理以缓解都市病病症，达到短期"治标"的目的。

五是都市病治理的整体性治理理论框架建构。都市病是复杂联系和相互作用的深层次都市运行与管理问题，因而其治理是一项复杂的系统工程。由于公共政策的负外部性和都市复杂系统的相互关联性，一种都市病的治理可能会加重另一种都市病的病症。因此，有必要在考虑都市病现实关联性的基础上，对都市病采取增强都市有机体体质的综合性治理。本研究在论证构建都市病整体性治理理论框架的必要性和可行性的基础上，阐明都市病治理的整体性治理理念的内涵、外延和基本逻辑。都市病治理的整体性治理方略是从宏观上调理都市"身体"，以实现"固本培元"的根本目标，从而促进都市病长久治理，这是都市病治理的治本之策。

三、主要研究方法

关于社会科学能否提供或应用科学的研究方法，以及社会科学研究方法本身是否科学的争论由来已久。社会科学是一种科学毋庸置疑，而社会科学研究方法各有优劣也是不争的事实。对于都市病及其治理这样一个理论性和实践性均极强的研究主题，研究方法的科学性和互补性显然非常重要。为了使研究更为客观与科学，本研究将定量分析和定性分析相结合，理论分析和案例研究相结合，以案例研究法、历史分析法、比较研究法、文献研究法作为主要研究方法，综合运用定量分析法、规范分析法作为辅助研究工具。具体如下：

一是案例研究法。虽然作为一种研究方法的案例研究法的代表案例选择、科学性等方面总是容易遭到质疑，但典型案例研究法对现实都市运行与管理问题研究的重要性不言而喻。都市病问题是一个复杂的实践问题，数量众多的都市特质及其治理都市病的手段又千差万别，限于人力、物力、能力等因素的影响，要对国内众多都市的都市病及其治理现状开展全景式研究几无可能。因此，本研究采用典型案例研究法，选择具有代表性的北京、上海、杭州三市作为典型案例，对其都市病及其治理现状开展案例研究，希望借此对国内都市病现状、影响及治理之策等达到"管中窥豹"式的直观性把握。

二是历史分析法。都市病并非一个突然呈现的实践和理论问题，无论是在中国都市发展的历史进程中，还是在发达国家都市发展与治理的历史经验中，都市病及其治理都有其发展轨迹。厘清国内外都市病发生发展的历史问题、考察都市病的历史发展轨迹，对当下都市病治理及未来都市病防治都具有重要意义，因此，本研究将采用历史分析法研究国内外都市病及其治理的主要历史轨迹，为建构都市病治理的分类治理策略和整体性治理框架提供借鉴。

三是比较分析法。有比较才能鉴别，才有利于借鉴。国内各类有代表性的都市治理都市病的方法各有特点。发达国家在其城市化发展的历史进程中回应挑战治理都市病的方略与经验也有共性和差异性。因此，本研究采用比较研究法对国内和若干国家或地区都市病的治理经验进行比较研究，探讨不同类型的典型都市的都市病现状及治理策略，从而为优化中国都市病治理对策提供借鉴。比较研究法是本研究的重要研究方法。

四是文献研究法。奥斯特罗姆在将已有研究文献进行梳理归类、从中搜集大量经验案例的基础上，运用制度分析方法研究现实的政策问题，写出了著名的《公共事物的治理之道》一书，实际上为文献研究法提供了经典范例。国外典型城市的都市病治理经验毫无疑问对中国的都市病治理具有一定借鉴意义，但限于时间、能力及财力等综合因素的影响，本研究难以对国外典型城市的都市病治理经验开展实证研究，因而，借鉴学习《公共事物的治理之道》的文献研究方法，在收集纽约、东京、伦敦三个都市的都市病及其治理文献材料的基础上，对这三个都市的都市病及其治理情况进行文献研究，为国内都市病治理提供经验借鉴。

此外，本研究还综合运用了个案分析法、系统分析法等研究方法作为辅助研究工具，对此不再赘述。

四、研究技术路线

本研究拟在利用规范分析法阐明都市病相关基本理论问题的基础上，根据公共产品基本理论命题，建构都市病及其治理研究的公共产品供给结构分析框架，用以对都市病成因与本质进行理论分析，并以其作为理论分析工具，结合案例研究法和比较研究法对当代中国都市病的表征、影响、治理策略等进行考察分析和比较研究，进而探寻国外若干典型都市的都市病治理方略，在此基础上提出中国都市病治理的类型化治理路径和整体性治理框架，具体技术路线如图1-2所示（图中左边虚线框内的主要内容是理论研究和规范分析部分，右边虚线框内的主要内容是实务研究和案例分析部分）。

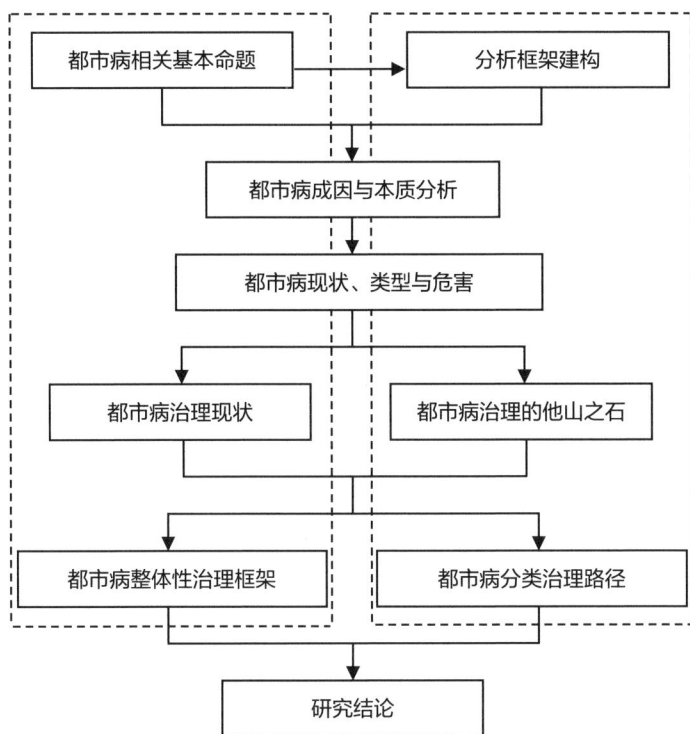

图 1-2　都市病及其治理研究的技术路线

五、创新与不足

（一）研究创新

从研究现状、研究设计、研究内容和研究观点等综合情况来看，本研究创新之处主要有以下几点：

一是研究选题方面的创新。随着城镇化的进一步发展，尤其是中国新一轮新型城镇化进程的持续推进，未来中国城市化发展必然进一步加快，城市化规模必然持续扩大，中国都市已经凸显的都市病病症必然会进一步加剧。选题以都市病治理为研究对象，在对都市病及其治理现有研究成果进行梳理的基础上，拟重点关照都市病现状、成因、类型、国外都市病治理举措以及都市病分类型治理路径和整体性治理框架的理论建构。

二是研究内容方面的创新。研究以都市病基本理论界定为基础，以公共产品理论为理论视角，建构都市病及其治理研究的公共产品供给"结构性"分析框架，从理论上对都市病的成因和本质进行梳理和界定，并对都市病类型进行系统性界分，进而对都市、都市病等相关概念进行梳理和界定。在此基础上，以典型城市为例，对我国都市病现状和影响开展实证考察，进而综合分析典型都市开展都市病治理的治理方略及其有效性。在借鉴国外若干都市治理都市病经验教训的基础上，建构我国都市病治理的类型化治理路径和整体性治理框架。

三是研究观点方面的创新。在系统推进理论和案例研究的基础上，本研究主要提出以下四个方面的观点创新：（1）以公共产品供给视之，都市病是都市公共产品供给的结构性失衡导致的都市功能紊乱所致。都市公共产品供给的主体结构、种类结构、供需结构、空间结构、制度结构失衡，是导致各类都市病丛生的关键原因，都市病的本质是都市公共产品供给结构性失衡导致的都市自组织系统结构性变异。（2）按照不同标准，可以对都市病做出不同的类型界分。以公共产品供给为视域，以都市病的主要诱因为依据，可以将都市病分为供给不足型都市病、供给不均衡型都市病、供给品质紊乱型都市病三种类型。（3）研究指出，不同都市病之间存在内在关联性，一种都市病的治理会延缓或增强另一种都市病的病症表现，都市病治理必须兼顾不同都市病之间的内在关联性，必须考量一种都市病治理举措对另一种都市病治理的逻辑影响。（4）都市病治理必须实现"中西医结合"式治理方略。既应按照西医治理理念，根据都市病的类型化特征，对不同类型都市病采取针对性治理举措，实施直达病灶式的"外科手术"式定点治理，还应按照传统中医治病思想，对都市有机体实施"固本培元"式的整体性治理方略，全面增强都市有机体体质以增强都市有机体的防病治病能力。

（二）研究的不足

都市病及其治理是一个复杂的社会问题和政府治理问题。从知识学视角看，它是涉及市政学、城市规划学、经济学、财政学、管理学、政治学、社会学、生态学等多学科、多领域复杂问题的综合性研究选题，限于个人的知识、能力及时间，本研究仅以公共产品理论为分析工具，建构都市病及其治理研究的公共产品供给结构分析框架，用以对都市病及其治理基本问题开展理论分析和案例研究，而没有对都市病及其治理进行全面系统的知识学研究。因此，本书在研究方法、研究结论和治理对策建议等诸多方面，必然存在知识学方面的不足，甚至可能存在谬误之处，相关研究结论也有待更为深入的研究和验证。此外，由于都市病种类及其表征的复杂性，本研究对都市病类型的划分也可能存在不够周延之处，对国外典型都市的都市病治理经验还仅仅停留于文献研究层面，未能开展实证式全景考察，对典型城市都市病现状及其治理策略和治理绩效的考察可能也不够精当和准确，对都市病的治理对策建议和思想理路还有待实践检验，更未能对未来都市病的发展趋势做出科学预测。

以上都是本研究可能存在的不足之处，本人将在今后的研究过程中进一步拓展和深化，希望得到学界前辈和同仁的批评和指导，也希望更多学界同仁能关注都市病及其治理问题研究，纠正本研究可能存在的不足和谬误，深化本研究还未能有效探讨的问题。

城市病和都市病是城市和都市发展的伴生物。要有效推进对都市病及其治理策略方式的研究，必须厘清城市、都市、都市病等基本概念，并建构都市病及其治理的理论分析框架，为开展都市病及其治理的理论研究提供理论分析工具。本章对都市病及其治理的相关基本概念进行辨析界定，并在厘清公共产品供给基本理论问题的基础上，借鉴公共产品供给理论，建构都市病及其治理研究的理论分析框架。

第一节　城镇、城市与都市

都市病与都市病治理，这是本研究的核心议题。厘定都市病相关核心概念内涵，是本研究的起点和立足点。要正确理解和把握都市病及其治理，需要将其置于历史的视野和脉络中审视。因此，界定和区分城、镇、市与都市等相关概念，有利于进一步明确都市病的研究范畴，是都市病研究的重要概念基础。考察城镇、城市、都市发展历史和起源可以发现，城镇、城市和都市存在较大差异，但随着现代社会发展，它们在人口聚集的表现方面逐渐趋同。目前，学界和实务界通常以人口规模大小、产业结构差异等来区分城镇、城市和都市概念。

一、城、镇、市概念差异

传统意义上的城、镇、市在概念上存在一定的差异。从起源来看，"城"原指城邑四周的墙垣，主要用于防御外敌侵入和城内居民的暴动，因而有防御墙垣的才可以称作城。"镇"最初是指"一方之首山"，即一个区域范围内的最高或者最大的山①，由于山上有兵马驻守，逐渐演变为区域概念。

在"城"和"镇"之外，"市"是一个独立概念，主要指交易和买卖及其场所。《说文解字》将"市"解释为"买卖之所也"；在《管子·乘马》中，"市"为"货之准也"，可以理解为集市或狭义的市场。城、镇经过发展演变，成为管理一定辖区、地域和人口的行政建制单位，但在级别和范围上有一定区别。从级别来说，县以下的小商业都市被称作"镇"。"城"的行政级别高于"镇"，"城"是拥有城墙或行政级别较高的行政单位，除较大、较重要的建有城墙的"镇"可以称作"城"之外，一般作为小商业都市和基层行政单位的"镇"不能称作"城"。但是，在实际使用中，传统上一般将"城镇"和"乡村"相对，用"城镇"统称乡村之外的生产、生活和社会结构形态。

本研究沿袭传统"城镇"概念，认为城镇是指与乡村相对的生产、生活和社会结构形态，它包括"城"和"镇"，是"城"和"镇"的统称。但是，根据我国的实际情况，建制镇是一级行政机构的称谓，它通常既包括一个或几个"镇"（集镇），又包括"镇"之外的更为广泛的乡村区域。因此，本研究认为不应将建制镇直接纳入"城镇"范畴，即本研究所指"城镇"的"镇"指的是"集镇"而非"建制镇"。

随着工商业持续发展，"城镇"人口不断聚集，农业人口所占比重逐渐下降，城镇在行政建制上会升级为"城市"。在这里，"城"和"市"不再是相对独立的概念，而是作为一级行政建制，即"市"级建制。

1986年，《国务院批转民政部关于调整设市标准和市领导县条件报告的通知》对"市"和"撤县设市"的标准重新做出了规定，通知要求，有6万以上非农业人口②，年生产总值达到2亿元以上，并且已经事实上是所在地区经济中心

---

① 吴翔：《镇的起源与流变》，《学术论坛》2015年第11期，第83-86页。
② 非农业人口包含县属企事业单位聘用的农民合同工、长年临时工，经工商行政管理部门批准登记的有固定经营场所的镇、街、村和农民集资或独资兴办的第二、三产业从业人员，城镇中等以上学校招收的农村学生，以及驻镇部队等单位的人员。

的镇，可以按照市的建制设置。人口规模达到 10 万人以上的城镇可以按照市的建制来设置。人口规模不足 10 万人的城镇，除非确有必要，且必须是省级国家机关所在地、国家重要工矿基地、规模较大的物资集散地或重要的边远城镇，才可以按照市的建制设置。该通知还规定，总人口不到 50 万人的县，其县人民政府所在镇的非农业人口如果达到 10 万人以上、农业常住人口不超过镇总人口的 40% 且县人民政府所在镇年生产总值达到 3 亿元以上的，可以撤县设市。总人口达到 50 万人以上的县，其县人民政府所在镇的非农业人口超过 12 万人、年生产总值超过 4 亿元的，可以撤县设市。①

根据以上标准，所谓"市"，既可以是"城"，也可以是"镇"，后来引申为"城市"的概念。然而，在实际行政建制和行政级别中，我国行政层级和区域性"市"的概念又特指一级归口省、自治区或自治州直接领导、介于"省"和"县"之间、与"厅、司"行政级别相同的"地级"行政建制概念（在我国行政建制级别中，"地"原指"地区行署"，为省级派出机构，与"司局级""市厅级"同级）。

二、城市和都市的界定

现有关于城市和都市的概念界定中，一般认为，城市通常是人口集中、空间规模较大、工商业相对发达、人口户籍结构主要以非农业人口为主，通常事实上是周边地区政治、经济、文化中心的地区。狭义上的城市只指"市"而不含建制镇和集镇，而广义上的城市与"城镇"基本同义，既包括"市"又包括集镇，但不包括建制镇。《牛津索引字典》中城市的定义是"拥有教堂，经过皇家授权的大城镇"。英国《不列颠百科全书》中城市的定义则是"城市是一个较为永久性的、组织完好的人口集中地，比一个城镇或村庄规模大，地位也更为重要"。经济学理论认为，城市一般是具有相当面积、经济活动和住户集中的连片地理区域，这个地理区域中的企业和公共部门因集聚效应而产生规模经济。城市规

---

① 转引自《国务院批转民政部关于调整设市标准和市领导县条件报告的通知》，文件中还明确了撤县设市的标准，即总人口 50 万人以下的县，县人民政府驻地所在镇的非农业人口达到 10 万人以上、常住人口中农业人口不超过 40%、年生产总值 3 亿元以上，可以撤县设市。总人口 50 万人以上的县，县人民政府驻地所在镇的非农业人口一般在 12 万人以上、年生产总值 4 亿元以上，可以撤县设市。

划学理论对城市的定义则是，"城市是以非农业产业和非农业人口集聚为主要特征的居民点"。风笑天对城市所下的定义为"相当多的、自己不生产所需粮食的人们的长期生活地"[①]。这个概念实际上强调了城市的非农业产业化特征。

以上定义有的简略，有的烦琐，都在一定程度上反映了"城市"的特征和本质，但也存在共同缺点：范围并不明确，难以在"城市"和"镇"之间做出区分。此外，从不同学科阐明"城市"的学科意义和本质，实际上是出于学科研究需要的界定，它们虽然能在一定程度上揭示城市的本质特征和内在逻辑，有学科或学术研究意义，但有时实际上既无必要，又容易造成误解，反而进一步使人们对城市的概念产生混乱和模糊化。如将城市定义为非农产业和非农人口集聚为主要特征的居民点，或指出城市居民"自己不生产粮食"，这虽然指出了城市的重要产业特征，但三五户乃至三五十户非农产业人口、自己不生产粮食的人聚集在一起的地方，显然不能称为"城市"；再如现代社会生活实践中，如果有大量人口，例如，5万或10万以上的人聚居在一起，可以想象，这些人一般不可能会以农业产业为主，更不可能主要依靠自己生产粮食。在城市概念上，韩国《地方自治法实施令》对我们界定城市的概念有一定借鉴意义，该法令规定，城市应具备三个基本要素：城市区域人口数量不少于5万人，城市市区（建成区）常住人口比例一般超过区域总人口规模的60%，城市从事工商业以及其他各类城市性产业的户数比例超过60%。[②] 这种用人口数设定城市标准的方法为界定城市概念提供了启示。我们可以根据人口数与产业特征两个关键要素来对城市概念做出界定。

综上，本研究将"城市"定义为：以非农产业为主，具备独立行政区划和独立政治、经济、文化功能及完善的组织管理系统，拥有20万以上人口聚居的功能系统。此定义的内涵主要包括四个方面：一是突出城市的产业特征，即城市是以工商、服务业等非农产业为主的经济体，这既是为了使城市区别于其他大量人口聚居地（如军队或大型企业），也是对传统强调产业特征概念的借鉴和遵

---

① 风笑天：《城镇化：概念、目标与挑战》，《国家行政学院学报》2014年第3期，第32-33页。

② 金钟范：《韩国发展政策》，上海财经大学出版社，2002年。

循，这是城市的关键特征；二是城市一般有独立的政治、经济、文化功能；三是城市一般具备独立的行政区划特征，有完善的组织管理系统；四是循惯例通过人口标准明确"城市"和"镇"之间的区别。

"都市"一词的英文全称是"megalopolis"，源于希腊语，其中，"mega"的意思是"大"，"polis"的意思是"城、镇、都市"，二者合在一起就是很大的城市或巨大城市。一般情况下，都市与城市没有本质区别。如有研究认为，都市是具有较大异质性的许多人组成的、大而密集的永久性聚居地区。它与乡村最大的不同是人口的异质性和居民的经济活动的非农业性。[①]都市或城市在人口密集度、产业等经济活动与乡村存在异质性，但是都市和城市在发展阶段和规模上存在区别。都市是城市发展到一定阶段的产物，从城市到都市，是城市发展变迁的历史。都市是政治、经济和社会文化高度发达并具有重大影响力的巨大规模城市，在城市体系中最具竞争优势。在规模上，都市的概念都强调"大"，它在种属关系上属于"城市"，是城市中的"大城市"或"巨大城市"。根据当今城市发展状况，专家将城市分为小城市（包括Ⅰ型和Ⅱ型）、中等城市、大城市（包括Ⅰ型和Ⅱ型）、特大城市和超大城市，其中小城市和大城市分别分为Ⅰ型和Ⅱ型两档，增设超大城市。大城市以城区常住人口是否达到100万人为界，100万人以上为大城市，500万人至1000万人为特大城市，1000万人以上为超大城市。[②]这种对小城市、中等城市、大城市、特大城市、超大城市的界定明确，极具参考价值。

当前，我国大城市的城市病病症表现已经十分明显。随着城镇化进程的进

① 《云五社会科学大辞典·社会学》，"都市"条，台北。转引自麻国庆：《都市、都市化与土默特蒙古族的文化变迁》，《阴山学刊（哲学社会科学版）》1990年第2期，第98–106页。
② 参见国务院印发《关于调整城市规模划分标准的通知》（以下简称《通知》），《通知》对原有城市规模划分标准进行了调整，明确了新的城市规模划分标准。《通知》中对城市及其等级的界定是：城区常住人口50万以下的城市为小城市，其中20万以上50万以下的城市为Ⅰ型小城市，20万以下的城市为Ⅱ型小城市；城区常住人口50万以上100万以下的城市为中等城市；城区常住人口100万以上500万以下的城市为大城市，其中300万以上500万以下的城市为Ⅰ型大城市，100万以上300万以下的城市为Ⅱ型大城市；城区常住人口500万以上1000万以下的城市为特大城市；城区常住人口1000万以上的城市为超大城市。

一步加快，考虑到我国人口基数巨大的实际情况，未来大城市人口数量必将持续增加，由此衍生的各类城市病问题也必然会日益凸显。而对于中小城市和建制镇、集镇来说，由于人口及地域范围等因素的影响，城市病的表现并不明显且相对易于治理。因此，本研究主要关注大城市，尤其是一线的特大城市、巨型城市的城市病及其治理问题。为便于区分，也为了明确研究对象，本研究将一般意义上的大城市、特大城市、巨型城市统称为都市，即主要研究都市的都市病及其治理问题，在空间上具有更大的容纳性。但是，考虑到城市规模发展实际及未来城市发展趋势，本研究对现行的大城市、特大城市、巨型城市的人口基础标准略做调整。

2010 年的全国第六次人口普查数据显示，截至 2010 年底，国内 35 个省的省会城市的市辖区人口规模的平均数高达 507 万人，其中，19 个直辖市、副省级城市市辖区的平均人口规模更是高达 725 万人，16 个省会地级城市市辖区的平均人口规模也达到了 248 万人，所有省会城市的人口规模都已超过 100 万人。在 251 个非省会地级城市中，市辖区平均人口规模也已经达到 75 万人，其中，有 43 个市辖区城市人口规模超过 100 万人，208 个市辖区人口规模不足 100 万人，106 个城市的市辖区人口规模不足 50 万人。根据这一统计数据，结合传统城市等级划分标准，本研究认为，将市辖区人口达 100 万人作为大城市的人口标准是相对适宜的，并据此对城市等级人口规模做适当调整，即：城市人口规模超过 100 万人的是大城市，城市人口规模在 200 万人和 500 万人之间的是特大城市，城市人口规模在 500 万人和 1000 万人之间的是超大城市，而城市人口规模超过 1000 万人的是巨型城市。

三、都市与产业构成的关系

虽然"都市"是一个源于古希腊的古老概念，原初意义上的"都市"主要强调其"大"或"巨大"。但是，本研究认为，随着人类文明的发展，都市概念应该且事实上已经被赋予了更多的现代意蕴，其中一个重要元素就是三大产业的组成结构的融合度不断提升。因此，在界定都市概念的时候，有必要对都市的三大产业结构做出界分。经济学研究一般认为，一个城市的第一产业占该城市整个产业的比重超过 10% 时，这个城市还只是处于工业化发展的初始阶段；而当这个城市的第一产业比重已经小于 10% 但却大于 5% 时，这个城市则仅只是处于工业化加速阶段；当这个城市的第一产业比重小于 5% 且第二产业和第三产业比重大致相当时，那么这个城市就已经处于工业化发展相对成熟的阶段；只有当这个城市的第一产业比重进一步下降，第三产业比重已经超过 70% 时，这个城市的产业发展才进入后工业化发展阶段。[1]另有统计资料表明，全国各地在城市化发展过程中的三大产业结构发展并不均衡。当 1995 年珠三角都市圈的第一产业比重已经下降到 8.7% 时，长三角都市圈的第一产业比重刚刚下降到 10% 以下（为 9.98%），而当年环渤海湾都市圈的第一产业比重依然高达 24.7%。但到 2004 年，虽然环渤海湾都市圈的第一产业仍然超过 10%（为 14.47%），珠三角和长三角都市圈的第一产业比重却已经全部下降到 5% 以下（表 2-1）。另据国家统计局 2013 年统计公报显示，2013 年，第一产业比重为 10%，第二产业比重为 43.9%，第三产业比重为 46.1%，第三产业比重首次超过第二产业。根据以上实际情况，考虑到城乡之间、地区之间、大小城市之间的产业结构发展并不平衡，本研究认为，一个城市要成为都市，其第一产业比重不能高于 5%，而第三产业比重不能低于 50%。

表 2-1　1995—2004 年环渤海湾、珠三角、长三角都市圈产业比重变化情况[2]

单位：%

年份	环渤海湾			珠三角			长三角		
	第一产业	第二产业	第三产业	第一产业	第二产业	第三产业	第一产业	第二产业	第三产业
1995	24.70	43.63	31.67	8.70	47.18	39.49	9.98	56.46	33.56
1996	23.51	44.13	32.36	8.56	47.09	39.91	9.69	54.53	35.78
1997	28.35	28.35	43.30	8.30	49.24	42.46	8.66	53.87	37.47
1998	21.07	45.16	33.77	7.57	49.06	43.37	8.10	53.00	38.91
1999	18.73	46.22	35.05	7.09	49.50	43.41	7.60	52.44	39.96
2000	17.10	46.90	36.00	6.51	49.03	44.34	7.02	52.27	40.71

[1] 李梅、杨明俊：《中国城市产业结构问题研究综述》，《工业技术经济》2006 年第 2 期，第 5-8 页。
[2] 包睿：《三大都市圈产业结构分析》，《安徽农业科学》2008 年第 2 期，第 773-775 页。

年份	环渤海湾			珠三角			长三角		
	第一产业	第二产业	第三产业	第一产业	第二产业	第三产业	第一产业	第二产业	第三产业
2001	16.55	46.59	36.56	6.00	49.20	44.87	6.62	51.78	41.60
2002	15.87	48.16	35.97	5.50	48.83	44.86	6.02	52.10	41.88
2003	12.97	50.95	36.07	4.69	51.85	43.04	5.88	54.16	39.96
2004	14.47	50.68	34.85	4.40	53.17	42.43	4.60	55.86	39.54

综上，本研究对"都市"概念做如下界定：都市是指市辖区常住人口规模达100万人以上，以现代工商服务业为主，城市政治、经济、文化生活比较繁荣发达的地级以上大城市。这一概念包括以下五层主要意思：一是所谓都市，其人口规模庞大，不少于100万人；二是都市的产业应以现代工商业和服务业为主，且其工商服务业占整个城市产业的比重一般不低于95%，第三产业占整个城市产业的比重不低于50%；三是都市的政治、经济、文化生活比一般城市更为繁荣发达；四是根据城市行政等级，都市一般为地级以上城市；五是都市包括大城市、特大城市、超大城市以及巨型城市。

第二节 城市化与城镇化

都市病是城市规模不断扩展、城市公共产品资源供给结构性失衡、城市管理水平不彰等综合因素共同作用的产物，常常伴随着城市化进程或者说城镇化进程的发展而逐渐加剧。因此，城市化或者城镇化进程对都市病研究至关重要。城市化或城镇化和都市病之间存在什么样的逻辑关系？城市化或城镇化进程会给都市病带来何种影响？如何优化城市化或城镇化进程，防止其激化都市病？对于都市病及其治理研究，城市化、城镇化是必然要讨论的话题，有必要对城市化、城镇化两个概念做出清晰界定。

一、城市化概念及其内涵

城市和城市化是跨学科研究领域。雷·哈奇森指出，即使是城市问题专家也很难为城市化划定其内涵和外延。[①] 这是因为相关研究包含众多研究领域，而不同学科通常都会从学科研究视角对城市化做出不同的界定。如从地理学理论视角来看，城市化主要表现为地域转化过程的概念，即主要是因为农村在地域上向城市转变，从而导致农村地域景观也随之发生变化，进而使居民和产业在地域上出现快速积聚，消费方式也随之发生变化，原有地域范围内的城市性因素逐渐增加，最终实现聚落和经济布局的空间区位再分布，演化成为城市。[②] 与地理学理论视角不同，从人口学视角来看，城市化则主要是农村人口向城市人口转化的过程，即城市化主要表现为人口的城市化，城市化就是城市的数量和人口的数量都明显增长。如威尔逊就认为，"人口城市化即指居住在城市地区的人口比例上升的现象"[③]；克拉克也认为，城市化是"第一产业人口不断减少，第二、三产业人口不断增加的过程"[④]。由此，"城市化"显然是一个包括了人口集聚点总数量增加以及单个聚集点规模增大两种路径的人口集中的过程。从社会学的视角看，城市化是新的社会性质、社会生活方式、社会行为由农村向城市集聚或者由城市向周边扩散的过程。从经济学的视角看，城市化是从第一产业向第二、第三产业转移的过程，也就是说，城市化的主要表现是人们自愿从农业产业转向工业产业，最终实现从第一产业向第二、第三产业的产业转移和产业革命，伴随着产业转移的表现或结果则是乡村人口逐渐减少、城镇人口逐渐增加的过程。

更多的学者以综合的视角来界定城市化。例如，王杰义将城市化界定为非农产业为追求聚焦规模效益而向城市或特定地域不断集中的社会经济过程。[⑤] 这种界定方法实际上是将城市化视作一个完全自觉的、主动的经济过程，虽然在一定程度上指出了当前部分国家或地区政府主导下的城镇化发展的现状，但显然并不符合城镇化起源的历史事实。周一星认为，广义的城市化主要是指居住

① 雷·哈奇森：《新城市社会学》，上海译文出版社，2018年，第1页。
② 向德平：《城市社会学》，武汉大学出版社，2002年，第136—137页。
③ 联合国国际人口学会：《人口学词典》，杨魁信等译，商务印书馆，1992年，第35页。
④ 同上。
⑤ 王杰义：《农村城市化概念的界定及其测定》，《中国农村观察》1996年第1期，第55—56页。

在市、镇地区的人口占总人口比例的增长过程，是社会生产力持续发展所引起的市、镇数量增加，规模不断扩大，区域人口逐步向市、镇集中，进而使得原有市、镇物质文明和精神文明不断向外扩散，区域产业结构也由第一产业不断向第二、第三产业转换的过程。[①] 将城市化视作市、镇地区人口比例增长过程的界定方法，将城市化视作生产力发展的诱致变量，也指出了城市化发展的典型特征，比较符合城镇化发展的历史规律，但也忽略了当代政府主导推动城镇化发展、利用城镇化推动生产力发展和经济产业结构转型的事实，亦有以偏概全之嫌，尚有待完善。唐耀华在综合分析各方观点的基础上，对城市化做出界定。他认为，"城市化是指由于社会经济发展，生产效率提高，出现了不受空间制约的生产方式，包括手工业特别是工业，促使分散在广大区域的农业人口向某一较小区域聚集和集中成为非农业生产人口而形成城镇，城镇人口不断增加使得城镇消费需求不断增长直至急剧膨胀，从而城镇化为都市，推动经济快速增长，引起产业结构发生变化和经济加速发展，导致人们生活方式、价值观念等改变的复杂过程。城市化包含城镇化和都市化"[②]。这个概念在很大程度上完整地阐明了城镇化的主、被动情景的历史转换，也指明了城镇化发展的外部特征和内在经济学本质，但却显得过于烦琐。

综上，城市化是一个包含地域空间转换、人口迁移、生活方式变换、经济和社会结构变动的由浅及深、由表及里的复杂过程。正如刘士林所指出的，对一个国家城市化进程进行评价的基本尺度是这个国家城市居民占总人口比重的增长过程，其具体表征则是这个国家的农业人口逐步由农村向城市空间进行转移，而深层次的表现则是这个国家的社会、经济、文化结构的整体性变迁。[③] 显然，上述过程不是同步进行的，但是它们之间相互联系和相互促进，即城市化"一是人口从乡村向城市运动，并在城市从事非农工作；二是乡村生活方式向城市生活方式的转变，包括价值观、态度和行为等方面。前者强调人口的密度和

---

① 唐耀华：《城市化概念研究与新定义》，《学术论坛》2013 年第 5 期，第 113-116 页。

② 同上。

③ 刘士林：《2007 中国都市化进程报告》，《社会科学报》2007 年 12 月 27 日第 1 版。

经济职能，后者强调社会、心理和行为因素"①。

以上概念为我们认识城市化的内在本质和外部特征提供了重要参照，综合各种关于城市化的概念界定，本研究认为，城市化是从社会结构由传统乡村社会逐步向现代城市社会进行转变的深层次变迁过程，在这个复杂的社会结构变迁过程中，农村人口逐步向城市集聚，城市人口数量和空间规模不断扩张，经济产业结构快速变迁，社会生活方式和价值观念发生深刻转型。这个定义主要包括两层含义：其一，城市化可能是原始城市化的自发演变过程，也可能是当代外生型城市化的主动转变过程；其二，城市化是传统农村人口、农业生产生活方式、农业社会结构和功能等逐步向现代城市人口、工业生产生活方式、城市型社会结构和功能变迁的转化过程。

二、城镇化与城市化的关系

与城市化紧密相关的另一个概念是"城镇化"。这是近年来我国官方常用的对"城市化"一词的替代性表述。就其内涵来说，这种替代性表述绝非仅仅字面意义上的一般性表达转化，而是表达了深刻的内涵，"城镇化"和"城市化"存在本质内涵的不同。

关于城镇化，理论界一般认为，其实质是人类社会进入现代工业化时代，经济社会发展使传统农业生产生活的比重逐步下降，非农业生产生活活动即现代工商业生产生活活动的比重逐渐上升，进而导致农村人口逐步向城市集聚，农业人口比重逐步降低，城镇工商业人口比重逐渐上升，人们生产生活方式与物质面貌逐渐由传统农业性质向城镇工商业性质转变和演进的过程。与此相对应，狭义的城镇化概念则仅指农业人口逐步向城镇空间聚集的过程，主要表现为农业人口的城镇化、城镇数量的增加和城镇空间规模的扩大。在西方语境中，城镇化和城市化都是"urbanization"，意指社会经济、生活、生态、文化等各个方面从农村向城市全面转变的动态过程，也是整个人类生产、生活和居住方式发生全面转变的动态过程，它包括社会的、经济的、人口的、空间的、文化的

---

① 刘士林：《2007 中国都市化进程报告》，《社会科学报》2007 年 12 月 27 日第 1 版。

等诸多含义。

与城市化类似，城镇化在不同的学科语境中，其意义存在一定差异。城镇化在社会学语境中，指的是人的生活方式和行为方式由传统农村生活方式向城镇生活方式转化的过程和结果。在人口学语境中，城镇化是人口由农村向城镇的迁移过程和结果。在地理学语境中，城镇化是农业人口、农业产业和农村基础设施等由乡村区域向城镇地区转化和集中的动态过程。而在经济学语境中，城镇化则是经济产业结构由传统农业主导的经济结构和产业结构向现代新型第二、第三产业转变的动态过程，是传统农业经济向城市商品经济和市场经济转变的动态过程。

以上关于城镇化的概念界定，从不同学科视角阐明了城镇化的一些本质特征，但其缺点是过于强调学科层面的特质界定而忽视了城镇化的共有属性。然而，它们有一个显著的共同点，即都强调城镇化是一个动态演进的过程，这实际上在根本上触及城镇化的本质，即城镇化是社会结构持续发生深刻变迁的系统动态过程。参照不同学科视角对城镇化内涵的界定，本研究认为，城镇化指的是从乡村变迁为城镇的动态演进过程，在这个过程中，乡村人口向城镇聚集，农业经济向城镇工商服务业转变，生活观念和行为方式由传统方式向现代方式转型。这个定义包括以下三层含义：其一，城镇化是农村农业人口向城镇工商业人口转变的动态过程；其二，城镇化是由传统农业经济向现代城镇工商服务业经济转变的动态过程；其三，城镇化是由传统农村生活观念、生活方式、行为方式向现代城镇生活观念、生活方式、行为方式转变的动态过程。

就一般意义和概念而言，通常都认为城市化和城镇化是同一语义。如王桂新就将城市化等同于城镇化，认为城市化就是农村人口迁移到城市或农村地区转变为城市地区而使城市人口数量增加、比重提高的过程。[①] 但亦有学者持不同意见，如傅晨就认为城市化是一个严谨规范的国际性概念，城镇化、农村城市化、农村城镇化等都是城市化的某一层面、某一阶段、某一空间的特征，因

---

① 王桂新：《中国"大城市病"预防及其治理》，《南京社会科学》2011 年第 12 期，第 55—60 页。

而并不能涵盖城市化的全部内涵，不应等同或相互取代。[①]

　　将城镇化等同于城市化，或者将城镇化视作城市化某一层面、某一阶段、某一空间的观点，有其合理性。但在特殊语境中，短期内实现完全城市化，显然并不现实。实际上，当国际社会以及国内先进发达地区已经出现"逆城市化"的现象之后，还将完全城市化视作经济社会发展目标或发展方向的观念显然有其不合理性。在当今中国的特殊国情下，虽然我们必须持续推进城镇化以解决城、乡发展，特别是乡村发展面临的诸多问题，但我们更应该走出更为先进的理念，应在积极推动城镇化发展的同时，积极促进农村、农民的在地化发展。即便在将城镇化作为经济发展工具的现实语境下，我们不可能选择农村、农民在地化发展的发展路径，也不应该选择完全城市化的发展道路。我们现实的、可行的选择只能是"城化"和"镇化"并进的发展策略，即一方面继续推进城市化的发展路径，促进居民向城市转移，以实现规模效应和集约效应，促进产业转型和居民生产和生活方式转型；另一方面，推进多点开花的发展思路，鼓励居民向建制镇或集镇转移以扩大内需、集约土地、促进产业转型和生活方式转型。这也是政府推进城市化发展的现实选择。因此，在我国官方语境中，城镇化事实上既包括一般意义上的城市化，又包括集镇化，即常用的"城镇化"概念是包括"城化"和"镇化"的综合体。

　　综上所述，城镇化、城市化是两个既相互联系又相互区别的概念。城镇化是"城化"和"镇化"的统称，指的是一个国家或社会由传统型农村社会向现代型城镇社会转型的动态过程。而城市化主要指"城化"，指的是一个国家或社会由传统农业型社会向现代城市型社会转变的动态过程。综合比较城镇化、城市化两个概念发现，两者都不是一个静止的状态，而是动态演化的过程，都是人口、生产方式、生活方式、空间范围的转变和演化过程。同时，城镇化、城市化两者亦有一定区别，城镇化不仅包括"城化"，亦包括"镇化"，城化是镇化的高级阶段，镇化是城化的低级和准备阶段，二者可以同时发生，又可以依序递

[①]　傅晨：《城市化概念辨析》，《南方经济》2005年第4期，第29-30页。

进，镇化进一步发展的趋势即是城化的出现。而都市是城市化已经初步完成，城市人口、空间规模进一步扩大的结果，是城市化完成后的生产方式、生活方式、空间范围的进一步蜕变和发展的动态提升过程；客观而言，都市生活虽然和城市生活有共同之处，但是都市生活比一般城市生活更为现代、更为文明。换言之，就发展时间、发展序列、发展趋势及种属关系而言，城镇化、城市化两者在时间上可以同时发生；在发展序列和发展趋势上，城镇化、城市化是一个由低级到高级的递进概念；从种属关系上，可以说城镇化包括城市化和城镇化，城镇则是包括镇、城市和都市的种概念，城市则又是包括城市和都市的种概念。在人口和空间规模上，都市通常是城市人口规模扩大、空间规模扩张的结果，因而都市和城市的区别主要表现为人口和空间规模的变化，同时，随着人口、空间规模的扩大和扩张，都市往往在功能属性和内部结构上又比城市更为复杂。城镇、城市、都市三者之间的关系如图 2-1 所示。

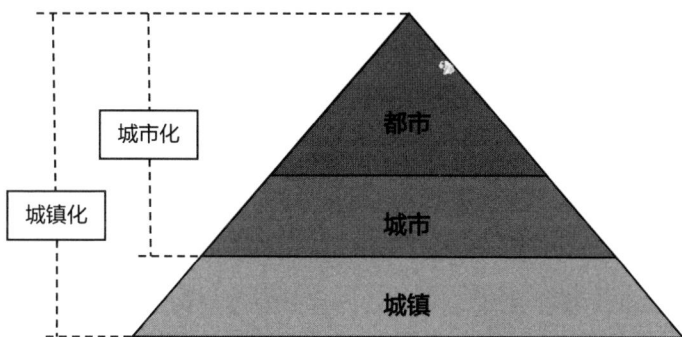

图 2-1　城镇、城市、都市三者逻辑关系及演变趋势

第三节　城市病与都市病

随着城市化进程加快，交通拥堵、垃圾围城、热岛效应、环境污染、空气污浊、都市安全、毒品、艾滋等各种都市运行中出现的城市病或都市病似乎变成了都市挥之不去的噩梦，不断侵蚀和消解都市人的生活质量。鉴于城市、都

市、城市化是具有不同内涵的概念，同时又由于在实践和理论研究中，城市病和都市病的使用存在一定差异，特别是都市病常常被用来专指城市生活给人们带来的心理或生理疾病。因此，有必要厘清本研究语境下的城市病和都市病概念，以明确本研究的研究对象和研究范围，防止发生混淆。

一、城市病的内涵

怎样理解城市病与都市病两者之间的关系？理论界和实务界常用"城市病"这一个概念来总称城市生活中出现的如垃圾围城、热岛效应等各种问题，并力图从理论上对"城市病"概念进行学术界定以进一步认识和分析这些都市运行与管理出现的问题的本质和原因。然而，和很多学术概念一样，理论界和实务界对城市病概念的界定存在一定争议，从现有文献来看，学者对城市病概念的界定大致包括以下三种界定方法。

其一，用列举具体城市病类型的方式界定。这方面的典型代表如日本学者矶村英一。他指出，城市病指失业、犯罪、贫困、卖淫、流氓、不良行为、自杀和一同自杀、流浪、江湖卖艺者、简易旅馆街、贫民窟、交通堵塞和公害等。[1] 宁越敏亦认为，与经济社会发展不相协调的消极型城市化导致城市发展过程中产生系列经济、社会和环境问题，这些问题被称作城市病，主要包括住房供应短缺、贫困、失业、交通堵塞、环境污染，以及各类犯罪活动等都市运行与管理中出现的问题。[2]

其二，从城市病成因角度界定。城市病成因不同，其概念界定也不同。一是认为城市病主要是因为城市资源承载能力造成的。如张忠华和刘飞认为，城市病是因城市管理理念与管理手段落后于城市化发展进程，导致城市人口规模和空间规模发展突破其既有资源与环境的承载能力，因而出现系列明显影响市民生产与生活的各类都市运行与管理问题。[3] 二是认为城市病是城市化进程发

---

① 矶村英一：《城市问题百科全书》，王君健等译，黑龙江人民出版社，1988年，第1197-1199页。
② 宁越敏：《积极稳妥推进城市化》，载《中国城市研究》（第五辑），商务印书馆，2012年。
③ 张忠华、刘飞：《当前城市病问题及其治理》，《发展研究》2012年第2期，第84-85页。

展速度过于快速所致。如曹钟雄、武良成认为，所谓城市病是因城市人口和规模快速扩张，导致城市基础设施、资源、环境等难以适应快速发展的工业化和城市化进程的需要，因而表现出来的各种与城市发展正常秩序不相协调的失衡和无序现象。[①] 三是把城市病视作人口过度集中的结果。如倪鹏飞认为，城市病是指人口过度向大城市集中而引起的一系列社会问题。[②] 又如全国科学技术名词审定委员会对城市病概念的界定：城市病是由于人口、工业、交通运输等过度集中于城市所致。四是把城市系统缺陷视作导致城市病的原因。如周加来就认为城市病是由于城市系统存在一定的缺陷，导致城市系统整体性运行发生问题而对城市经济社会产生负面影响。[③]

其三，从城市病本质角度界定。一是认为城市病的本质是城市基础设施供应不足。如张建桥认为，城市病是城市化过程中伴随着城市人口规模快速发展而导致城市出现的环境污染、交通拥堵、卫生状况恶化、就业困难、资源短缺、秩序混乱、治安恶化以及教育、医疗、住宅和各类城市基础设施供应不足等一系列矛盾。[④] 二是认为城市病的本质是人与自然、人与社会、人与人之间关系的冲突或失调现象。如认为城市病是城市社区人与自然、人与社会、人与人之间出现关系严重失调或冲突的现象，即城市社会的各种弊端或病态。[⑤] 三是认为城市病是城市要素之间关系的失调现象。如邓伟志就将城市病定义为"城市生存发展过程中普遍出现的城市各要素之间关系严重失调的现象，而且被大多数人公认为消极的、必须尽力去解决的问题"。[⑥]

除了试图对城市病的概念做出一般性界定，学者还力图阐明城市病的主要表现以说明城市病的外延。如陈哲和刘学敏认为，城市病的主要表现是人口膨胀、交通拥挤、环境污染、资源短缺，而农村劳动力转移过度、政府干预过度、

① 曹钟雄、武良成：《中国"城市病"解析》，转引自樊纲、武良成：《城市化：着眼于城市化的质量》，中国经济出版社，2010 年，第 204-231 页。
② 倪鹏飞：《中国部分城市已患上严重"城市病"》，《中国经济周刊》，2013 年 3 月 5 日，第 24-25 页。
③ 周加来：《"城市病"的界定、规律与防治》，《中国城市经济》2004 年第 2 期，第 30-33 页。
④ 张建桥：《论"城市病"的预防与治理》，《郑州航空工业管理学院学报》2011 年第 1 期，第 48-51 页。
⑤ 中国大百科全书总编辑委员会：《中国大百科全书·社会学》，中国大百科全书出版社，1991 年。
⑥ 邓伟志：《当代"城市病"》，中国青年出版社，2003 年。

城市结构不合理、城市规模过大、城市建设的盲目性、资源分配失衡等是造成各类城市病的主要原因。[①] 朱颖慧认为，中国城市病有六个表现：房价居高不下、交通拥堵严重、生态环境恶化、能源资源紧张、人口无序集聚和安全形势严峻。[②] 何强则认为，中国城市病的主要表现包括：住房问题、交通问题、就业问题、生态环境和资源问题、治安问题等。[③]

用列举方式界定城市病概念比较直观，易于理解，但其缺点是难以穷尽所有城市病类型，不能从本质上揭示城市病内涵，从主要表现界定城市病也有类似问题。从成因角度界定城市病，在一定程度上说明了城市病的来源，如城市化进程加快、人口过度集中等，但是城市病的成因复杂多样，是多种因素共同作用的结果，在概念界定中难以揭示其产生的深层次原因。从本质角度界定城市病，可以以系统或普遍联系的观点揭示受城市病影响的不同要素之间的内在联系，具有积极的参考价值。综上所述，本研究认为，城市病是伴随城市化快速发展而产生的经济、社会、环境问题的总称，是城市资源难以适应城市发展实际需求的集中体现。此界定主要的内涵包括：第一，城市病是伴随城市化产生的，城市化是工业社会发展的必然趋势，因而城市病也是不可避免的。第二，城市病的表现多种多样，并不代表某一种或某几种类型，它是城市化进程中各种经济、社会、环境问题的总称。第三，城市病的本质在于城市本身，是城市聚集、开发资源能力难以适应其自身发展需求的冲突和矛盾的主要体现。

二、都市病的概念

都市病是一个与城市病息息相关却又明显不同的学术用语。一方面，都市病常常被用来指称城市生活引发的人的身心和行为方面的疾病。如焦弓认为，现代社会的迅速发展和高科技的广泛普及在改变人们生活的同时，也引发了越来越多的被心理学家称为"都市综合征"的"时尚病"，并将其统称为都市

---

① 陈哲、刘学敏：《"城市病"研究进展和评述》，《首都经济贸易大学学报》2012年第1期，第101-108页。

② 朱颖慧：《城市六大病：中国城市发展新挑战》，《光明日报》2010年11月7日第3版。

③ 何强：《北京的"城市病"根源何在》，《中国统计》2008年第11期，第16-17页。

病，如快节奏综合征、密码综合征、信息焦虑综合征、药物综合征、减肥综合征、网络综合征。① 有医学专家指出，"'都市病'，其实就是现在人们的一种亚健康的生活状态。主要包括：抑郁症、头痛、失眠等"②。王春华认为，现代人在工作、生活、情感重压下会患上郁闷、灰心、沮丧、猜疑等各种都市病，主要包括：消沉、绝望，心理抑郁，自卑失落，交流障碍，没有安全感，人际关系淡漠，负债累累，自私冷漠等。③ 董春銮指出，焦虑、抑郁和失眠等这些通常被精神科医生称作"精神问题"的现代烦恼被赋予了都市病这个时髦的称谓。④ 雪生则指出，"在城市生活变得越来越舒适和惬意的今天，一些被称为'都市病'的现代病正悄悄袭来。如城市拥挤综合征、电视迷综合征、白天黑夜颠倒症等"⑤。文风枫认为，"随着生活水平的提高，居住在高楼大厦里的现代都市人，似乎越来越感到自身的健康经常出现不良症状，在繁忙的工作和污染的环境双重压力下，面临现代都市病的侵蚀"。他进而认为，睡眠障碍造成身体恶性循环、肥胖症引起连锁疾病、疲劳成为健康大问题、信息爆炸令人猝不及防、高血脂偏爱"富贵人"。⑥ 郭莲舫认为，抑郁症也是都市病的一种，他将都市病等同于"现代病""文明病"。⑦ 以上都是用都市病来统称现代都市生活导致的人们身体、心理或行为方面的"变异"或"病态"现象，与通常意义上的"城市病"存在较大差异。另一方面，都市病也用来指称都市有机体自身功能和运行方面发生的疾病。如怀畅在《把脉都市病》一文中把交通拥堵称作都市病⑧；王许松在《被都市病蚕食的幸福》一文中将人口膨胀、资源匮乏、交通拥堵、环境污染等称作都市病⑨。虽然城市生活引发的人的身体、心理或行为方面的都市病与城

---

① 　焦弓：《"都市病"困扰现代城市人》，《现代养生》2010年第3期，第64—65页。

② 　王夕：《"人人都有都市病"，如何解决？》，《北京科技报》2009年6月29日第48版。

③ 　王春华：《电影疗法：治疗"都市病"的良方》，《校园心理》2008年第7期，第58—59页。

④ 　董春銮：《都市病：现代人的阴影》，《健康生活》1998年第3期，第40—41页。

⑤ 　雪生：《现代都市病"盯"上老年人》，《武当》2006年第3期，第187页。

⑥ 　文风枫：《现代都市病大盘点》，《健康天地》总第155期，第70—71页。

⑦ 　郭莲舫：《现代都市病——抑郁症》，《上海医药》1997年第1期，第40页。

⑧ 　怀畅：《把脉都市病》，《中国社会科学报》2011年1月18日第1版。

⑨ 　王许松：《被都市病蚕食的幸福》，《数据》2011年第10期，第10—11页。

市生活相关，城市生活节奏、生产、生活方式的改变也会在一定程度上影响都市病的治疗，如城市交通状况的改善也许会缓解城市居民的心理焦虑，对治疗心理焦虑、抑郁症等都市病有积极作用，但客观而言，因城市生活节奏和生产、生活方式引发的人的身体、心理和行为方面的都市病主要是医学问题而不是社会经济和管理问题，通常也会随着城市有机体"疾病"的缓解而缓解，也因为本研究是公共管理学科的研究选题，本研究主要着力于都市系统自身的"疾病"，即一般意义上的城市病。但为区别于传统城市病概念，明确本研究的研究对象，本研究用都市病来指称都市有机体系统自身运行方面的功能性"疾病"，而不是指向都市心理疾病。

因此，本研究所指的都市病，主要指向在都市人口压力与都市供给压力不断增大，以及都市运行日益复杂化的情况下，由于各种资源（包括制度政策资源、财力物力资源和技术资源等）供给不足、供给滞后或低质供给，引发都市公共产品供给结构失衡，从而导致都市自组织系统自身运行不能充分满足都市民众需求和都市公共生活需求，不能适应都市发展需求而出现的都市运行低质、低效、冲突、变异等各种无序和失衡的都市功能问题。那些因都市运行的上述问题导致的都市部分人群心理焦虑、抑郁症等都市生活的心理疾病，虽然从本质而言也属于都市病范畴，但可以将其定义为一种次生都市病，它们应该会随着都市运行出现低质、低效、冲突、变异等失衡和无序问题的缓解而得到缓解乃至治愈，因而不列入本研究所指向的都市病范畴，不是本研究重点关注的问题。

进而言之，可以从如下三个方面认知都市病。一是都市病的成因复杂，但主要是由于人口在都市中过量集聚而都市的各种资源包括制度资源、财力物力资源和技术资源供给不足、管理失当或管理缺位。本质上是都市公共产品供给的结构性失衡。二是都市病既然是都市运行系统不能适应都市发展的要求所致，那么随着都市人口数量得到有效控制，都市资源供给得到实质性改善和都市管理技术与管理能力不断提升，都市病就有可能逐渐得到改善乃至治愈。三是本研究所指都市病，是指都市由于运行低质、低效、冲突和变异等原因所导致的都市公共生活与公共环境不同程度异化的功能性病象，是需要在公共管理界面上诊治的都市病症，而不是受到这些都市病的影响而在部分都市人群中出现的心理性或生理性疾病。

三、城市病与都市病的比较

城市病和都市病的异同主要表现为以下三个方面。

第一，从相同之处来看，城市病和都市病的本质和表征具有一致性。就其本质来说，城市病和都市病都是城市公共产品供需之间的结构性失衡导致的城市功能结构性变异带来的问题。城市生活的复杂性导致城市不可避免地出现包括环境区位问题、资源分配问题、偏差行为问题、社会制度问题等城市病，具体表征主要包括人口膨胀、交通拥堵、环境污染与生态恶化、毒品、就业困难、上学难上学贵、住房紧张、青少年犯罪、流浪乞讨等众多问题。概而言之，都市病也常常表现为上述经济、人口、环境和社会问题，二者因而并无明显区别。此外，城市病和都市病都是城市化进程的产物，是城市化自身发展难以适应和匹配快速发展的城市化带来的城市社会需求导致的结果。

第二，从研究对象和性质看，城市病和都市病之间具有一定的差异性。都市是人口 100 万人以上的大城市、特大城市和超大城市，具有相当高的人口密度，是大量语言、文化、职业、信仰甚至种族、国籍等不同的异质性居民聚居之所。都市往往是城市群中的政治、经济、文化和服务中心，产业更加集聚，服务业更加发达，专业化分工更加精细。在这些特点上，都市与中小城市有明显差别，所以，都市病是大城市、特大城市、超大城市在发展过程中产生的城市公共产品供给结构性失衡导致的管理问题，涉及城市公共生活的运行保障与运行效率等，它比城市病更加集中、更加突出和复杂，负面影响与治理难度更大，都市病的病症表现更有典型性和代表性，其治理举措也更具示范性。

第三，从概念和内涵看，既往城市病和都市病的概念都既指向都市运行与管理问题，又包括人的心理问题，但本研究所指都市病主要指向都市有机体的运行与管理问题。从公共管理学科和本研究的问题导向出发，都市病是城市或都市运行和管理出现的问题的总称。比较现有研究文献中城市病和都市病概念的使用内涵可以发现，学者一般意义上的城市病概念主要用来指城市经济、社会、管理以及诸如医疗、教育资源不足等社会公共服务和基础设施等公共产品供给不足、低效等引发的都市运行与管理问题，但也有少数学者用城市病的概念来指称城市心理疾病，如曾长秋等认为，城市病不仅包括人口膨胀、能源短缺、交通拥挤和环境污染等典型症状，还包括抑郁症、青少年问题以及乞丐等人文社会系统领域的非典型城市病。[①] 曾广宇和王胜泉也认为，城市病是对城市化之后出现的各种城市经济、社会、心理等病态现象的总称。[②] 可见，在一般性概念使用的内涵方面，城市病和都市病都是包括"社会病"和人的"心理病"的两类病症在内的概念。然而，因为"心理病"更多地指向人的内在心理或生理问题，需要医学来进行治疗与管理，从"治疗"意义上来说，更多地属于医学问题。因此，作为公共管理学的研究议题，本研究使用的都市病概念只指向都市运行与管理问题，不包括都市人群的心理、生理问题。

第四节　都市病及其治理研究的公共产品供给结构分析框架

公共产品概念和理论源于西方。经不断发展，公共产品理论已经成为被经济学、财政学、公共管理学等学科聚焦关注的系统性理论，对经济学、财政学、公共管理学的理论研究和相关实践发展产生重要影响。作为公共利益和公共服务的载体，公共产品供给为社会公众提供增进和改善社会福利的平台。社会之和谐、稳定与发展，依赖于以符合公平正义的方式向社会有效供给各种公共产品。公共产品理论对分析众多公共管理实践问题具有重要价值和强劲解释力。以公共产品供给理论视之，都市病正是由于都市公共产品供需之间出现结构性失衡，导致都市有机体出现功能性变异而出现运行低质、低效等问题所引发的

---

① 曾长秋、赵剑芳：《现代化进程中的城市病及其治理》，《湖南城市学院学报》2007 年第 5 期，第 61-66 页。

② 曾广宇、王胜泉：《论中国的城市化与城市病》，《经济界》2005 年第 1 期，第 54-57 页。

结果。本节在简要阐明公共产品及其供给基本理论的基础上，构建都市病及其治理研究的结构性分析框架，为进一步研究都市病及其治理问题提供理论分析工具。

一、公共产品的概念

公共产品是与私人产品相对的概念。一般认为，大卫·休谟和亚当·斯密的"搭便车"理论和"守夜人"思想是公共产品理论的理论基点。1739 年，大卫·休谟在其出版的《人性论》中讨论了"共同牧场浇灌问题"。他认为，两个人可以很好地完成共同浇灌牧场的协议任务，但当人数规模达到一千人时，要求众多协议参与者执行协议浇灌任务将非常困难，事实上也不可能，因为每个协议参与者都可能会去寻找各种托词使自己免于承担执行义务的成本。[①] 英国经济学家亚当·斯密在《国富论》中界定了政府的基本职能，他指出，自由市场这只"看不见的手"能够实现社会资源的最佳配置，市场之外，政府只要充当"守夜人"的角色即可。在亚当·斯密看来，政府职能主要包括三个方面：一是保护社会，使其不受其他独立社会的侵犯；二是尽可能保护社会上的每个人，使其不受社会上任何其他人的侵害或压迫；三是建设并维护某些公共事业及某些公共设施。[②] 按照当今的政府职能，亚当·斯密认为，政府主要应该承担对外国防、对内维护基本秩序和公民权利及对内提供公共产品三项职能。

在前人工作的基础上，萨缪尔森于 1954 年在《经济学与统计学评论》上发表《公共支出的纯理论》一文，主要从消费者角度对公共产品概念做出了经典性界定，他指出，"公共产品是指每个人对这种产品的消费都不会导致其他人对该产品消费的减少"。与公共产品相对，私人物品则是指"如果一种物品能够加以分割，因而每一部分能够分别按照竞争价格卖给不同的人，而且对其他人没有

---

① 大卫·休谟：《人性论》，关文运译，商务印书馆，1993 年，第 578-578 页。
② 亚当·斯密：《国民财富的性质和原因的研究》（下卷），杨敬年译，陕西人民出版社，2001 年，第 759-790 页。

产生外部效果"①。萨缪尔森的经典定义事实上是从非排他性和非竞争性两个维度界定了公共产品的两个基本属性，为认识公共产品的本质提供了科学视角，这一定义得到了广泛认同。

萨缪尔森之后，詹姆斯·布坎南进一步提出了"俱乐部产品"的概念。他在《俱乐部的经济理论》一文中，创造性地将萨缪尔森定义的具有非排他性和非竞争性的公共产品称作"纯公共产品"。他认为，现实社会中的大量产品事实上很难严格满足非排他性和非竞争性的基本特性，因而是介于公共产品和私人产品之间的"准公共产品"或"混合商品"。布坎南把可以将一些人排除在外、能保证一部分人消费的"准公共产品"称作"俱乐部产品"。他运用成本收益分析方法论证了俱乐部产品的最优供给规模，认为俱乐部成员的最优数量有限且随着产品数量边际收益的变化而变化。因此，俱乐部所有者可以固化俱乐部产品的价格，在接受新成员时，只要保证每个成员的边际收益不小于其支付的边际成本，便可以使俱乐部产品达到规模最优。②布坎南对"俱乐部产品"的研究，使得公共产品更符合公众认知和实践操作，具有很强的实用性和可操作性，由此拉近了公共产品理论与现实之间的距离，扩大了公共产品理论的解释力与应用性。

公共产品具有非竞争性和非排他性两个特征。所谓非排他性，指公共产品一旦产出，不论其提供者是否愿意，都不能排除其他人的消费或从中收益。如果想排除其他人的消费或收益，或者由于技术上不可行或非常困难，或者排除的成本过高而缺乏可行性。所谓非竞争性，是指某物品增加一个消费者的边际成本为零，也就是说在公共产品数量一定时，将其多分配给一个消费者的边际成本为零。当然，这并非多提供一个单位的公共产品的边际成本也是零。实际上，多提供一个单位的公共产品是需要支付成本的，因为公共产品供给需要消耗公共资源。

---

① Paul Samuelson, "The Pure Theory of Public Expenditure", *Review of Economics and Statistics*, Vol. 36 (1954): 387−398.

② James M. Buchanan, "An Economic Theory of Clubs", *Economica, New Series*, Vol.32, No.125(1965): 1−14.

二、公共产品的类型

根据萨缪尔森的定义，竞争性和排他性成为区分公共产品和私人产品的两个重要标准，据此标准，可以将不同物品分为纯公共产品、准公共产品以及私人产品。一个产品如果满足消费上的非竞争性和非排他性这两个基本特征，该产品就属于纯公共产品；如果只具备两个基本特征之一，该产品属于准公共产品；如果两个基本特征都不具备，则该产品属于私人产品。当然，竞争性和排他性依赖于技术条件和具体情境，实践中要确定一种产品的属性，需要综合考量收益人数以及能否将其他收益者排除在该产品的收益者之外，当收益者众多且技术上不可能将任何一个收益者排除在外时，则该产品属于纯公共产品。

当然，在现实实践中，完全满足非竞争性和非排他性这两个基本特征的纯公共产品很少，根据现在的技术条件和管理方法，多数产品都可以通过一定的技术和管理手段将不愿意付费的特定对象排除在产品收益之外，因而都可以将其视作介于纯公共产品和私人产品之间的准公共产品。因此，实践中又可以根据非竞争性和非排他性程度，将各种产品做出如表 2-2 的种类划分。

表 2-2　公共产品的类型

产品属性	非竞争性	竞争性
非排他性	纯公共产品 （国防、法律、基础科学研究等）	拥挤型准公共产品 （共有资源、公园、绿地等）
排他性	俱乐部型准公共产品 （有线电视、自来水、收费高速等）	私人产品 （食品、衣服、手机等消费品）

从表 2-2 可以看出，准公共产品实际上包括拥挤型准公共产品和俱乐部型准公共产品两种类型。其中，拥挤型准公共产品虽然在消费上满足非排他性的特征，但当消费者规模达到一定数量时，事实上会产生一定的拥挤特性，也就是说一定程度上存在消费的竞争性特性。如城市中的不收费公园，一般情况下，一个人进公园不会影响其他人对公园的使用，但若公园人流量过大，就可能会导致公园拥挤，影响公园整体环境，并逐步影响后来者进入公园。再比如城市

公交车，一般而言，城市公交车虽然也收费，但收费甚少，可以视作不收费，一辆公交车乘坐市民过多就会造成拥挤，到一定程度时就会影响后来者进入。

与拥挤型准公共产品相对应，俱乐部型准公共产品在消费上具有非竞争性，增加使用者时增加的边际生产成本虽然微不足道，但可以通过收费将不愿付费者排除在产品使用者之外。如高等教育，尤其是所谓的贵族学校，增加个别学生，其成本很小，但这些贵族学校可以通过高收费等方式将一般学生排除在外。再比如有线电视网络，在其覆盖范围之内为新增用户提供服务的成本很低，但拒绝付费的人会被排除在使用者之外。因此，以上这些产品都属于俱乐部型产品。

三、公共产品供给

由于搭便车现象广泛存在，市场一般不能有效提供足够满足需要的公共产品，因此传统经济学理论认为，提供必要的公共产品成为政府的天然责任，但经济学研究同样表明，社会对公共产品的需求具有累积性增长效应，政府提供的公共产品规模一旦形成，如果再削减就会影响公民对政府的评价。不仅如此，社会常常会不断提出新的公共产品需求并希望得到满足，但资源有限性的客观实际又决定了政府往往难以满足社会对公共产品不断增长的需要。因此，引入多元主体，采用公司合作模式或市场化方式来提供公共产品已经成为一般公共产品供给的必然要求和发展方向。

（一）纯公共产品供给

从实际公共产品供给来看，客观存在的搭便车问题往往会导致私人通过市场提供公共产品的收益难以保障。因此，私人供给公共产品的意愿一般较低，这就要求政府必须为社会提供所需的公共产品。一方面，因为政府是社会公共权力的实际拥有者，有依靠其公共权力强制公民、企业和社会纳税的能力，可以用强制征收的税收来补偿生产和供给各种公共产品所支付的成本；另一方面，因为政府依赖于社会公共税收运行，其公共部门属性和公共权力身份使政府天然具有向社会供给各种公共服务和公共产品以满足社会对特定公共产品需要的职责。当然，政府提供公共产品的关键在于其可以在理论上有效解决公共产品供给的效率性和公平性这两个公共产品供给的关键问题。一般而言，政府必须提供的公共产品的范围通常主要包括完全满足非竞争性和非排他性两个基本特征的纯公共产品，如国防、公共安全、法律供给、基础科学研究、周期性长且投资额巨大的大型公共基础设施、环境保护等，这些一般都是社会经济运行和发展所必需的基础性公共产品，是保障社会运行、提高社会公共福利必需的基础运行条件。如果政府不提供这些产品或者所提供的这些产品不能满足社会需要，社会运行、发展就会受到削弱和影响。另一方面，如果这些产品由私人提供，那么意味着使用者必须为享受产品而支付费用，导致消费这些基础性公共产品会受个人收入的影响，有可能会使得社会贫困和弱势群体无法享受基本社会福利，或者受经济能力的影响而只能享受低于必需水平的公共服务，进而导致公共产品供给成为只有富人才能消费的俱乐部型产品，引发社会公平甚至稳定问题，有悖于公共产品供给的初衷。

（二）准公共产品供给

在现实生活中，由于纯公共产品的非竞争性和非排他性两个基本特征，以及市场机制和自愿合作机制在纯公共产品供给方面的天然缺陷，导致市场机制和自愿合作机制供给公共产品的意愿和能力不足，因而需要政府来向社会提供必需的基础性公共产品，但在实际公共产品供给实践中，严格满足非竞争性和非排他性这两个基本特征的纯公共产品并不多见。尤其是随着科学技术、管理手段和经济社会的持续发展进步，从技术上实现各类产品的排他日益便捷，排他的成本也在逐渐降低。随着政府职能的持续优化，一些原本必须由政府保障供给的纯公共产品的产品属性也逐渐向准公共产品转化，如何有效供给准公共产品成为当代以及未来社会公共产品供给必将面对的重要问题。

根据是否具备非竞争性与非排他性的基本特征，准公共产品通常都具备公共产品的一些主要特征，有些准公共产品甚至只是随着技术进步、管理手段发展，逐步做到排他性或竞争性而由原初意义上的公共产品"转化"而来。因此，完全由市场供给准公共产品既缺乏效率又难以保证社会公平，有的甚至会引起重大社会问题。例如，虽然可以从客观上存在排他性和竞争性特征，但教育和医疗具有收益的正外部性，尤其是基础教育和基本医疗，某种程度上并不能仅以排他性或竞争性来作为定性产品属性的关键依据，它们的供给往往涉及社会运行、可持续发展和道德伦理问题，因而必然需要政府承担起保障供给的基本责任。当然，由于准公共产品事实上在竞争性或排他性方面具备私人产品的某种特性，它们或者在技术上可以做到一定的排他性，或者会存在一定的竞争性或拥挤性，也或者因个人收入和经济状况等导致不同个人或群体对其的需求存在差异，如高速公路可以通过设置护栏和收费站等，将不愿意支付费用的车辆排除在外，再比如，所谓贵族教育或高水平医疗，并不是社会大众的普遍需求，社会也不可能完全提供所谓贵族教育或高水平医疗，这些产品只能作为俱乐部型公共产品或拥挤型公共产品，因而不能完全由政府来支付成本，有必要对使用者进行收费，其资金来源也应由消费者和政府公共财政共同承担，即由政府提供一般大众所需的平均水平的公共产品供给成本，而由消费者承担"俱乐部型"或"拥挤型"消费的额外成本。

（三）公共产品供给的主体

根据传统经济学理论，纯公共产品供给只能由政府承担才能最大限度地实现效率和公平，准公共产品则可以由政府或市场提供，政府和消费者共同承担成本，但当代公共产品供给实践和理论研究表明，公共产品供给实际上可以通过 PPP 模式（即所谓公私伙伴关系，Public Private Partnership），由政府、市场、或第三部门通过"伙伴关系"实现共同供给。由此，不管是公共产品还是准公共产品，实际上都可以存在三种供给模式，即政府供给模式、市场供给模式、第三部门供给模式。理论上，所谓政府供给模式即主要应由政府依据集体决策决定所要供给的公共产品的种类结构和供给数量，其成本由公共财政，也就是主要由公共税收来承担，采用这种供给模式的目的是保障公共产品供给的效率性和公平性；所谓市场供给模式即由企业以获得利润为目的供给产品的供给模式，这种供给模式主要以效率为原则供给公共产品，目的是满足部分群体的需要，提高特定产品的供给效率；所谓第三部门供给模式则是第三部门以公益慈善为目的，按照促进社会公平的目的供给公共产品的公共产品供给模式。

将私人部门、第三部门引入公共产品供给，不仅有利于提高公共产品供给的效率、降低公共产品供给的成本，还有利于通过竞争的方式倒逼公共部门提高效率，抵制官僚主义和寻租行为。在当前的公共产品供给实践中，政府供给、市场供给、第三部门供给三种模式又可以按照 PPP 模式互相融合，实现政府部门与私人部门、政府部门与第三部门、政府部门与第三部门和私人部门之间的伙伴式协同合作供给，如由政府出资购买市场或第三部门供给，或者由政府与市场或第三部门共同供给，或者由政府、市场、第三部门共同供给等，其具体供给方式包括合同外包、特许经营、凭单制、补助等，供给的成本则视所供给产品的具体属性、种类和数量等分类确定。

四、基于公共产品供给理论的都市病治理研究分析框架

根据结构—功能主义的观点，特定系统的结构会决定其功能输出。都市是一个复杂的巨型有机功能系统。对都市有机体功能系统而言，其正常运行主要依赖于都市所能提供的基础设施、公共服务、公共资源、制度体系等"动力源"和"润滑剂"。从公共产品供给理论视之，都市基础设施、公共服务、公共资源、制度体系等都属于公共产品，换言之，都市公共产品供给情况是决定都市有机体能否正常运行的基础要素。根据公共产品供给理论，都市公共产品供给的主体构成、种类构成、数量构成、空间构成、供需关系以及决定它们供给的制度体系等，可以总称为都市公共产品的供给结构。都市公共产品供给结构一旦出现问题，如供给主体矛盾、动力不足，或者供给的公共产品种类不足、特定产品数量不足、种类数量出现结构偏差、空间失衡、供需失衡等，都会导致都市运行出现功能性变异。

都市公共产品供给结构是决定都市运行状态的关键变量，都市公共产品供

给结构失衡，都市自组织系统结构运行就会失衡而出现功能性障碍，进而引发都市病。因此，都市病的本质是都市公共产品供给结构失衡导致都市自组织系统发生结构性变异的结果。具体而言，即都市公共产品供给结构失衡，导致都市公共产品供给无法满足人口过度向都市集中而引起的都市对交通、教育、卫生服务、安全服务、环境、住房等方面的需求，由此导致都市自组织系统发生结构性变异，从而诱发交通拥堵、环境污染、生态恶化、贫困失业、住房紧张、健康危害、城市灾害、安全弱化等系列都市病象。

通常情况下，满足非竞争性和非排他性两个基础条件的纯公共产品，由于不能将不付费者排除在外，私人企业往往不愿意供给，因而一般只能由政府负责提供。而满足非竞争性和非排他性两个条件之一的准公共产品，其产品属性及社会效用决定了其既需要政府提供基础数量的公共产品，又需要满足特定群体的特殊需求。因此，准公共产品的供给需要根据产品具体种类、社会属性、技术条件、企业意愿等情况来由政府、社会单独供给或合作供给。在实践中，随着排他性技术与管理能力不断发展、社会需求持续攀升，尤其是随着社会对公共产品需求的持续增长，以及政府公共资源稀缺性等因素的影响，政府单一主体供给公共产品已经不可能满足社会的需要，政府、社会、企业协同供给公共产品已经成为必然趋势。因此，公共产品供给主体结构是决定都市公共产品供给情况的关键要素，考察都市公共产品供给以及供需结构情况，必须分析都市公共产品供给主体结构。

都市是巨型有机功能系统，需要基础设施、教育、医疗、养老、安全等各种公共产品的供给才能保障都市有机体的正常运行，但这不意味着都市对各种公共产品是无差别的需求。受都市历史文化、经济条件、地理环境、人口规模、产业分布、功能空间乃至气候条件等各种因素的影响，都市对各种公共产品的种类、数量的需求在不同时间、空间并不相同。根据公共产品供给的林达尔均衡理论提出，如果每一个都市居民都按照他所得到的公共物品或公共服务的边际效益的大小，来决定支付自己所应承担的公共产品供给费用，那么公共产品的供给量就可以达到满足资源最佳效率配置的最佳水平。[①] 这实际上意味着都市公共产品供给的种类和数量，即都市公共产品供给的种类结构必须按照适于都市公共需求的水平来供给才是最有效率的。因此，分析都市公共产品供给情况，必须考量都市公共产品供给的种类结构和供需结构情况。

受历史传统、发展规划、产业集聚等因素的综合影响，都市往往会形成一定的功能区块，不同的功能区块对都市公共产品供给种类结构的需求并不相同，不同的功能区块组合，往往需要与之相适应的都市公共产品供给空间分布。同时，都市往往由若干区级行政机构组成，其内部各区域的经济发展水平、人口分布状况等并不相同，因而不同区域间的公共产品供给能力也不相同，这常常会增加城市其他公共产品的供给压力，如由于教育或医疗资源分布不均，都市区内部会倾向于向教育、医疗资源丰富的地方流通，从而增加跨区域的交通压力。可见，都市公共产品供给空间结构常常是影响都市运行的重要因素。分析都市公共产品供给问题，必须考量都市公共产品供给的空间结构。另外，根据公共产品供给理论，都市公共产品供给本质上是公共选择的结果。因此，都市公共决策制度和公共产品供给制度是决定公共产品供给主体结构、种类结构、供需结构、空间结构的关键变量。

综上，都市公共产品供给结构性失衡的主要表现是都市公共产品供给主体结构失衡、供给产品种类结构失衡、供需结构失衡、供给空间结构失衡、制度供给结构失衡。其逻辑为：在城市化增速推进的过程中，都市人口的快速扩张对城市发展提出迫切需求，但都市公共产品供给主体的结构性问题导致公共产品供给的供需之间结构失衡、供给空间结构失衡、制度供给结构失衡。都市公共产品供给结构性失衡的结果是都市自组织系统发生结构性变异，由此带来教育资源紧张、交通资源载荷过重、医疗资源匮缺、住房压力剧增、社会安全弱化等都市病（如图2-2所示）。因此，本研究从公共产品供给的视域，建构都市病及其治理研究的公共产品供给结构分析框架，即从都市公共产品供给的主体

[①] 李依琳：《从"林达尔均衡"看全球性公共产品供给困境及对策》，《学习月刊》2011年第6期，第55—56页。

结构、种类结构、供需结构、空间结构、制度结构五个方面，分析都市病及其治理问题，以期深入解读都市病的成因、本质、类型以及治理问题，为都市病及其治理研究提供一个明晰的理论视角和分析框架。

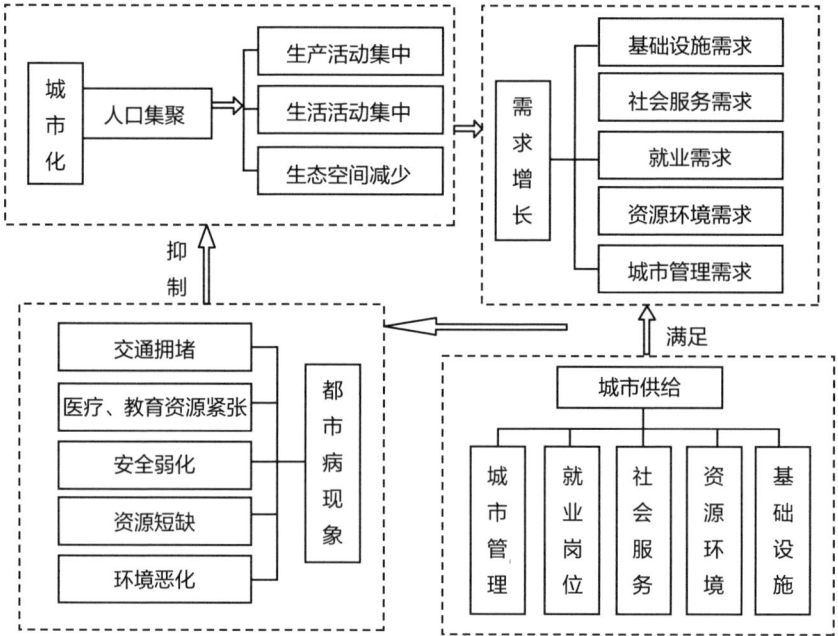

图 2-2 公共产品视域下的都市病形成逻辑

都市病是个复杂的系统性问题，治理都市病必须对症下药、标本兼治，才有望切实推进都市病治理，取得实际疗效。因此，研究都市病治理问题，首先必须研究都市病的表现、类型及成因，才能采取针对性的政策措施，实现有效治理的目标。本章从一般意义上分析都市病的病症表现、具体类型及其危害，从而为探讨都市病治理对策提供认知基础和理论指导。

第一节　当代中国都市病病象

新中国成立以来，尤其是改革开放以来，中国城市化发展迅速。城镇化率由 1949 年的 10.64% 迅速提高到 2016 年的 57.35%。城市数量亦由 1978 年的193 个快速增加到 2016 年的 657 个。2018 年全国户籍人口和常住人口城镇化率已经分别提高到 43.37%、59.58%。随着城镇化进程的加快和城市数量的攀升，中国都市规模也在不断扩大。根据第六次全国人口普查结果，到 2016 年，重庆、上海、北京三个人口达两千万以上的都市，其人口较 2014 年分别增加了85.38 万人、113.36 万人、209.26 万人。13 个人口千万以上的都市人口比 2014年增加了 773.5 万人。2016 年，全国人口超千万的都市已达 14 个，千万人口以上都市的总人口已达 2.0548 亿人，都市规模发展迅速。2021 年，城镇化率已经达到了 64.72%，城市人口，尤其是都市人口规模进一步扩大。与此同时，都市交通拥堵、环境污染、垃圾围城、城市贫困、黑恶势力、都市噪声、热岛效应、城市灾害等各种都市病的病症表现也日益凸显。整体而言，当代中国都市病的病症表现主要是：病症日益严重，病种众多，且呈增强之势，蔓延加速、范围扩大，治理面临困境。

一、病症程度日益严重

近些年来，随着我国都市规模不断扩大，各类都市病的病症表现也日益严重，不断侵蚀都市有机体健康，降低都市运行效率，增加都市运行成本，严重阻滞都市经济社会发展，消减都市民众的生活质量与幸福指数。

（一）都市用水资源紧张度逐渐加剧

据统计，中国水资源总量在世界上仅列第 6 位，人均水资源占有量更是仅列世界第 88 位。一方面，受地理环境等诸多因素影响，现有有限水资源中的 81% 都位于长江流域及其以南地区，占国土总面积 63.5% 的长江以北地区水资源存量仅占全国水资源总量的 19%。水资源不足和分布不均导致长江以北众多城市都面临用水紧张问题。另一方面，随着都市人口规模的不断扩大以及水资源污染与消耗逐年加大，各大都市，尤其是北方都市用水紧张问题日益突出。据水利部统计，2003 年，在全国 660 个主要城市中，有 400 多个城市不同程度地存在供水不足的问题，严重缺水的城市也有 110 个。[①] 根据我国水资源拥有量推算，到 2030 年，全国用水总量不能超过 7000 亿立方米，但到 2012 年，全国用水总量就已经高达 6131 亿立方米。[②] 据报道，北京 2012 年缺水 13 亿立方米[③],2013 年缺水 15 亿立方米[④]，到 2014 年，全市用水量缺口已达近三分

[①] 《全国城市普遍用水紧张》，新浪网，2003 年 11 月 17 日，http://news.sina.com.cn/c/2003−11−17/09262148917.html，访问日期：2003 年 11 月 27 日。
[②] 《水利部：控制用水总量从需求侧来加强用水管理》，凤凰网，2014 年 3 月 21 日，http://finance.ifeng.com/a/20140321/11948711_0.shtml，访问日期：2015 年 4 月 12 日。
[③] 赖臻：《北京今年用水缺口将达 13 亿立方米》，东方网，2012 年 4 月 24 日，http://news.eastday.com/c/20120424/u1a6511297.html，访问日期：2012 年 7 月 9 日。
[④] 尹力：《北京水资源短缺现年均用水缺口达 15 亿立方米》，中国新闻网，2013 年 8 月 21 日，http://www.chinanews.com/sh/2013/08−21/5188427.shtml，访问日期：2013 年 10 月 13 日。

之二^①。在西部地区中，仅乌鲁木齐一市 2015 年的用水缺口量就超过 1.2 亿立方米。^②都市用水紧张问题已经成为影响都市人民生活、消解"城市，让生活更美好"愿景的主要都市病之一。

（二）都市交通拥堵日益严重

近年来，随着城镇化加速和都市经济发展水平进一步提高，都市人口持续增加。然而，与其相对的却是都市公共资源供给难以跟上都市人口增长和都市规模扩张的速度，都市公共资源供给和都市扩张之间形成了巨大的张力，这种张力所致负面后果的重要表现之一就是都市交通拥堵日益严重。据高德地图联合多家机构发布的《2016 年度中国主要城市交通分析报告》数据显示，2016 年，全国三分之一以上的城市面临交通拥堵问题。在报告所调查的 60 个主要城市中，有 32 个城市的高峰时段拥堵延时指数超过 1.8。在全国十大著名的"堵城"中，济南、哈尔滨、北京、重庆位列前四，四个城市的高峰拥堵延时指数超过 2.0。根据该报告，虽然近年各地都加大了交通拥堵问题的治理力度，但整体而言，除广州和上海外，一线城市 2016 年的拥堵幅度仍然较上年有所增加，其中拥堵幅度增加最小的北京，拥堵增幅依然达到了 0.24%；而二线城市平均拥堵增幅达到了 3.7%，其中长春、重庆、沈阳和嘉兴四市的拥堵增幅都超过 7%。在各地都加强拥堵治理的现实情境下，都市拥堵情况依然严重，都市交通形势异常严峻。

（三）都市垃圾处理的冲突性日益凸显

都市垃圾处理问题是国内外几乎所有都市都不得不面对的重要问题。2007 年，意大利那不勒斯由于垃圾处理问题引发了骚乱事件。由于未能有效处理引发骚乱的垃圾处理问题，2010 年，该市再次暴发持续数天的警民冲突，严重事态引起欧盟高度关注。随着我国的都市规模不断扩张，国内都市垃圾处理问

---

① 《大城市承载力逼近极限北京用水缺口近 2/3》，新浪网，2014 年 9 月 4 日，http://henan.sina.com.cn/smx/national/2014-09-04/090913880.html，访问日期：2015 年 3 月 17 日。
② 闫笑然：《乌鲁木齐市用水缺口将有 1.2 亿至 1.5 亿立方米》，中国日报网，2015 年 3 月 24 日，http://www.chinadaily.com.cn/dfpd/xj/2015-03/24/content_19891611.htm，访问日期：2015 年 4 月 21 日。

题近年来也日益凸显。统计数据表明，我国各大都市人均日产生垃圾量 1 公斤左右，人均年产生垃圾量约为 440 公斤。中国年产垃圾总量已经高达 1.8 亿吨，且正以每年 8% ～ 10% 的速度增长。由于垃圾处理能力难以有效满足实际垃圾处理需要，660 座主要城市中的三分之二正面临垃圾围城的危机。以深圳市为例，随着人口急剧增加，2015 年深圳全市日均产生垃圾量高达 20000 吨，年产垃圾量已经超过 730 万吨，而且近年还正以年均约 8% 的增幅增加。[①] 令人忧虑的是，在都市垃圾量不断增加的同时，全国各地垃圾处理设施的建设和运营却正面临着邻避冲突的困境，与之相关的危机事件时有发生，少数甚至引发了较为严重的冲突事件，影响社会稳定大局和人民生活幸福指数。都市垃圾处理问题的严重性日益凸显。

除水资源紧张、交通拥堵、垃圾围城危机日益严重之外，受都市人口急剧增加和都市公共资源供给能力增长缓慢之间的张力等综合因素的影响，目前各大都市的热岛效应、环境污染、幼儿园和中小学教育资源紧张、医疗资源不足、都市治安、都市内涝等问题在很多都市不仅未能得到有效缓解，随着都市规模不断扩大反而呈日益严重之势，治理各类都市病已经成为当前必须面对的重要社会治理问题。

二、种类繁多且快速蔓延

20 世纪 80 年代以来，人类社会全球化、后工业化持续加速，风险社会的高度复杂性和高度不确定性也日益加剧。随着全球现代化进程的加快，社会的高度复杂性和高度不确定性使人类社会面临的各种问题不是在逐渐减少，而是在不断增加。这在都市治理领域的一个重要表现便是，在既有都市病未能得到有效缓解和治理的情况下，新的都市病种类却越来越多。

传统而言，都市病主要包括交通拥堵、热岛效应等多种类型。如日本学者矶村英一认为都市病包括失业、犯罪、贫困、卖淫、流氓、不良行为、自杀和

---

① 陈龙辉：《深圳垃圾产量超 20000 吨／天　目前仍处于递增阶段》，《深圳晚报》2015 年 9 月 24 日第 2 版。

一同自杀、流浪、江湖卖艺者、简易旅馆街、贫民窟、交通堵塞和公害等。[1]
根据胡欣、江小群（2005）的研究，我国的都市病多达 24 种，主要包括：都市大
拆大建、空间无序开发、居民住宅问题、安全问题、烂尾楼、流动人口集聚与城
市烂边、城中村、环境污染、空城现象、病态建筑、垃圾围城、绿化误区、工程
误区、热岛效应、城市地质灾害、交通堵塞、马路杀手、劳动力资源损伤、水危
机、文化资源过度开发、规划问题、基础设施布局不合理、公共卫生体系滞后、
城市管理不力等。[2] 可见都市病病种之多、之繁杂。

　　都市病发展的历史与现实表明，与人类一般性疾病病症一样，都市病种类
也有随着人类经济社会发展和技术进步而呈现出病种不断增多、病症表现逐渐
加重的趋势。例如，在医学技术不发达的时代，不存在或者说不可能发现各类
病毒引起的疾病。同样，在人口和城市规模、技术进步不够的情况下，很多都
市病都不会发生。然而近年来，随着都市人口规模、科学技术的不断发展，各
种原先并不存在或没有全面暴发的都市问题却逐渐显现，并呈增强和蔓延之象。

（一）都市邻避冲突危机

　　"邻避冲突是指在一定社会政治经济技术发展背景下，某些成本效用分配不
均衡的设施可能会遭到周边居民的反对与抗争而引发的利益冲突。"[3] 自 2007 年
"厦门 PX 项目事件"以来，近年来，国内邻避冲突事件正呈逐年上升之势。公
民邻避抗争的设施对象几乎涉及经济、社会、生活的各个领域。化工厂、核电
站、垃圾焚烧发电厂、垃圾填埋场、城市电视发射塔、变电站、高压线路、城
市垃圾中转站、城市通信发射塔、精神病院、监狱等，几乎所有的对周边地区
可能存在一定负外部性影响的经济、社会生产和生活服务设施都成为公民邻避
抗争的对象。几乎所有的都市公共生产和生活服务基础设施的建设或运营都或
多或少、或大或小地遭到了都市居民的反对。都市邻避冲突危机已经成为都市
生活一种重要的新型都市病且呈愈演愈烈之势。这既对一些必要型邻避设施建

---

① 矶村英一：《城市问题百科全书》，王君健等译，黑龙江人民出版社，1988 年，第 1197–1199 页。
② 胡欣、江小群：《城市经济学》，立信会计出版社，2005 年，第 211–221 页。
③ 陈宝胜：《公共政策过程中的邻避冲突及其治理》，《学海》2012 年第 5 期，第 110–115 页。

设或运营形成阻滞，影响都市经济发展和人民生活，也带来了都市社会稳定问题，对都市政府治理能力形成挑战。如何化解和治理都市邻避冲突危机已经成为都市治理不得不面对的治理难题。

（二）都市雨涝危机

所谓都市雨涝指的是因暴雨等导致的都市滞水或内涝问题。都市雨涝常常会导致都市建筑物被损坏、都市断水断电、都市通信中断、汽车等公共设施受损，甚至出现人员伤亡等。2004 年 7 月 10 日，一场暴雨带来的城市内涝中断了北京数十条交通线路，导致数千辆汽车受损，给北京带来较大经济损失。2012 年 7 月 21 日，又一场大暴雨将北京变成了"汪洋大海"。市内多个地段出现严重内涝，暴雨导致多人伤亡，北京在"同一个地方跌倒了"两次乃至多次。无独有偶，武汉也是雨涝频发的城市。自 1998 年以来，武汉市区多次遭遇雨涝。2016 年 5 月 31 日，武汉市普降大暴雨，部分城区最高降雨量达 120 毫米，导致市内多地出现内涝，重要交通道路中断，数千辆小汽车被水淹没，武汉市民纷纷调侃"请你来武汉看海"。此外，南京、南昌、西安、合肥、昆明、郑州、吉安、东阳、株洲、濮阳、遂宁、德州等多个城市都经常开启"请你来看海"模式。据报道，近年来，平均每年有 100 多个城市受雨涝影响[1]，都市雨涝危机已经成为影响都市人民生活、威胁都市人民财产和生命安全的重要都市病。

（三）都市网络治理危机

互联网在很大程度上改变了人类的思想观念、生活和生产方式，但也是一把"双刃剑"，它在给人类带来极大福利的同时，也给人类带来诸多困扰，其中一个重要表现便是都市网络治理危机。随着互联网持续发展，网络信息泥沙俱下。互联网诈骗、网络色情、网络谣言等网络违法犯罪现象日益频繁。据 2017 年全国社会治安综合治理表彰大会披露的信息，网络犯罪已经成为当前最大的犯罪类型，未来绝大多数犯罪活动都可能会以网络为载体，通过网络或以网络

---

[1] 《最近全国多个城市又开启看海模式》，《都市快报》2015 年 6 月 28 日第 A02 版。

为工具实施。^① 据《广州日报》大洋网报道，广州市海珠区审结的网络犯罪案件数量连续 6 年保持 5% 的增长率，2017 年 1 月到 8 月审结的网络犯罪案件数量甚至已经超过过去一年的收案数。珠海市网络犯罪数据表明，都市网络犯罪案件数量总体呈现增长态势，表现为网络犯罪主体文化水平总体不高、犯罪主体年轻化趋势明显、以网络为场所或媒介进行传统犯罪案件居多的特点，但也开始出现侵害网络信息数据库等网络技术性犯罪的新趋势。^② 同时，随着网络发展，网络游戏正在侵蚀都市青少年甚至成年人的精神意志，给社会带来深远影响。都市网络治理危机已经成为都市治理必须认真面对的重要新型都市病。

此外，都市贫困、都市心理危机、都市光污染、毒品、都市文化缺乏、黑恶势力等各种新老问题及其滋生的都市病也在不断发展，侵蚀着都市有机体，给都市治理带来巨大挑战。

三、"并发症"加剧都市病

"并发症"是临床医学方面的常用医学概念，一般被用于指称一种疾病伴生或引发另一种疾病的现象。医学上对并发症的定义有两种："一种是指一种疾病在发展过程中引起另一种疾病或症状的发生，后者即为前者的并发症，……另一种并发症是指在诊疗护理过程中，病人由患一种疾病合并发生了与这种疾病有关的另一种或几种疾病。"^③ 如慢性肾脏病会并发心血管疾病等^④；重型颅脑损伤患者常常并发肺部感染、消化道出血、高钠高糖血症、癫痫持续状态等疾病^⑤ 等。与此同时，医学临床实践还发现一种疾病的治疗方法或药物的使用也

---

① 《网络犯罪已成为第一大犯罪类型》，搜狐网，2017 年 9 月 23 日，http://www.sohu.com/a/194070051_468696，访问日期：2019 年 3 月 7 日。
② 广州市中级人民法院：《六大网络犯罪典型案例公布！这些套路你中过招吗？》，《广州日报》2017 年 11 月 21 日第 2 版。
③ 360 百科，https://baike.so.com/doc/6546245-6759990.html。
④ 李孟建：《慢性肾脏病心血管并发症的危险因素与防止进展研究》，《医疗装备》2018 年第 18 期，第 197-198 页。
⑤ 缪建平、茹卫芳：《重型颅脑损伤患者常见并发症的监测及护理》，《中华护理杂志》2003 年第 6 期，第 435-436 页。

常常会导致并发症或继发症，如冠心病介入治疗会导致冠状动脉急性闭塞、夹层、痉挛、血栓形成、穿孔、破裂等并发症[1]；外周置入中心静脉导管（PICC）会导致穿刺点渗血、导管脱出、静脉炎、导管堵塞、送管困难、导管破裂等并发症[2]。

参照医学的并发症或继发症概念及现象，可以发现，一种都市病引发或加重另一种都市病，或者一种都市病的治疗技术或政策会引发或加重另一种都市病的现象在都市治理实践中广泛存在。也就是说，都市病常常也会伴生并发症。为便于区分和讨论问题，本研究将一种都市病发生、发展会引发或加重另一种都市病的现象称作都市病的并发症，而将因一种都市病的治疗技术或政策方案的使用会引发或加重另一种都市病的现象称作政策激发性都市病。在实践中，都市病引发或加重并发症的现象时常发生。如刘铁军等人的研究表明，交通拥堵会增加城市空气污染程度。[3]吕雯君等的研究则表明，城市交通拥堵程度和城市空气质量之间存在较大相关性，白天时段的交通拥堵程度与同期空气质量存在强相关性，夜晚时段的交通拥堵程度与同期空气质量之间存在中相关性。[4]由此可见，城市交通拥堵会导致或加剧城市空气污染程度。

不仅城市交通拥堵存在加剧城市空气污染的并发症，研究表明，很多都市病都可能导致并发症。如虞志昂和阎虹如的研究表明，城市污染会加剧城市热岛效应。[5]王晓默等人的研究表明，城市热岛效应会显著增强城市夏季高温现象。[6]陈丹和范万新的研究则表明，城市热岛效应会对城市生态系统产生负面

---

[1] 郑耀珍：《冠心病介入治疗的并发症及预防护理》，《中华护理杂志》2001 年第 11 期，第 856–858 页。
[2] 张琳等：《PICC 并发症的原因分析与预防》，《护士进修杂志》2007 年第 3 期，第 265–267 页。
[3] 刘铁军等：《城市交通拥堵与空气污染相关度的初步研究》，《中国人口·资源与环境》2017 年第 11 期，第 58–60 页。
[4] 吕雯君等：《交通拥堵对雾霾的影响及规划设计研究》，《江苏科技信息》2018 年第 16 期，第 72–75 页。
[5] 虞志昂、阎虹如：《主要城市污染物对城市热岛效应的影响》，第 34 届中国气象学会年会论文，2017 年 9 月 27 日。
[6] 王晓默：《城市热岛效应对夏季高温的影响》，《河北农业科学》2013 年第 6 期，第 66–70 页。

影响。[①] 顾今和孙小兰 [②]、夏豫齐 [③] 等人的研究则表明，热岛效应在一定程度上会影响大气环境质量，加剧城市空气污染程度。刘芳的研究表明，汽车尾气污染会形成光化学烟雾，加剧都市心脏病、贫血、不育症、高血压等疾病的发生率。[④] 但未丽等人的研究则表明，都市吸毒会增加都市刑事犯罪率。[⑤] 闫永杰研究表明，城市环境污染会引发城市治理危机。[⑥]

四、都市病治理面临困境

国家发展和改革委员会前主任徐绍史在就城镇化建设向全国人大常委会报告工作时指出："一些城市空间无序开发，人口过度集聚，重经济发展、轻环境保护，重城市建设、轻管理服务，'城市病'问题日益突出。"[⑦] 随着城市化进程日益加快，特别是近年城镇化战略的推进，在大城市人口激增的同时，小城镇规模也在不断扩大。快速的城镇化、落后的城市规划、传统的城市管理方式、效率低下的城市管理体制等综合因素，导致中小城市的城市管理能力严重不足。两者合因导致近年都市病治理不仅没有实现突破性进展，交通拥堵、垃圾围城、环境污染等反而逐渐开始影响中小城市乃至小城镇居民的日常生活，并成为中小城市乃至小城镇的痼疾。然而，在都市病加剧，并向小城镇蔓延，不断降低人们生活幸福指数的同时，都市病治理正面临困境。

（一）治理难度较大

通常而言，一般意义上的"生物病"，除了几类目前难以治疗的病症外，多

---

① 陈丹、范万新:《城市"热岛效应"对城市生态系统的影响》,《绿色论坛》2002 年第 8 期, 第 12-13 页。
② 顾今、孙小兰:《热岛效应对市区大气环境质量的影响分析》,《辽宁气象》1997 年第 4 期, 第 28-30 页。
③ 夏豫齐:《关于武汉地区的"热岛效应"及对空气污染的影响》,《环境科学与技术》1998 年第 2 期, 第 46-49 页。
④ 刘芳:《浅析环境污染容易引发的疾病》,《河北能源职业技术学院学报》2014 年第 3 期, 第 69-71 页。
⑤ 但未丽:《成都市吸毒引发刑事犯罪的调查及治理对策》,《四川省公安管理干部学院学报》1997 年第 2 期, 第 17-19 页。
⑥ 闫永杰:《城市环境污染引发的危机及其治理方式探讨》,《能源与节能》2017 年第 10 期, 第 107-108 页。
⑦ 徐绍史:《"城市病"困扰城镇化》,《创新科技》2013 年第 7 期, 第 5 页。

数生物病目前治疗难度并不大。有些生物病，如普通感冒或炎症等，只要生物体注意自我调节，甚至无需治疗。然而，随着城镇化进程的加快，作为一种都市运行与管理问题的都市病不同于一般意义上的"生物病"。都市病一旦暴发，其病症不但难以通过城市自我调适实现治理，往往还会随着城市化的发展、城市人口的集聚而逐渐加重，使城市病陷入看起来"不可治理"的困境。如城市交通拥堵问题，虽然各大城市多年来都将交通拥堵问题作为城市治理的工作重点，从政策、技术等多方面采取措施治理交通拥堵问题，但从实际治理效果来看，各大城市的交通拥堵问题不仅没有出现被彻底治理的征兆，很多城市的交通拥堵问题反而愈演愈烈。尤其是节假日的交通拥堵问题已经成为一种全国性的"假日病"，严重影响国人"假日幸福"。面对如毒品、城市雨涝、热岛效应、城市贫困等各种都市病，各国、各地都市政府都大力采用政策和技术手段，投入了大量社会资源，希望实现都市病的有效治理，但各种都市病似乎陷入了不可治理的困境。

（二）治理资源不足

资源不足是都市治理中面临的常态。如前文论述，都市病种类繁多，其治理往往依赖于社会多元主体的共同努力，需要大量社会资源。以交通拥堵治理为例，据报道，仅哈尔滨一市 2018 年就投入 15 亿元用于交通拥堵治理[1]，而浙江省 2017 年城市交通拥堵治理投入更是高达 992 多亿元[2]。在交通拥堵治理之外，都市垃圾处理的投入更是天文数字。以杭州为例，杭州日产生活垃圾 8400 吨左右，以每吨生活垃圾收集、运输、填埋或焚烧处理费总计 300 元计算，每天生活垃圾处理需要 252 万元，年生活垃圾处理费 91980 万元。此外，生活垃圾基础设施建设还面临严重的邻避冲突危机。如浙江省杭州市九峰垃圾焚烧厂建设引起较大规模的群体性事件和警民冲突。可见，都市病治理需要大量经济、

---

① 王丹：《全城 600 余处信号系统将升级　今年哈市投入 15 亿元治理交通拥堵》，哈尔滨新闻网，2018 年 7 月 10 日，https://harbin.dbw.cn/system/2018/07/10/058031352.shtml，访问日期：2018 年 8 月 24 日。
② 浙江新闻：《投入近 1000 亿！浙江城市交通拥堵治理放大招》，智慧交通网，2018 年 1 月 29 日，http://www.its114.com/html/news/urbanits/2018_01_92271.html，访问日期：2020 年 4 月 5 日。

社会资源的投入。与此相对应，我国目前仍然处于社会主义初级阶段，政府公共资源，尤其是地方和基层政府公共资源并不充足，难以承载种类繁多的都市病治理资源的需求，在一定程度上制约了都市病治理的能力和效果。

（三）治理举措常常诱发"激发性都市病"

激发性都市病指的是都市系统的复杂相关性以及都市病治理政策可能存在内在缺陷，导致针对特定都市病的治理方法、技术、政策等存在一定的政策负外部性影响，因而会加重另一种都市病的病症，或引发产生新的都市病。都市病治理的困境不仅在于单一都市病治理难度大、都市病治理资源不足，更在于治理都市病的治理策略会产生激发性都市病的问题。针对特定都市病的治理政策会产生激发性都市病是导致都市病难以治理的重要原因。作为都市运行与管理问题的都市病，其治理往往会"按下葫芦浮起瓢"。以都市污染治理为例，为了治理都市污染问题，一些城市会通过城市规划"功能区"来治理城市污染，将企业集中于城市郊区、"下风口"区域或工业园区。这不仅可能引发都市邻避冲突治理危机，更可能会加重城市交通拥堵问题。因为工厂集中往往意味着城市工作人群要在工作地和居住地之间奔波，导致每天上下班人口流量、私家车路途行程、停留于路面的时间大幅增加，从而使本就严重的都市交通问题雪上加霜。

第二节　公共产品供给理论维度的中国都市病类型界分

都市治理问题由来已久。可以说，各类都市治理问题伴随着城市的出现而产生。只是在不同时期、不同城市发展阶段、不同发展规模的城市，其"病症"表现程度不同，因而需要关注和治理的需要程度也不尽相同。但随着现代都市规模越来越大，都市治理问题日趋严重，城市病所受到的关注和讨论也越来越多。随着城市化进程的不断推进，都市规模日益扩大，都市病种类越来越多，严重程度和危害程度也愈演愈烈，进而成为需要系统研究的理论和实践问题。如今，都市病种类多达数十种，要对如此繁多的都市病及其治理问题开展系统的理论研究，就有必要对都市病进行系统分类，以利于进一步开展深入研究。

一、公共产品供给维度的都市病类型界分

就传统而言，都市病主要包括交通拥堵、热岛效应等。随着都市人口不断集聚、都市规模日益扩大，都市病种类也越来越多。宁越敏认为，都市病主要指城市住房供应短缺、交通堵塞、环境污染、失业、贫困、犯罪等各种都市运行与管理问题。[①] 据颜新展的报道，有专家认为中国城镇化建设正面临失血症、失盲症、失忆症、失控症、失调症这"五大病症"的困扰。[②] 北京国际城市发展研究院发布的《2006—2010中国城市价值报告》则认为人口无序集聚、能源资源紧张、生态环境恶化、交通拥堵严重、房价居高不下、社会矛盾日益加剧等六大城市病正在影响中国城市的和谐、均衡与可持续发展。

面对日益严重、种类繁多的都市病，李陈指出："考虑'城市病'治理的复杂性，厘清'城市病'类型对认识和解决城市化问题具有重要理论价值。"他在对城市病研究文献进行梳理分析的基础上，认为学者对都市病的类型和分类研究不足，因而提出根据病因对都市病进行分类的设想，他强调："弄清楚哪些问题由历史因素造成，哪些由经济因素造成，哪些由制度因素造成，划分'城市病'类型，区分'制度病''发展病''技术病''文化病'，能够为治理'城市病'提供充足的理论准备。"[③] 这实际上是根据都市病的病因，将都市病分为制度病、发展病、技术病、文化病四种类型。

实际上，现有研究文献中虽然缺少对都市病类型做出科学分类的研究成果，但也有学者尝试对都市病做出了类型界分。如王桂新认为，"大城市病"通常是指人口拥挤、住房紧张、交通堵塞、环境污染等问题。[④] 倪鹏飞认为，住房紧张、交通拥堵、城市灾害、环境污染、贫困失业、健康危害、安全弱化这七大

① 宁越敏：《积极稳妥推进城市化》，载《中国城市研究》（第五辑），商务印书馆，2012年。
② 颜新展：《直面中国"城市病"》，《中州建设》2009年第17期，第40-44页。
③ 李陈：《"城市病"研究述评和展望》，《西北人口》2013年第5期，第20-24页。
④ 王桂新：《中国"大城市病"预防及其治理》，《南京社会科学》2011年第12期，第55-60页。

类病症正困扰着中国城市。[1] 李红玉认为城市病通常包括大都市病、半城市化病、城市功能失衡病三种类型。其中，大都市病是以单一地带为中心持续、无序地扩张导致的交通拥堵、环境恶化、住房紧张、地价过高、人文关怀缺失，进而致使城市生产生活成本上升、效率下降等问题；半城市化病是指城市化快速发展接纳了大量农业人口，但城市就业岗位、基础设施、教育、医疗等基本公共服务供给不充分，因而导致城市经济发展缓慢、居民生活质量难以提高、社会贫困等问题；城市功能失衡病是指城市发展迅速，但存在严重的社会问题或经济短腿现象。[2]

纵观现有都市病分类理论研究成果可以发现，目前对都市病分类的理论研究成果较少且缺乏系统性，仅有的少数关于都市病类型的理论界定也存在一定不足之处，有的仅是对都市病种类的简单罗列，有的仅仅是描述了都市病的成因，有的则只是描述了都市病的一般性病症表现，这导致现有研究关于都市病类型的理论界分在整体上要么过于简单，要么类型划分的逻辑不清，要么类型划分难以完全囊括现有的具体都市病个案，很难真正为进一步开展都市病及其治理的理论研究提供有价值的类型划分成果。虽然如此，现有研究提出了不同的分类标准和类型种类，也在事实上为进一步对都市病类型做出科学界分提供了基础和借鉴。

类型学对事物的分类通常遵循的基本原则是用特定标准对事物进行系统的分组归类。分组归类后的各个事物类型可以用特定属性来识别。这些类型和属性彼此之间相互排斥，其集合的总体便是事物的完整整体系统，而且分组后的各个事物类型之间既相互排斥又没有交叉重叠现象。科学的分类有助于厘清事物之间的逻辑关系，从而便于更为深入地探索和论证事物的本质。作为都市运行与管理问题的都市病，其种类繁多，要对复杂的都市病现象进行科学的类型界分，遵循的分类标准实际上可以多样。如可以参照医学按照病灶载体器官将生物病分为胃病、肾病、心脏病等的分类方法，按照都市病的"病灶"领域将

---

[1]　倪鹏飞：《中国部分城市已患上严重"城市病"》，《中国经济周刊》2013 年第 8 期，第 24—25 页。
[2]　李红玉：《把脉"城市病"》，《时事报告》2011 年第 1 期，第 70—71 页。

都市病分为交通病、教育病、贫困病等病种。然而，研究都市病，其目的在于"治疗"都市病。因此，借鉴中医根据疾病成因将疾病分为"湿症""寒症""热症""痹症"等，并对其采取针对性治理措施的分类方法，可以根据都市病的成因，对都市病进行分类，以便根据都市病的成因对不同类型的都市病采取针对性的治疗手段。

城市，让生活更美好。都市公共产品供给的根本目的是满足都市美好生活的需要。因此，从公共产品供给角度来考察都市病及其治理问题，首先就是关注都市运行的公共产品供给侧，从公共产品供给侧来探讨都市病的成因。而从都市公共产品供给侧来考察都市病，所需关注的直接问题当然是所供给的都市公共产品的结构情况，即需要关注公共产品供给的数量、种类和质量这三个核心要素。与其相对应，公共产品供给数量存在充足与否，即数量上是否可以满足需求的问题；公共产品供给种类存在产品供给种类结构是否均衡的问题，进而还可以延伸到产品供给的空间结构是否均衡的问题；公共产品供给质量即公共产品供给的品质问题和效益问题，包括公共产品供给的实际质量以及是否符合实际公共需要两个方面。由此，本研究依据都市病的主要致病原因，从公共产品供给角度，将都市病分为供给不足型都市病、供给不均衡型都市病、供给品质紊乱型都市病。[①]

都市公共产品供给存在供给不足、供给不均衡、供给品质紊乱等现象，这些现象在整体上可以称为都市公共产品供给的结构性失衡。在医学或生物学领域，功能紊乱指的是系统的既有功能、作用等因某种原因出现混乱，进而影响整个系统的正常运行，表现出异于常态的功能特征。医学上目前还未能有效掌握生物系统各种功能紊乱的原因。一般认为情绪紧张、焦虑、各种来自工作或生活上的压力、烦恼、困难、生活无规律、骤然打破既有的生活规律或改变生

---

① 每种都市病通常都是多种因素综合作用的结果，每一"致病因素"往往又可能诱发多种都市病。从原因角度对都市病进行分类，实际上难以符合类型学"类型和属性彼此之间互斥，集合的总体便是事物的完整整体系统"的要求；但从原因角度来分析都市病，有助于对都市病采取针对性治理措施，有利于开展都市病治理研究。同时，虽然一种都市病通常是多种因素综合作用的结果，但每种都市病通常都有一种主要致病原因。因此，本研究采用根据都市病主要致病原因的分类办法对都市病进行分类。

活环境、天气变化、水土不服或突发的意外之事等，都可能会导致生物系统的功能紊乱，尤其是人的各种系统性功能发生紊乱，进而使人进入疾病状态。都市是一个复杂的巨型有机系统，庞大的人口、都市各种功能设施等在运行过程中，只要某一个环节发生极其细微的问题，同样可能会导致整个都市有机体系统发生局部或整体性功能紊乱，进而诱发都市病。从公共产品供给视角来看，都市公共产品的结构性失衡正是引起都市功能紊乱的关键因素，是诱发各种都市病的重要原因。

（一）供给不足型都市病

供给不足型都市病指的是因资源稀缺导致公共产品供给不足而引发的都市病病象问题。经济学理论与实践已经无可辩驳地证明，与人类需要和欲望的无限性相对应的是，用来满足人类无限需要和欲望的产品供给以及生产各种产品的自然资源都具有有限性。1798 年，马尔萨斯在其《人口原理》中提出，自然资源在物理数量上具有有限性，在经济上具有稀缺性。他认为，自然资源的这两个性质并不会随着技术进步和社会发展而发生改变。[1]1848 年，穆勒在《政治经济学原理》中指出，资源绝对稀缺的影响会在自然资源的极限到来之前就呈现出来。[2]萨缪尔森在其著名的《经济学》中也强调资源稀缺性的客观存在性。[3]可见，对都市生活和都市管理而言，资源稀缺性是一种常态，因为资源稀缺，导致都市公共产品供给不足。然而，随着都市人口集聚、都市规模扩张，都市资源稀缺性常常和都市各个利益群体的经济人理性之间形成张力，进而导致都市公共产品供给不足，造成都市生活和都市管理出现问题而引发都市病。供给不足型都市病病症的主要表现有：一是纯供给不足式公共产品缺乏。公共部门对公共产品需求的预见性不足或预测失误，导致特定公共产品在特定时间范围内供给不足，表现出某类公共产品在特定时间范围内的稀缺。较为典型的包括由城镇化带来的医疗、教育、基础设施供给不足等。如目前普遍存在的都市幼

---

① 托马斯·马尔萨斯：《人口原理》，王惠惠译，陕西师范大学出版社，2008 年。
② 约翰·穆勒：《政治经济学原理》，金镝、金熠译，华夏出版社，2009 年。
③ 保罗·萨缪尔森、威廉·诺德豪斯：《经济学》（第十九版），萧琛等译，商务印书馆，2012 年。

儿入园难现象，就是都市资源稀缺导致幼儿园建设、师资力量等不足，难以适应幼儿入学的实际需要。二是资源稀缺性供给不足引发的都市病。因财力、物力、人力等资源稀缺限制了都市公共产品供给的资源投入，导致特定公共产品供给不足。如都市贫困、都市教育、医疗基础设施等，既可能是政府预见性不足或预测失误导致供给不足，更可能是因为政府公共财政资金不足或优质教师、医生人力不足等所致。三是政府失灵式公共产品供给不足。即因政府某类经济或社会决策失误或失败，导致特定公共产品供给不足而引发相关公共问题治理危机。如都市贫困、失业、住房紧张、地价过高等，在很大程度上都是这类都市公共产品供给不足型都市病的典型病症。

（二）供给不均衡型都市病

供给不均衡型都市病指的是因都市公共产品供给结构性失衡而引发的都市病。改革开放以来，经济社会发展迅速，城乡二元分割的经济体制使都市迅速集聚了大量社会资源，都市公共产品供给也随之得到迅速发展。但研究表明，宏观上，公共产品供给的区域性失衡现象比较严重，主要表现为自东向西的梯次性或阶梯性失衡、从大都市到区域中心城市再到县城和乡镇递减性的供给格局。微观上，同一地域内的公共产品供给不均衡和结构性失衡的现象比较严重。[①] 都市公共产品供给不均衡常常会引发各类都市病。从现实来看，供给不均衡型都市病病症的主要表现有：一是都市公共产品供给种类结构不均衡。即随着都市生活的发展，都市人口规模的扩张，都市公共产品供给的种类结构与实际需求之间存在张力，有些种类的公共产品供给少于都市生活实际需求，而有些种类的公共产品供给大于都市生活实际需求，即公共资源在公共产品供给种类结构配置方面不合理。如目前广泛存在的都市交通、基建等公共产品投入相对较大，而文化、教育、医疗等公共产品的供给与投入相对不足等现象。二是都市公共产品供给出现区域性空间结构失衡。即都市规模日益扩大，都市内部不同区域空间之间的经济、社会、管理水平的差异进一步加大，进而导致都

---

① 陈志楣、刘澜楠：《公共产品供给的不均衡分析》，《北京工商大学学报》2008 年第 2 期，第 88-93 页。

市内不同区域间的公共产品供给出现差异。都市公共产品供给不均衡，往往会诱发或加重各类都市病的病症。以都市交通拥堵为例，随着都市汽车保有量增速加快，都市交通道路的宽度、立交桥等基础交通道路的供给往往难以适应都市交通的实际需要，因而导致或加重都市交通拥堵现象。再以都市文化生活公共产品供给不均衡为例，因都市功能区划设置不合理或都市功能区分割等原因，都市往往会出现在特定时间人口集中流向某个区域的现象，导致加重都市交通拥堵程度。如都市商业区、餐饮区集中的地段，其交通拥堵程度往往要比其他地段严重。再比如都市早高峰、晚高峰交通拥堵主要是缘于都市工业区（工作区）和生活住宅区分离导致的都市空间结构不合理。①

（三）供给品质紊乱型都市病

品质指的是产品的品位与质量。都市公共产品供给品质即都市公共产品供给的品位与质量。都市公共产品供给品质紊乱主要包括都市公共产品供给的品位与质量低下、没有达到都市生活的实际需要水平，或品位与质量"超前"、不适应都市发展阶段的实际需要两种情况。都市公共产品供给品质紊乱，不仅会造成都市公共资源浪费，还会引发都市运行的功能性障碍，进而诱发都市病。供给品质紊乱型都市病即都市公共产品供给品质与实际需求之间存在张力，导致都市运行出现功能紊乱而引发的各种病态表现。供给品质紊乱型都市病的病症主要有：一是公共产品供给品质低下诱致都市病。即因规划、监管、技术、决策能力等障碍，导致都市公共产品供给过程中公共产品供给品质出现问题，不能适应都市生活的实际需要，进而引发都市功能紊乱，诱发都市病。都市公共产品供给品质低下的核心表现是都市制度公共产品供给能力不足导致的都市治理制度品质不高，因而诱发各种都市病问题。鉴于制度公共产品供给的特殊

① 从各类都市病的分类及其原因分析可以看出，一种都市病往往是多种原因造成的，一种原因往往也会诱发或加重多种都市病的病症。因此，本研究对都市病的分类，可能会出现某种单一都市病归类并不单一的现象，如交通拥堵既可以归属为供给品质紊乱型都市病，又可以归属为供给不均衡型都市病。从这一点来说，本研究对都市病的分类并不符合类型学互斥性、不交叉性的要求，但都市病种类繁多、致病原因复杂，在分类上很难做到完全互斥，为了便于对都市病治理对策进行针对性分析，本研究暂选择采用都市病致病原因角度的分类方法。

性，在某种程度上可以说所有的都市病问题都与都市制度公共产品供给不足直接或间接相关。除了都市制度供给质量低下，都市公共产品供给价值扭曲是导致都市公共产品供给质量低下的重要原因，也是都市公共产品供给质量低下的主要表现。如常见的都市道路不停修补的"豆腐渣工程"问题，往往是由于少数人的价值扭曲、素质低下，价值观、人生观、世界观等出现问题，因而产生腐败、寻租等偏离行为，导致都市公共基础设施建设过程中出现偷工减料、质量低下现象，进而陷入不停修补道路的恶性循环，既造成资源浪费，又导致道路使用质量低下，影响交通通行，修补工程通常还会造成交通拥堵。公共工程质量低下与重复建设之类的都市病是当前都市公共产品供给价值扭曲的重要表现。二是供给品质"超前"引发的都市病。因决策者或管理者在城市治理中"眼光过于超前"而实际出现短视行为，对特定社会需求预估不足、战略性思维不符合实际，导致都市在特定情境下供给的公共产品脱离实际，既造成公共资源浪费，又引起都市功能运行障碍，诱发都市病。如一些地方大兴土木建设形象工程、政绩工程，或者公共工程片面追求"高大上"或"时尚化"，或刻意追求怪异荒诞的形象设计、超高建筑等，结果却不符合实际需要，甚至引发都市系统功能紊乱。

二、不同类型都市病之关联性分析

现代系统论认为，任何一个系统整体都不是系统内各个要素的简单相加与机械组合，而是系统内各个要素通过特定机制有机组成的整体。系统内各个要素并不是孤立存在的个体，每个要素在系统中都发挥着特殊重要的作用，各个要素之间的有机组合会形成各个单一要素所不具备的系统功能。在整个有机系统中，任何一个要素发生问题，都可能会对其他各要素的运行发生影响，甚至会引发系统整体功能障碍或发生异变。依据系统论的理论来考察都市及都市病，都市实际上是一个庞大而复杂的有机系统，都市系统内部各要素之间存在相互影响的辩证关系。都市系统的复杂性和各个要素之间的辩证关系使得不同类型都市病之间往往也存在千丝万缕的联系，主要表现为不同类型都市病病因具有交叉重叠性、不同类型都市病病症具有交互增强性、不同类型都市病治理政策之间也可能具有外部性和相互关联性。

不同类型都市病病因具有交叉重叠性。唯物辩证法认为，事物的原因是复杂的，因果关系存在一因一果、一果多因、多因一果、多因多果等复杂情况。作为复杂社会系统中发生的病症，都市病致病原因和致病结果之间通常都是多因一果、多因多果、一果多因的错综复杂的因果关系。一种都市病往往是多种因素共同作用的结果，如交通拥堵，既有都市道路供给与车辆行驶需求不均衡的原因，也有都市城市功能规划不合理的原因，还有都市交通管理方法与疏导能力不足的原因，而且在一定程度上还与都市行人和驾驶员素质相关。因此，交通拥堵是复杂系统性因素共同诱发的一种都市病病症。此外，一种致病因素常常还是多种都市病病症的诱发原因。如人口增加既是导致都市交通拥堵的原因之一，也是导致都市医疗、教育资源等公共产品供给紧张的原因之一。再比如，汽车保有量增加既是导致都市交通拥堵的重要原因，又是导致都市空气污染、热岛效应、交通事故、停车难等的重要原因。

不同类型都市病病症具有交互增强性。作为一个复杂的有机系统，都市各种因素之间往往是互相作用、互相影响的，而作为都市有机体的非常态变异表现，各种都市病之间更是互相影响，这种影响主要表现为交互增强性。所谓都市病病症的交互增强性，指的是一种都市病的发生或严重化，往往会增强另一种都市病的病症表现，同时也会因其他都市病的发生或严重化而加重自身的病症表现。如都市交通拥堵往往会导致车辆滞留路面时间加长，进而使车辆燃油或燃气排污量加大，导致都市污染的严重程度加重。刘铁军等人的研究表明，交通拥堵虽然不是影响环境空气质量的绝对主导因素，但它是空气污染的一个重要成因。[1]吕雯君等的研究则表明，根据按日计算的白天时段和夜间时段的 Person 相关系数，交通拥堵程度和空气质量存在一定程度的相关性，特别是白天时段，交通拥堵程度和空气质量的相关性达到强相关，而按日计算和夜间

① 刘铁军等：《城市交通拥堵与空气污染相关度的初步研究》，《中国人口·资源与环境》2017 年第 11 期，第 58-60 页。

时段的相关性也达到中等相关。[1] 可见，都市交通拥堵会导致或加剧都市空气污染。

不同类型的都市病治理政策举措都有可能产生外部性。外部性是经济学概念，又被学者称为外部影响、溢出效应或外差效应，主要用来指称特定经济主体的决策或行动导致其他经济主体的无端利益受损或无成本受益的经济现象。其中，导致其他主体无成本受益的现象又被称作正外部性，而导致其他主体无端利益受损的现象则称为负外部性。城市功能系统的整体性使都市病治理政策举措往往具有外部性。一方面，一种都市病的治理策略可能会加重另一种都市病的病症表现，产生负外部性。如都市功能区区划设计的一个重要目的是防止都市生产、生活相互干扰。治理都市污染往往是将都市工业功能区设置于都市特定区域，但这种都市功能区划分开设置的设计，又导致都市住宅区和功能区之间职能分离，进而导致各种上班人群要早上赶上班、晚上赶下班，形成所谓"早高峰"与"晚高峰"，加重都市交通拥堵的病症表现。另一方面，一种都市病治理策略又有可能会减缓另一种都市病的病症表现，产生正外部性。如都市城中村治理往往意味着对贫困人口的一定补偿，更意味着对租住于城中村中的各种人口的规范和管理，而这既会减少如火灾等突发安全事故的发生，也会减少都市病贫困，还会有利于加强对犯罪、毒品等问题的治理。

三、都市病类型界定的理论与实践意义

都市病是指因人口集聚、资源不足、技术不彰、管理落后等所引发的都市系统自身运行不能适应都市发展规模的需要而出现的都市运行低质、低效、冲突、变异等各种无序和失衡的都市运行问题。当代社会，都市系统复杂多样，都市病也多种多样，随着人类经济、社会、技术、都市规模的进一步发展，都市病种类未来必然会更加繁多。要对复杂的都市病开展理论研究和实践治理，就必然要从理论上对都市病进行类型界定。

---

[1] 吕雯君等：《交通拥堵对雾霾的影响及规划设计研究》，《江苏科技信息》2018年第16期，第72—75页。

（一）都市病类型界定的理论意义

一是有利于透过都市病的各类表象探寻其本质。种类繁多的都市病，其性状表现、影响与危害、治理难度等也各不相同。对种类繁多的都市病进行体系化、类型化，有利于把纷繁复杂的都市病进行抽象分析，从中找到都市病的本质，特别是挖掘分析其产生的本质原因与相关的深层次都市运行与管理问题。

二是有利于了解都市病的一般规律，进行比较研究。通过对都市病的类型化界分，有利于对不同时间与空间范围内的不同类型的都市病进行比较研究。对类型相似的都市病进行整合研究，对不同类型的都市病通过比较探索其普遍规律与差别化特质，把握不同都市病之间的异同、发病机理及其内在逻辑关联，并为运用针对性治理举措以治理特定类型都市病提供理论支撑。

三是有利于都市病理论的构建。概念界分是科学研究的基础。对都市病类型的界定有利于厘清都市病概念的内涵与外延，从更全面严谨的视角认识都市病，为建构都市病理论研究的理论体系奠定坚实的基础。

（二）都市病类型界定的实践意义

一是有利于区分不同都市病的产生原因，实现多元共治。对纷繁复杂的都市病进行类型界定，有助于在对都市病原因进行整体分析的基础上，区分把握不同类型都市病生成的具体原因。由此，不同领域、不同职能的公共部门或相关的社会多元主体可以从不同视角共同寻找治理策略，对不同类型的都市病采取有针对性的治理策略。

二是有利于避免都市病治理中的资源浪费，提升治理效能。把不同类型的都市病进行归类，有利于对同一类型都市病采取统一规划与整体性的治理方略，可以有效节约治理资源，提高都市病治理的治理效益和效能。通过把握不同类型都市病及其治理策略之间的关联性，在出台都市病治理政策时统筹考量、统一规划，防止不同类型都市病的治理中出现因治理策略的相互排斥而造成的资源浪费甚至无效的情况。

第三节　当下中国都市病危害分析

改革开放以来，尤其是近 20 年来，随着工业化进程的持续加快，城镇化的程度也快速发展。据统计，到 2017 年底，城镇化率已达 58.52%。自 2013 年以来，政府把城镇化作为实现现代化的必由之路，作为破除城乡二元结构、解决"三农"问题、拉动内需、促进国家经济新一轮中高速增长的主要动力，并提出了推进以人为中心的新型城镇化建设的目标。然而，随着城镇化的推进，"新型城镇化"的战略理念、路径并没有真正落到实处，城镇有机体中各种城市病已经集中发生，在新型城镇化进程中，其关键要素——人的城镇化尚未完全实现，而城市病却已悄然而至。各类都市病的蔓延发展造成了多方面的严重危害。

一、经济性危害

经济发展与繁荣带来都市的兴盛。经过多年城镇化发展，中国都市的数量不断增多，都市空间范围和规模不断扩大，在中国经济社会的持续稳定发展中发挥了举足轻重的作用。按照中国产业信息网公布的统计数据，到 2018 年，中国已有 89 个都市城区人口突破百万[1]，而建制市人口达百万的城市已经多达 303 个[2]。如此规模的都市群，成为决定中国经济发展走向的关键基础。正因如此，都市病对都市经济和国民经济带来了较大的危害性，可引发经济发展停滞或受阻，其经济性危害具体表现在以下几个方面。

（一）消解都市公共资源配置与运行效率

现代社会随着城市人口和需求的增长，都市各类资源的稀缺性日益凸显。随着都市规模持续扩大，现代都市公共资源的稀缺性不仅没有因为经济发展而得到根本缓解，反而会随着都市公共服务需求的种类增多和质量提升而日益明

---

[1] 《目前中国已有 89 座城市的城区人口规模达到或突破百万大关》，中国产业信息网，2018 年 5 月 7 日，http://www.chyxx.com/data/201805/638083.html，访问日期：2018 年 7 月 5 日。
[2] 《2017 年中国城市人口排名大全》，2017 年 5 月 14 日，http://www.360doc.com/content/17/0514/20/11735161_653836522.shtml，访问日期：2018 年 5 月 4 日。

显。当代都市，各类基础公共服务设施，如道路、绿化、公园、公共交通等都需要大量资源投入，而教育、养老、医疗等基本公共服务领域的公共资源投入需求也在不断增加，宣传、文化、扶贫、济困等各项社会事业同样需要海量的社会资源。都市公共资源的有限性和都市各领域对公共资源的需求之间本已存在巨大的张力，公共资源的有限性限制和制约了都市各项公共事业的发展。然而，为了应对日益严重的都市病及其可能引发的各类都市运行与管理问题，各个都市管理机构却不得不在有限的公共资源中分割出一部分，专门用于都市病治理。以交通拥堵治理为例，据不完全统计，自 2004 年开始，北京每年治理交通拥堵的投入约为 300 亿元，且每年以 10% 的增长速度增加投入；在 2013—2017 年的五年时间中，北京共完成了 718 项疏堵工程，交通领域的政府投资高达 3400 亿元。[①] 另据报道，2000—2010 年，国家用于城市道路与公共交通的累计投资超 2 万亿元。[②] 巨大的投入却未能有效遏制都市交通拥堵的持续蔓延。可见，都市病及其治理耗损了大量公共资源，消解了都市公共资源的配置和运行效率，不利于都市系统的整体运行和都市社会事业的发展。

（二）增加都市运行成本

都市是复杂的社会系统。一般而言，随着都市人口集聚和都市规模不断扩大，都市运行的边际成本虽然也会增加，但增加的边际成本会呈现出逐渐减少的趋势，当都市人口和空间规模的量化增长突破一定的度时，都市运行的边际成本也会随之出现量级变化。因此，在不考虑都市规模和人口量级突变的情况下，都市正常运行的成本一般是大致稳定的。然而，都市病却会通过增加经济成本、时间与精力成本、社会资本成本等增加都市的运行成本。以交通拥堵为例，《2010 年中国新型城市化报告》公布的统计数据显示，北京市 2010 年人均上班通勤时间为 52 分钟，全国一线城市平均上班通勤时间超过 40 分钟，造成

[①] 孙宏阳：《北京"四则运算"治理交通拥堵"城市病"》，《北京日报》2017 年 6 月 13 日。
[②] 《已投入超 2 万亿元治理城市交通拥堵仍难遏制》，腾讯新闻，2010 年 5 月 27 日，https://news.qq.com/a/20100527/000187.htm，访问日期：2012 年 5 月 21 日。

上班通勤时间较长的主要原因是交通拥堵。[1]另据《2018 职场人通勤调查》显示，上海职场人平均单程通勤耗时 59.56 分钟，为全国单程通勤耗时之最。第二名为深圳，职场人平均单程通勤耗时 53.1 分钟。而全国男性职场人平均通勤时长为 52.8 分钟，女性职场人平均通勤时长为 47.2 分钟。[2]如此时长的通勤时间毫无疑问增加了都市职场人的时间成本，也增加了都市运行的经济成本。《中国智能出行 2015 大数据报告》发布的大数据信息显示，北京每年人均交通拥堵成本为 7972 元，排名全国第一。全国排名第二、第三的广州和深圳每年人均交通拥堵成本为 7799 元和 7253 元。北京市交通拥堵年经济损失约为 700 亿元，而交通运输部发布的数据则表明，每年因交通拥堵导致的经济损失高达 2500 亿元人民币。[3]

（三）加剧都市公共产品供给压力

都市公共产品供给是都市正常运行的必然要求和基本基础。都市公共产品包括都市纯公共产品和都市准公共产品。都市纯公共产品包括如道路等都市公共基础设施，都市基础教育、医疗、治安、公共交通等基本公共服务；都市准公共产品包括都市高速、高水平、高质量医疗，高雅公共文化艺术供给等。都市公共产品的供给需要大量都市公共资源。然而，由于都市病及其治理耗损了大量都市公共资源，这必然会给都市公共产品的正常供给带来压力。此外，种类繁多的都市病治理本身对都市正常运行所供给的公共产品提出了更高的要求。如交通拥堵要求都市政府必须加大都市基础交通设施、公共交通设施、立交桥、隧道等公共基础设施的供给力度。都市贫困要求都市政府加大都市扶贫助困、都市社会保障、都市基础教育设施、都市基础医疗设施等的供给。都市雨涝治理要求都市政府加大都市排水系统建设力度，建设都市雨污治理工程，科学规划都市地下管网系统建设，等等。这些种类繁多的都市病，很多都是关系基本

① 牛文元：《中国新型城市化报告（2010）》，科学出版社，2010 年。
② 《前程无忧发布〈2018 职场人通勤调查〉》，中国经济新闻网，2018 年 9 月 20 日，http://www.cet.com.cn/xwsd/2064344.shtml，访问日期：2018 年 12 月 4 日。
③ 何勇海：《该正视"人均交通拥堵成本"了》，光明网，2016 年 1 月 23 日，http://guancha.gmw.cn/2016-01/23/content_18626662.htm，访问日期：2016 年 4 月 20 日。

民生和政府合法性的重要问题，因而对都市政府公共产品供给提出了要求，也对政府财政资源、物力资源、人力资源等供给提出了挑战，增加了都市公共产品供给的压力。

二、社会性危害

都市病种类繁多，涉及领域广泛，对都市生活系统造成的危害也是多元、复杂且全面的。都市病及其治理不仅对都市经济生活造成巨大影响，耗损都市公共资源，增加都市运行成本，加大都市公共产品供给压力，还影响都市社会生活，降低都市居民生活幸福感，增加都市社会冲突，强化都市脆弱性。

（一）侵蚀和消解都市居民生活幸福感

"城市，让生活更美好"，这是中国 2010 年上海世界博览会的概念性主题。它既在一定程度上反映了人们对都市生活的向往与祝福，也在一定程度上表明了都市生活的现实状态。都市具有更为集中的人口，都市公共基础设施、文化设施一般也比乡村更为优越，尤其是对中国来说，改革开放之初的"剪刀差"和城乡二元分割的体制，造成了都市和乡村的巨大差异。这种差异不仅表现在城乡基础设施建设的巨大差异上，更表现在城乡居民就业、住房、教育、医疗、养老等基本社会生活需求和基本社会福利保障待遇等方方面面，都市居民生活在很大程度上确实要优于农村居民。虽然如此，除前已论及的交通拥堵让都市居民通勤时间不断增加、削减都市生活幸福感之外，各种日趋严重的都市病同样在不断拉低都市居民的都市生活幸福指数，如伊斯特林等人的研究表明，1990—2010 年的 20 年间，中国普通百姓的生活满意度呈下滑趋势。[1]《长江商报》2010 年 10 月公布的调查数据显示，60% 的受访武汉人缺乏幸福感，68.4% 的武汉人不满于"买不起房"，对武汉城市交通状况不满的武汉人则占到

---

[1]　Richard A. Easterlin, Robson Morgan, Malgorzata Switek, Fei Wang, "China's Life Satisfaction, 1990–2010", *Proceedings of the National Academy of Sciences of the United States of America*, Vol.109, No.25(2012): 9775–9780.

了 57.7%，都市病正在拉低中国居民的生活幸福感。[①]

（二）诱发与激化都市社会冲突

都市人口增加，都市规模扩大，各种类型的都市病在降低都市居民生活幸福感的同时，也在一定程度上导致居民焦虑和情绪紧张，增加社会不公平感，进而激化都市社会冲突。据《中国城市畅行指数 2006 年度报告》显示，交通拥堵容易导致行人出现焦灼感、恼怒感、厌恶感、紧张感，对人的情绪影响较大[②]，还会使驾驶员出现"路怒症"，导致出现袭击他人的情况。如 2008 年 4 月，江苏宿迁一名驾驶员就因"路怒症"而失去理智，开车撞死一名男童，另造成一人重伤。[③]2017 年 5 月 29 日，四川汶川因交通拥堵影响樱桃销售而导致果农、商贩和执法人员间发生严重冲突。[④]原珂的研究表明，快速城市化带来的"城市病"导致作为城市居民群众日常生活基本场域和重要载体的城市社区成为各种社会冲突集中暴发的重要场所。一项针对北京、上海、天津、广州、深圳五大城市的调查表明，80% 的受访者都认为所在社区存在不同程度的矛盾、纠纷或冲突，而且近一成的受访者都认为其所在社区的矛盾、纠纷或冲突"较为严重"。[⑤]

（三）加剧都市脆弱性

脆弱性概念源于自然灾害研究领域。李鹤等在对脆弱性概念进行梳理分析的基础上认为，脆弱性是指"由于系统（子系统、系统组分）对系统内外扰动的敏感性以及缺乏应对能力从而使系统的结构和功能容易发生改变的一种属性。"[⑥]与脆弱性相对，方创琳和王岩认为，都市脆弱性是指"城市发展过程中

---

① 《"城市病"拉低居民幸福指数》，《长江商报》2010 年 10 月 23 日。

② 《堵车严重损害健康》，《中华工商时报》2008 年 11 月 7 日。

③ 360 百科：《路怒症》，https://baike.so.com/doc/5417965-5656122.html。

④ 《汶川官方：因交通拥堵致樱桃滞销引发冲突，目前事态已平息》，搜狐网，2017 年 5 月 29 日，http://www.sohu.com/a/144412577_260616?_f=index，访问日期：2019 年 3 月 22 日。

⑤ 原珂：《中国特大城市社区冲突与治理研究》，南开大学博士学位论文，2016 年，第 68−69 页。

⑥ 李鹤、张平宇、程叶青：《脆弱性的概念及其评价方法》，《地理科学进展》2008 年第 2 期，第 18−25 页。

抵抗资源、生态环境、经济、社会发展等内外部要素和人为要素干扰的应对能力。"[1] 王岩等认为，过度的、不恰当的人类活动，不合理的经济发展方式等，都可能会改变都市地理系统，当这种改变达到都市脆弱点时，都市脆弱性就会出现，因而导致整个都市系统进入脆弱性状态。[2] 根据李鹤等人的研究观点，可以认为，都市系统脆弱性是都市系统内部与生俱来的一种属性。都市系统内部特征是导致城市系统存在脆弱性的主要原因，但都市系统脆弱性只有当都市系统遭受扰动时才会表现出来。城市脆弱性会降低城市应对灾害、经济波动时的应急反应能力，使城市缺乏竞争力，并向不利于城市发展的方向发展。[3] 对于都市系统来说，都市病是一种重要的变异性"扰动"。这种扰动，往往会增加都市脆弱性，导致都市系统出现问题，增加都市生活的潜在风险。研究表明，都市的脆弱性主要表现在：一是都市在某方面的承载力已经达到极限，且难以自动调节。二是都市应对危机的反应速度慢、应对措施不力。三是都市管理系统的部分运转失灵或失效。据统计，2008 年北京每天的平均交通拥堵时间为 3.5 小时；2010 年时，平均每天的交通拥堵时间为 5 小时，汽车平均时速为 15 公里。"城市病已让大城市越来越脆弱，让青年人的幸福感越来越低，导致经济开始向其他地区扩散，部分人才也因不能负担大城市昂贵的生活成本而向中小城市转移。"[4]

三、结构性危害

路易斯·芒福德说："城市从其起源时代开始便是一种特殊的构造，它专门用来储存并流传人类文明的成果；这种构造致密而紧凑，足以用最小的空间容纳更多的设施；同时又能扩大自身的结构，以适应不断变化的需求和社会发展

① 方创琳、王岩：《中国城市脆弱性的综合测度与空间分异特征》，《地理学报》2015 年第 2 期，第 234–247 页。
② 王岩等：《城市脆弱性研究述评与展望》，《地理科学进展》2013 年第 5 期，第 755–768 页。
③ 李鹤、张平宇、程叶青：《脆弱性的概念及其评价方法》，《地理科学进展》2008 年第 2 期，第 18–25 页。
④ 唐晶：《"城市病"之下的幸福守望者》，《社会与公益》2011 年第 1 期，第 16–18 页。

更加繁复的形势，从而保存不断积累起来的社会遗产。"[①] 都市作为一个巨大而复杂的有机系统整体，其各子系统之间一般都是按照特定的规律有机组合，形成复杂的内部结构，进而组合形成都市巨系统，但都市病会破坏都市的系统结构，导致都市出现功能性障碍而出现都市病。

（一）都市治理主体结构复杂化

任何都市都是一个复杂的有机体大系统，良性运行的都市生活离不开高效有序的都市治理体系。根据结构理论，成熟的都市治理必定有系统完善的都市治理结构。都市治理结构主要包括都市治理的主体结构、都市治理制度结构和都市治理资源投入结构等。都市治理主体结构指的是都市治理主体及其相互关系。中国传统都市治理主体主要是国家和社会的二元结构，国家立于社会之上，对社会进行治理。近些年来，随着经济社会的发展变化和国家治理结构和治理能力的调整，都市治理的主体结构开始发生变化，初步形成了国家、社会、公民自治三位一体、相对和谐的都市治理主体结构关系。然而，都市病的出现，使都市治理的问题更为复杂，致使治理主体间的协同更为困难。在治理主体中的一方或多方在治理中需要获得更多支援、各方对多元主体的协同意愿、能力提出更高更多的要求，使治理主体间的结构日益复杂。

（二）诱致都市空间结构割裂

伯恩的研究表明，城市空间结构主要包括三个方面的构成要素：城市空间形态、城市功能空间之间的相互作用及规定城市空间形态和城市功能空间之间关系的系列组织原则。所谓城市形态即城市地区内那些固定要素的空间构造。城市的相互作用指的是城市不同区位之间人、商品物资以及信息知识，即资源的流动。[②] 一般而言，都市是一个系统整体。科学有序的都市区位应该是不同区位承担着都市的不同功能。然而，都市病往往会在都市区位之间形成有形或

[①] 刘易斯·芒福德：《城市发展史——起源、演变和前景》，宋俊岭、倪文彦译，中国工业出版社，2005年，第33页。

[②] Bourne, L. S., "Urban Spatial Structure: An Introductory Essay on Concepts and Criteria", In Bourne L. S. ed., *Internal Structure of the City*, 2nd edition, New York: Oxford University Press, 1982.

无形的障碍，进而影响都市不同区位之间的人流、物流和信息流，从而割裂城市形态。如都市交通拥堵往往会增加区位间流动的时间成本、经济成本，因而影响都市区位间人员、物资流动的愿望和动机。拥堵使不同功能区、贫富区之间的人员、物资、信息流动不畅，进而割裂都市区位结构，也在事实上使都市区位、资源流动的组织原则处于无效或无序状态。

（三）引发都市社会结构动荡剧变

社会结构指的是以各种方式把社会成员联系在一起的一整套的社会关系。[①]虽然根据系统论的观点，社会结构是一个复杂社会要素组成的有机系统，而且作为有机系统的社会结构不是静态的稳定结构，而是处于不停变化的动态之中，是随着社会环境变化而变化的动态过程[②]，一个社会的社会结构并非总是处于激烈的变动之中。稳定的都市社会结构使得社会的主体间关系相对和谐，社会在一个相对可预期的轨道上运行。正常的社会，其社会结构变化是按照经济社会的发展，随着环境进行变化的自生自发过程，而且有其发展规律，一般不会引起社会有机体的系统性变异，有时甚至还是社会变革的推动性力量，对社会发展有积极意义。[③]然而，当社会结构遭遇不正常的外部影响而发生结构变异时，往往便意味着社会冲突甚至社会动荡。作为一种系统性变异，都市病往往会打破都市社会结构的均衡状态，有时甚至会撕裂都市社会结构，引起都市社会结构发生激烈变迁，影响社会稳定。如都市贫困常常会引发各种犯罪，有时甚至会导致都市贫穷和富裕群体之间的结构性对立和冲突。再比如，都市环境污染往往会使都市弱势群体因受环境污染的影响而进入病态，甚至陷入贫困、代际贫困传递的深渊；而富裕群体、强势集团则可能会及时转移，或者采用生态环保制品而免遭环境污染的侵害，其最终结果往往是都市社会结构发生变异而影响社会稳定。

---

① 罗伯特·K.默顿：《社会理论和社会结构》，唐少杰、齐心等译，译林出版社，2006 年。
② 郑杭生、赵文龙：《社会学研究中"社会结构"的涵义辨析》，《西安交通大学学报（社会科学版）》2003 年第 2 期，第 50-55 页。
③ 李培林：《另一只看不见的手：社会结构转型》，《中国社会科学》1992 年第 5 期，第 3-17 页。

（四）都市生态结构被人为破坏

社会生态学认为，人与其所赖以生活的环境之间所组成的整体生态系统既是一种自然生态系统，更是一种社会生态系统，也就是说，"社会生态系统是人类社会子系统与自然环境子系统有机结合而组成的系统整体。社会生态系统包括社会要素和环境要素两个基本组成部分，社会要素包括社会生产群体、社会管理群体和社会败坏群体，环境要素则包括无机环境、有机环境和社会环境"[①]。根据社会生态学的观点，都市是由人及其环境所组成的生态系统，都市生态系统主要包括都市社会子系统和都市环境子系统，都市社会子系统包括都市社会生产者、管理者和都市败坏群体，都市环境子系统则包括都市无机环境、有机环境和社会环境。常态下，都市社会生态遵循生态学基本规律，自主运行，然而，都市病会破坏都市有机体的生态结构，进而影响整个都市有机系统的正常运行。早在1999年，张谦元教授就认为，"城市病"是导致城市犯罪的重要原因，他指出，随着城市人口增多，犯罪人口基数在相对加大，城市商业区、交通要道、车站、码头、宾馆、饭店以及文化娱乐场所，既存在可被犯罪分子利用的一些因素，也存在容易抵制管理的消极因素，导致这些地方斗殴、伤害、卖淫嫖娼、赌博等案件频发，各类犯罪活动较为频繁。[②] 这说明，都市病不仅会影响都市的社会子系统，产生都市社会败坏群体，增加都市生产者、都市管理者的管理负担，同时还会破坏都市社会生态环境，破坏都市社会生态环境子系统。

---

① 叶峻：《社会生态学的基本概念和基本范畴》，《烟台大学学报（哲学社会科学版）》2001年第3期，第250-258页。
② 张谦元：《"城市病"与城市犯罪》，《开发研究》1999年第6期，第52-53页。

第四章

当下中国都市病成因分析：公共产品供给结构的视域

不同类型都市病的成因存在差异，但有其显著的共性。多年来，学界从城市人口规模、城市建设滞后、城乡失衡、产业转型等不同角度探讨都市病的本质及其成因，为研究都市病及其治理问题提供了多样性的理论视角和分析依据。但是，随着城市化的发展及都市病的恶化变异，这些研究因理论偏失或理论滞后等原因而缺乏足够的解释力。本章以公共产品理论为视角，运用都市病及其治理研究的公共产品供给结构分析框架，从都市公共产品供给主体结构、产品结构、供需结构、空间结构、制度结构五个方面解析当代中国都市病的成因，揭示由于公共产品供给结构性失衡，导致都市自组织系统结构变异而出现都市病的内在机理，都市病的本质是都市自组织系统结构性变异的结果。

第一节　公共产品供给结构视域的都市病成因分析

公共产品供给理论主张，私人产品供需之间的平衡和效率可以通过市场主体经济人理性主导下的自主供给和消费得以实现，而公共产品供需之间的平衡、效率和公平则有更加复杂的要求。公共选择理论把公共产品供给视作公共选择问题，认为供给和需求共同决定产品的均衡产量及价格，公共产品供给需要正确的公共决策。当公共产品不能满足公共选择所要达到的基准，也就是说公共产品供给和公共需求之间出现差距时，就会出现各种社会矛盾和问题。由此，公共产品理论与都市病治理之间具有恰切性。从公共产品供给理论视角视之，都市病是都市公共产品供给结构性失衡导致的都市自组织系统的结构性变异。公共产品供给不足在北京、上海、广州等都市病甚为严重的大都市表现尤为突出。本节运用公共产品供给结构分析框架，主要以北京、上海等市为例，从公共产品供给视角探讨都市病的成因和本质。

一、都市公共产品供给主体结构失衡

传统经济学观点通常认为，纯公共产品供给主体只能而且必须是政府。然而，由于公共税收、税种、社会经济发展一般是按照相对固定的速度缓慢增长，有时甚至还会出现倒退，政府财政支出总额的增加速度一般不可能迅速提升，但随着经济社会的持续发展，民众对公共产品的需求往往又会按相对较快的速度增长且一旦形成后往往难以被削减或停止供给，这导致政府财政支出的增速与民众公共产品需求的增速之间存在较大张力，而且两者之间的差距一般会越来越大，进而导致政府主体供给公共产品的总量总是显得明显不足，难以适应社会日益增长的需要。然而，由于公共产品，尤其是纯公共产品往往对民生福祉、经济社会发展、社会稳定具有不可或缺的重要特性，保障公共产品供给又是政府必须承担的社会责任。当公共产品供给和社会需求之间存在矛盾时，解决公共产品供给不足的方法通常是努力增加政府公共产品供给资金投入、提高政府公共产品供给资金使用效率，或者探索采用其他可行的新型公共产品供给方式，通过体制机制创新，鼓励企业、社会与政府合作，协同提供公共产品。因此，在实际都市公共产品供给中，公共产品供给结构失衡不仅源于政府所提供的公共产品结构会出现失衡，实际公共产品供给的主体结构也常常会发生失衡现象，进而导致都市公共产品供给结构失衡，诱发都市病。

二、都市公共产品供需结构失衡

物质性公共产品主要指包括都市公共基础设施、都市交通道路、都市自然和生态环境、都市公共卫生服务、都市公共教育和安全服务、都市居民住房保障、都市基本社会保障等公共产品。都市物质性公共产品的承载力与都市人口数量相适应是城市健康运行的基本前提，否则将产生交通堵塞、能源短缺、就业困难、教育紧张等一系列都市问题。随着城市化的快速推进，都市人口将急剧增加，如果都市基础设施建设的增长速度显著滞后于都市人口规模的膨胀速度，那么，都市人口的公共资源需求与城市公共资源供给将严重失衡。以都市基础设施为例，中国存在长期供给不足的状况，"从总量上看，目前人均公共绿地面积 10.66 平方米，人均拥有道路面积 12.79 平方米，每万人拥有公共交通车辆 11.12 台……这与发达国家，乃至与发展中国家相比，城市基础设施人均都处于较低水平。"[1] 都市基础设施的增量不能适应急增人口的需要，加剧资源短缺、公共服务紧张、交通拥堵、公共安全弱化、环境污染等都市病。例如，北京市的基础设施供给不足主要体现在以下几个方面。

（一）交通设施供给难以满足都市发展需求

以城市地铁为例，北京一直在不断加快城市轨道交通设施的建设和发展速度，据统计，2012 年北京城市轨道交通运营线路总长度为 442 公里，2013 年已经发展延长为 465 公里，随着地铁线路长度增加，城市地铁承担的客运量也越来越大，到 2013 年已经开始占整个城市客运量的 39.82%。[2] 即便如此，北京地铁的覆盖面和运能还未覆盖到平谷、怀柔、密云等区县，还远不能满足增长人口对交通的需求。而且，尽管其核心城区地带的地铁线路已经四通八达且相对密集，但受经济产业、居民区、高层写字楼密集分布，高等院校集中，文物古迹景点密集等综合因素的影响，核心城区上下班时间的人流高度聚合，现有地铁运营能力与相关区域的出行需求还有很大距离。同时，随着经济社会的持续发展，作为国家政治中心、经济中心的北京，其城市机动车增长速度一直保持迅猛发展的势头，私人汽车 2013 年达到了 426.5 万辆，比 2012 年增加了 19 万

---

① 姜爱华、张弛：《城市化进程中的"城市病"及其治理路径探析》，《中州学刊》2012 年第 11 期，第 103—105 页。

② 陆小成：《超大城市基础设施建设与城市病治理研究——基于京津冀协同发展的思考》，《城市观察》2016 年第 6 期，第 54—62 页。

辆；民用汽车 2013 年达到 518.9 万辆，比 2012 年增加了 23.2 万辆。[①] 这些综合因素的共同作用，使北京道路及公共交通基础设施发展速度根本难以满足急剧增长的城市实际交通需求，使北京的"肠梗阻"现象不仅未能得到及时缓解，反而事实上愈演愈烈[②]，成为世界著名的"堵城"。

（二）水资源供给难以满足城市快速增长的用水刚性需求

北京人口快速增长，而水资源供给却在减少，二者之间的张力进一步加剧了北京水资源短缺的问题。公开数据显示，北京市 2012 年全年水资源总量为 39.5 亿立方米，人均 193.3 立方米；2013 年全年水资源总量已经"缩水"至 24.8 亿立方米，人均 118.6 立方米[③]，呈急剧下降之势。根据国际标准，"人均小于 500 立方米属极度缺水"[④]。可见，北京无论是水资源总量供给还是人均水资源供给均难以满足城市快速增长的用水刚性需求。从污水处理能力角度看，尽管污水处理能力有所提升，但是，由于人口过度增长导致用水刚性需求过度增长，污水排放增加，污水处理缺口增大，从而使所增长的污水处理能力难以疏解污水处理的需求，造成城市用水紧张难题进一步加剧。

（三）能源生产总量增长远不能满足消费增长的需求

据统计，北京 2013 年的常住人口已经高达 2114.8 万人，比 2012 年的常住人口增加 45.5 万人。但是，北京的燃料油、煤油、柴油、汽油、液化石油气等二次能源生产量均有所减少。[⑤] 可见，在人口膨胀的背景下，北京人均能源消费将进一步下降，能源供不应求现状将进一步凸显。这样，北京的能源消费陷入一个恶性循环：一是能源生产的不足难以满足快速增长的城市人口对能源资源的需求；二是消费总量提升又带来更多的排放问题。这两个方面必定加剧资源能源短缺、环境恶化等都市病问题。

---

① 陆小成：《超大城市基础设施建设与城市病治理研究——基于京津冀协同发展的思考》，《城市观察》2016 年第 6 期，第 54-62 页。
② 柴浩放：《北京都市病的城乡关系透视》，《生态经济》2015 年第 7 期，第 165-167 页。
③ 同①。
④ 闫昱：《人口增长与大都市病诊治》，《人民论坛》2010 年第 32 期，第 8-9 页。
⑤ 同①。

三、都市公共产品供给空间结构失衡

典型都市病不仅与城市公共资源供给不足有关，更与都市公共资源的空间配置不合理有关。在城市化发展过程中，都市的社会保障、交通、基础设施没有能够及时跟上人口增长的需要，不可避免地带来都市交通拥堵、教育资源紧张、住房紧张、环境恶化等一系列都市病。

一方面，优质卫生资源的空间配置不均衡引发都市病。长期以来，中国的资源配置具有城市偏向性特征，教育、医疗等优质公共资源主要配置于大中城市，在这些城市内部又把教育、医疗等优质公共资源主要集中布局于中心城区。优质公共资源的城市配置偏向使得大城市中心城区成为人口、产业和居住的高度集聚区，同时也导致交通拥堵、住房紧张、空气质量下降、生态空间短缺等系列都市病。从优质医疗资源的分布来看，统计数据表明，全国排名前50位的著名医院主要分布在"北上广"三地，其中，北京18个、上海13个、广州6个，分别占总数的36%、26%和12%；北京海淀区的三甲医院约占北京市的30%等。[①]上海的情形与北京基本相似（见表4-1），公开数据显示，北京全市分布在中心城区的三级甲等综合医院共有33家，占北京全市医院总数的86.84%；全部三级甲等综合医院中只有5家位于郊区。按每万常住人口拥有量计算，分布在城市中心城区的三甲医院为0.047家/万常住人口，而分布在远郊区的三甲医院只有0.0037家/万常住人口，分布在中心城区的三甲医院约为远郊区的12.7倍。[②]

---

① 赵家鹏：《京城新"赶考"记》，《凤凰周刊》2012年第1期，第35-37页。
② 石忆邵：《"大城市病"的症结、根源、诱发力及其破解障碍》，《南通大学学报（社会科学版）》2014年第3期，第120-127页。

表 4-1　上海市优质医院数量与空间分布 [①]

单位：家

地区	中心城区								近郊区				远郊区				
	黄浦区	徐汇区	长宁区	静安区	普陀区	闸北区	虹口区	杨浦区	浦东新区	闵行区	宝山区	嘉定区	松江区	金山区	青浦区	奉贤区	崇明区
三甲医院	5	7	5	4	1	3	4	4	2	1	0	0	1	1	0	0	0

　　另一方面，优质教育资源的空间配置不均衡加剧都市病。优质教育资源主要配置于各大城市及其中心区域。如，上海市 101 所市重点小学有 36 所位于黄埔、徐汇等中心城区，处于远郊各区的市级重点小学只有 20 所；位于中心城区的区级重点小学共有 37 所，占全市 104 所区级重点小学的 35.58%，而位于远郊区的区级重点小学只有 18 所，只占全市 104 所区级重点小学的 17.31%；全市 58 所市级重点中学中共有 34 所位于中心城区，占全市重点中学总数的 58.62%；全市 56 所区重点中学中共有 32 所位于中心城区，占全市区级重点中学总数的 57.14%（见表 4-2）。[②] 优质教育资源的城市中心城区配置偏向进一步加剧了城区交通拥挤、环境恶化、住房紧张等都市病。

表 4-2　上海市优质教育资源数量与空间分布 [③]

单位：所

地区	中心城区								近郊区				远郊区				
	黄浦区	徐汇区	长宁区	静安区	普陀区	闸北区	虹口区	杨浦区	浦东新区	闵行区	宝山区	嘉定区	松江区	金山区	青浦区	奉贤区	崇明区
市重点中学	8	6	2	3	3	3	3	4	7	3	5	2	1	2	2	1	1
区重点中学	6	3	5	3	3	3	2	7	8	4	1	1	0	2	3	1	4
市重点小学	4	5	2	3	0	2	3	10	23	13	7	2	1	5	8	1	5
区重点小学	5	6	5	1	3	6	4	7	28	7	13	1	2	3	5	2	6

---

① 石忆邵：《"大城市病"的症结、根源、诱发力及其破解障碍》，《南通大学学报（社会科学版）》2014年第 3 期，第 120–127 页。

② 同上。

③ 同上。

第二节　制度公共产品供给视角下的都市病成因

作为一种理论范式，新制度主义力图把旧制度主义（只关注制度）与行为主义（只关注政治行为）两种研究路径结合起来，着力研究行动者与制度结构之间的互动关系问题。新制度主义认为，任何行为都"嵌入"在一定的制度背景之中，制度对行为有着重要的影响，"制度对行为进行有效塑造并建构个人选择方式"[1]；而且新制度主义特别重视制度分析的重要性，尤其是强调国家在制度公共产品供给中的作用。新制度主义对都市病成因研究具有深刻的启示：制度塑造公共政策制定与执行者的行为偏好和行为动机，作为特殊公共产品的制度供给对都市系统运行有重要影响。具体言之，制度可以通过设定一定的约束条件引导城市管理者通过理性抉择的方式做出城市管理行为。因此，分析都市病问题必须考察城市发展决策中各个行为主体所处的制度环境，必须分析影响都市系统运行的制度供给的情况。制度因素对当下中国都市病的生成、蔓延与肆虐有直接或间接的影响。

一、财税管理制度：都市病生成的基础性制度根源

在传统计划经济时期，中国实行的是权力高度集中于中央的财税管理体制。为改革权力过度集中、抑制地方活力的弊端，中国政府进行了下放财政权和税收权、下放投融资权限等一系列财税体制改革。改革开放以来，中国的财税体制改革主要体现为实行财政包干体制和分税制改革。以包干为主要特征的财政管理体制对地方政府形成了巨大的边际激励作用，刺激地方政府更积极地发展当地经济。但是，财政包干制也直接导致中央财政能力的下降，造成中央政府对地方政府的控制能力严重弱化。分税制改革作为克服包干制的良方，在1994年应运而生。以增值税（中央占75%、地方占25%）为主体，营业税、消费税为补充的分税制度显著增强了中央政府的财政资源汲取能力，同时赋予了各级地方政府更多的税收利益，在很大程度上激发了地方政府的积极性。

---

[1]　B. Guy Peters, *Institutional Theory in Political Science*, London: Pinter, 1999.

但是，分税制在运行中也存在事权与财权的不协调、孕育地方保护主义等弊病，并诱发都市病。一是财权与事权不匹配，导致城市基础设施建设的能力和速度难以满足城市快速发展的需要。在现有的分税制中，由于中央与地方权责划分不明确，除对外事务、国防建设属于中央事权外，地方政府承担了交通、医疗、教育等主要责任，中央与地方事权与财权分配严重不匹配。在都市快速发展和都市的公共安全、义务教育、公共卫生、住房保障、社会保障、道路等基本需求高速增长的背景下，地方财力资源却难以跟上地方公共支出需求的发展速度，这就导致城市义务教育、公共卫生、公共安全、住房保障、社会保障、交通设施等关乎国计民生的资金密集型公共产品的供给不足，产生诸如城市交通拥堵、上学难、看病难、住房难、社会安全弱化、城市贫困等一系列都市病。二是地方利益凸显，导致资源向城市集中的速度和总量远远超过城市所能承受的程度。在分税制的财政管理体制下，地方政府是经济社会发展中的独立利益主体。在城市化发展过程中，城市政府为了追求城市的快速发展，制定了人才引进、招商引资、产业集聚、规模扩张等一系列管理政策。一方面，使资源快速、过度向少数城市集中，导致城市房价、交通、教育、医疗等生活成本的超速增长，进一步加剧城市的生存压力，从而诱发上学难、看病难、交通拥堵、生态恶化等都市病；另一方面，又导致城市管理所需的资金和能力难以适应城市快速发展对资源需求的节奏，诱发社会安全弱化、城市公共服务滞后等都市病。三是由于企业税是地方税的主要收入来源，而企业税的主要组成部分是增值税，制造企业又是增值税的主要来源，导致城市政府通常都会大力引进大型制造业企业落户城市。而地方政府又偏向于制定重视经济发展、轻视生态保护的短视政策，优先保护地方企业利益，导致生态环境恶化等都市病。同时，很多城市政府为了GDP，想尽办法阻止所管辖区域内的大型产业向外转移，更导致城市规模过度集中，诱发都市病。

二、城市规划制度：都市病生成的直接性制度根源

城市规划主要是对于国民经济、区域发展、土地利用、城乡布局、主体功

能区等内容的规划与控制。交通拥堵、教育拥挤、环境恶化、看病困难、房价高企等都市病表征都与规划的不科学或不合理有紧密的内在关联。全国人大常委会副委员长吉炳轩就指出："城市规划的缺失和缺陷是都市病的病根。"[①] 我国现有的城市规划制度有以下几方面的显著特点：一是规划的决策权掌握在主要领导手中。由于主要领导精力和智力有限，规划权力的高度集中容易导致言路堵塞、信息无法及时传递和反馈，进而可能产生规划不切合实际的问题。二是规划权威性不足。虽然已经制定《中华人民共和国城市规划法》，但是地方实施的异化导致城市规划权威性严重不足。三是城市规划管理过程中的公众参与严重不足。各大城市在制定城市规划时的通行做法通常是由作为城市政府中的城市规划职能部门的城市规划局委托具有一定城市规划专业背景的城市规划管理公司负责，或者委托下属的城市规划设计研究院、第三方规划科研机构等来帮助制定具体的城市发展规划。在具体城市规划制定过程中，通常是先将城市党政主要领导对城市规划的意见和想法传达给具体负责城市规划的部门或具体制定者，在整个城市规划制定与修改完善过程中，一般很少会公开、大规模地听取公众意见。在这种规划制度中，城市主要领导的想法、能力和喜好等往往是决定城市规划的关键要素。

这种领导主导、公众参与不足的城市规划容易引发都市病。第一，如果某些城市领导的水平不够，就容易导致城市整体规划不科学和城市整体空间结构不合理。例如，在一些城市，资本密集型、劳动密集型、技术密集型等产业都集中布局在城市中心，城市周围没有建设卫星城来分散城市中心的压力，导致人口、资本、商业等都向城市中心集中，由此带来交通拥堵、环境污染严重等都市病。再如，一些城市管理者缺乏远见，一些较老的住宅小区建设没有地下车位配套，导致今天这些小区正经历交通拥堵、停车困难等都市病。第二，如果某些城市领导的城市规划动机不纯，则容易导致城市整体规划出现短视行为和面子工程。例如，在任期制的影响下，官员主导的城市规划偏重经济至上，

---

① 王萍：《规划上水平，就能减少城市病——访全国人大常委会副委员长吉炳轩》，《中国人大》2014年第11期，第8-12页。

而较少考量资源和环境等因素，造成资源浪费和环境污染等都市病。再如，有些城市官员为了追求面子工程和短期 GDP，他们更愿意建饭店、盖商场、扩大道、搞标志性建筑等看得见、摸得着的脸面工程；建设方案主要突出新、奇、特、大，忽视配套设施的建设、就业岗位的增加和社会事业的协调发展，由此导致环境恶化、交通拥堵、就业难、上学难、看病难等一系列都市病。第三，在这种规划体制下，公众对所在城市的城市建设、功能区功能布局、城市人口发展规模和发展目标等方面的规划目标知之甚少或者根本一无所知。同时，城市居民和社会公众也难以监督既定城市规划的具体执行情况，使得可能出现一些政府官员在特定利益集团影响下为利益集团量身定做规划的情形，从而导致规划常常偏好于特定利益集团的物质设施建设而忽视文化设施建设，致使城市的图书馆、科技馆、博物馆，以及公共健身、公共娱乐、公共绿地规划不足。更有甚者，还可能导致利益集团随意修改原定规划的目标。例如，在城市房地产开发领域，开发商通过公关得以修改规划，结果超出规划强度的商业地产开发导致周边的基础设施容量不足、居住环境恶化。

三、政府政绩考核制度：都市病生成的间接性制度根源

从都市病治理的政府行动逻辑来看，政绩考核是"指挥棒"，它决定着领导干部的注意力投向和工作方向，对于干部的发现、培养、使用和奖惩有重要作用。它应当对调动干部积极性、提高干部素质、促进经济社会发展起到驱动器与加速器的作用。中国已经形成较为完备、科学的政绩考核制度体系。《党政领导干部考核工作暂行规定》（1998 年颁发）规定，应从经济建设、社会发展、党的建设、维护稳定、精神文明建设等多方面来考核官员的工作实绩。《地方党政领导班子和领导干部综合考核评价试行办法》（2006 年 7 月颁布）规定，要系统考核官员在当地经济发展、社会发展、可持续发展等方面的工作实绩。然而，在实际运作中，中国政绩考核仍然存在重经济指标而轻社会发展指标，重官员显绩而轻其潜绩，重上级考核而轻群众参与，以及定量考核和定性考核不能有机结合等种种问题。

这样偏失的政绩考核方式给都市发展带来一系列负面影响，成为都市病的重要源头。

一是导致城市资源过度集中。都市政府为追求经济指标的增长，千方百计吸引大型项目落户城区，加之城市政治中心、经济中心、金融中心、信息中心、文化中心、交通枢纽等各项功能都集中在城市的中心区域，使得人口、经济产业集中于城市中心城区，导致城市资源环境和基础设施不堪重负。

二是导致重"面子"轻"里子"。在重显绩轻潜绩的考核机制影响下，地上的城市基础设施或成面子工程，往往得到官员的推动而优先发展；而都市排涝工程等里子工程，往往被排在城市建设的靠后议程，造成地下城市基础设施建设的滞后，引发城市内涝等都市病。同时，由于各城市治理者把精力和目标放在经济建设上，为了降低经济增长的显性成本，地方政府往往疏于对水污染、空气污染、垃圾污染等环境问题的治理，导致城市环境污染也日渐严重。

三是导致重"经济"轻"生态"。在 GDP 指标的助推下，长期以来，城市政府确立了先生产、后治理的理念，一些城市政府在发展初期引进了大量短期 GDP 增长快、就业带动能力强但高耗能、高污染的电力、钢铁、有色、建材、石油加工、化工等企业，生态环境遭到巨大破坏，使得许多城市中心区及周边地区地表水、地下水、土壤、大气的污染问题日益突出，成为引发许多类型都市病的直接诱因。

第三节　公共产品供给结构失衡与都市自组织系统结构变异

自组织理论是一个综合性的理论体系，主要包含协同学、耗散结构论、混沌理论等理论分支。协同学理论认为，协同是指系统内各子系统在一定条件下实现从无序向有序的转变，产生新的系统或系统新的特质的自组织过程。耗散结构理论认为，在系统与外界进行物质、能量交换时，当系统的某个参量发生变化并达到特定阈值时，经过涨落，系统就可能由原来的无序状态走向新的有序状态。混沌理论认为，一个系统有序蕴含无序、无序隐含有序，通过涨落，系统可以由混沌无序转变成有序的状态。依据这些理论来观察都市及其运行，我们发现，都市系统具有内部涨落、开放性、非线性相互作用等自组织特性。正常状态下，都市自组织系统能够涨落有度、结构有序，然而，当出现都市公共产品供给结构失衡时，都市自组织系统的内在自我结构就会随之出现变异，从而导致自组织系统进入无序状态而出现结构性问题，引发各种都市病。因此，都市病的本质是都市公共产品供给结构性失衡引发的都市自组织系统的结构性变异。

一、都市加速发展导致都市公共产品供需结构失衡

自组织理论认为，"自组织"是指系统内部各元素自发地相互作用，在没有外力干涉的条件下实现从无序向有序的自然过程及其结果。在发展过程中，为保证都市正常运行，都市要不断从外界吸收物资、资金、信息、人口等物质和能量，同时也要不断地向外界释放物资、资金等物质和能量。可见，都市是一个具有耗散结构的开放系统。都市要保持持续稳定和不断繁荣发展的有序结构，就必须始终保持对外开放的基本格局，以期持续不断地从外界吸纳获取城市持续发展所必需的各种物质、信息和能量等外部资源。因此，一个都市系统必须要坚持适度地对外开放，即都市系统必须要保证所吸纳获取的外界物质能量能够满足都市持续发展的需要，并且保证所吸纳获取的物质、信息和能量不会出现大量流失和耗散；同时还要防止所吸纳获取的外部有害物质对都市系统形成破坏。如果都市系统吸收能量或释放能量不足，都市就很难保证稳定有序地运行，从而产生都市病。从系统的自组织发展来看，都市病是城市化发展进程的伴生物。具体言之，随着城市化的快速发展，都市病呈现为隐性、显性、暴发和康复四个阶段。在隐性阶段，都市病表现为：城市化动力不足，农业经济占主导地位，城市规模小，数量少。在显性阶段，都市病表现为：城市规模急剧扩大，人口急剧上升，原有的城市系统和功能已不能适应城市人口、城市规模扩张的需要，水电紧张、医疗紧张、环境恶化、住房紧张、交通拥挤等都市病症日益凸显。当城市化达到50%～70%水平时，城市人口总量会急剧增加、城市空间规模也会急剧扩大，随之而来的是城市巨系统与城市功能日益复杂。

当政府难以应对急剧变化的城市系统需求时，教育资源紧张、医疗资源紧张、环境恶化、住房紧张、交通拥堵等都市病将全面暴发。

二、公共产品供给结构失衡导致都市自组织涨落过度

自组织理论认为，在一个远离平衡态的开放系统中，无规则的、随机的、偶然的涨落促进一个系统从无序状态走向有序状态，促进系统的更新和发展。一般而言，微小的涨落不会对宏观局面产生影响；然而，当这种涨落累积发展到突破"度"的临界点时，整个系统不停涨落的无序结构就可能会发生"质"的突变而重新走向新的有序结构，实现从原初的低级有序状态向突变后的高级有序状态进化。然而，自组织系统的这种涨落的结果并非总是正向的，有时也可能会致使从低级有序退化到无序状态，并促使系统最终走向解体。从自组织角度看，城市自组织过程是人口、经济、土地、产业、环境、就业等要素的涨落演变和空间演变过程。随着城市化的快速推进，人口快速涌进城市，给城市增加巨大压力。如果城市合理引导人口的流动过程，即可促进系统从耗散结构走向有序；如果合理引导不力，自组织涨落中人口过度、无序聚集，必然造成城市交通拥堵、住房紧张等都市病。如果城市的疏散机制不畅与反馈机制失灵，则会引发人口流动的无序与混乱。人口流动的无序、混乱又将通过城市系统的信息传输机制反作用于城市的水电、医疗、教育、住房、交通等子系统，引发住房紧张、医疗困难、贫富差距扩大、环境恶化、交通拥堵等都市病。有学者认为，都市病的实质是以城市基础设施为主要标志的城市负荷能力不能承载城市系统人口、规模扩张的需要。[①]例如，2001年郑州开始推进户籍改革，工作入户、新生儿入户、购房入户、亲属投靠等7种情况可以获得郑州户口，一时间外地人口快速涌入郑州，人口规模急剧增加。户籍新政给郑州的基础设施、医疗、教育带来了前所未有的挑战。以教育为例，随着外地适龄儿童快速涌入郑州的学校，城市学校越来越不能满足学生的需求，教育资源日益紧张。公开数据显示，截至2004年8月，郑州市管城区缺2028个学位、二七区缺2028个

---

① 段小梅：《城市规模与"都市病"》，《中国人口·资源与环境》2001年第4期，第133-135页。

学位、中原区缺 9090 个学位、金水区缺口更是高达 11349 个。[①] 在郑州户籍改革中，户籍的放开还带来了人口流动的无序和混乱，而城市的教育、交通等疏解机制又未能及时跟上，"为推进城市化进程的户籍新政，给城市教育、医疗等公共资源带来的压力或许是郑州市政府始料未及的"[②]，由此导致一系列都市病暴发。另外，"如果城市工业化水平不能适应城市化水平，那么涌入城市的大量农村人口将无法实现良性就业，失业救济、社会保险等社会保障建设也难以跟上，都市病接踵而至"[③]。而且，人口分布不合理又将进一步加剧都市病。例如，绝大多数都市的人口密度过高，中心城区一般为郊区的 9 倍以上，北京为 21 倍，天津更高达 32 倍以上。[④] 中心城区人口的高密度分布必然导致城市中心的公共服务紧张、资源短缺、交通拥堵等都市病肆虐。

除了人口，经济的自组织涨落过度也会导致都市病。经济学家们一再证明，城市的经济活动集聚会带来城市的发展与繁荣。然而，亨德森在他的城市规模模型中却揭示了规模经济的有限性。[⑤] 不少学者认为，经济规模越大、集聚性越强，都市病发生的概率越大，城市规模经济净效益就越低。有学者指出，经济的发展将导致城市人口、资源、信息过度集中，而人口、信息的聚集又将导致交通拥堵、通勤成本上升，最终导致经济发展的边际收益下降。[⑥] 还有学者指出，经济活动的过度涨落会产生过度竞争、交通拥堵、环境污染、生态破坏等都市病症。[⑦] 而一些学者认为城市规划的盲目性、资源分配失衡、城市结构

[①] 陶建杰：《郑州户籍新政之痒：公共资源难以承受城市化进程》，新浪网，2004 年 9 月 23 日，http://news.sina.com.cn/c/2004-09-23/02224398359.shtml，访问日期：2005 年 3 月 1 日。

[②] 同上。

[③] 同上。

[④] 石忆邵：《"大城市病"的症结、根源、诱发力及其破解障碍》，《南通大学学报（社会科学版）》2014 年第 3 期，第 120-127 页。

[⑤] Henderson J V, "The sizes and types of cities", *The American Review,* Vol.64, No.4(1974): 640-656.

[⑥] 周圣强、朱卫平：《产业集聚一定能带来经济效率吗：规模效应与拥挤效应》，《宏观经济研究》2013 年第 3 期，第 12-22 页。

[⑦] Lin Huilin, Li Hsiaoyun, Yang Chihhai, "Agglomeration and Productivity; Firm-level Evidence from China's Textile Industry", *China Economic Review*, Vol.22, No.3(2011): 313-329.

不合理等是造成城市集聚成本提高的主因。[①] 而且，在都市系统中，各子系统通过非线性作用相互影响。例如，在系统内外的非线性相互作用中，都市生态系统的恶化会引起经济、政治、社会等系统的连锁反应，进而形成重症都市病。

三、公共产品供给结构失衡导致都市自组织系统结构变异

自组织理论认为，都市要获得动态的健康发展，就必须使得都市系统处于远离平衡的非平衡状态。城市是由经济、政治、社会、生态等子系统组成的复合系统，并时刻进行着系统内外部之间、内部子系统之间的人口、资源、财富、信息的交流。只有城市各子系统相互协调发展，才能维持城市有序发展。反之，如果各子系统之间失去协调性，就会带来城市的无序发展，产生都市病。

一方面，都市管理系统与人口、生态系统不协调将导致都市病。城市人口的增加与空间扩张，必然要求城市管理系统加大对教育、医疗、交通、社会保障等的供给。但是，如果政府的城市管理水平与人口、交通状况、生态环境的变动不匹配，则将诱发都市病：管理系统与教育医疗系统不协调将导致学生"入学难"及百姓"看病难、看病贵"等问题；经济系统与环境系统之间不协调将会导致城市环境污染日益严重；土地管理系统、住房管理系统与人口系统不协调，就会产生因为房价高而导致的一大部分刚需者买不起房、住房困难的都市病；有限的城市社会保障水平未能满足城市快速增长的保障需求，将会产生人民生活贫困、失业，甚至是城市治安混乱等社会问题。可见，都市管理系统与城市人口数量、空间规模等城市实体系统之间的不匹配、不协调、不适应是引发各类都市病的结构性原因。

另一方面，都市各子系统之间的不协调是引发都市病的又一结构性原因。一个都市的健康发展必须依赖于政治系统、经济系统、社会系统、生态系统等各子系统之间的协调发展、互为支撑，而各子系统之间的不协调则会引发都市

---

① 王桂新：《中国大都市病及大城市人口规模控制的治本之道——兼谈北京市的人口规模控制》，《探索与争鸣》2011 年第 7 期，第 50-53 页；陈哲、刘学敏：《都市病研究进展和综述》，《首都经济贸易大学学报》2012 年第 1 期，第 101-108 页。

病。正如有学者所言，"都市病是城市系统存在缺陷进而影响城市系统整体运行所导致的对社会经济的负面效应"①。首先，政治系统与社会系统不协调将会阻碍城市的健康发展，甚至引发都市病。一方面，由于都市管理水平的制约，由政治规范、政治文化、政治实体等组成的政治系统也会出现失灵状况，从而使得都市病尤为严重；另一方面，城市资源配置的不合理将带来社会发展的不协调，进而引发都市病。正如有学者指出，当下的都市病中城乡差距、贫富分化等"发展综合征"，与利益和代价分配失衡密切相关。②其次，经济系统与社会系统不协调也将引发都市病。社会系统是由社会关系系统、公共服务系统和社会文化系统组成的有机整体。都市经济的发展需要城市社会支持系统来支撑，反之，两者的不协调则会带来都市病。在城市化发展过程中，如果生活空间、就业机会、社会保障等社会系统没能跟上，都市人口的快速增加必然带来都市发展的失调，引发贫困、失业等都市病。如果经济发展成果未能惠及所有的群体，则可能导致治安混乱等都市病。再次，政治、经济、社会系统与支撑系统不协调也将引发都市病。支撑系统主要包括基础设施、技术和精神文化等内容。支撑系统为政治系统、经济系统和社会系统的相关活动提供设施、技术和平台支持。但是，如果支撑系统缺乏支撑能力，就会导致政治、经济系统、社会系统发展滞后，甚至引发都市病。例如，在快速城市化的进程中，如果没有完备的城市基础设施、信息技术为支撑，城市的公共服务系统将难以应对医疗、教育、交通、住房的需求，加剧入学困难、就医困难、交通拥堵等都市病。最后，社会系统与生态系统的运行失衡也将引发都市病。从生态学的观点看，城市新陈代谢需要依赖人流、物流、能量流、信息流的通畅，保证城市发展的物质需要。反之，如果资源开发与配置不当，则会导致人流、物流、能量流、信息流之间的交换失衡，并最终演化为都市病。

---

① 周加来：《"都市病"的界定、规律与防治》，《中国城市经济》2004 年第 2 期，第 34—40 页。
② 房亚明：《"都市病"、贫富分化与集权制的限度：资源分布格局的政治之维》，《湖北行政学院学报》2011 年第 4 期，第 27—32 页。

第五章　中国都市病治理研究：以北京、上海、杭州为例

　　当下，许多大城市正面临都市病的严峻挑战，某些超大型城市甚至已濒临沉疴难治的境地。都市病何以如此难以治理？其原因何在？当下中国治理都市病的现状与成效如何？其经验教训何在？为便于探讨这些问题，我们选择了一些有代表性的大都市来进行深入研究。首都北京是国家的政治中心、经济中心与科学文化中心，是一座历史悠久的超大型都市，有着比较丰富的都市治理经验和治理资源投入优势。与北京相似，全国所有的省会城市都是区域内的政治中心，同时是区域的经济中心或科学文化中心，或二者兼备。北京的都市病发展过程与治理经验教训具有典型性和代表性，对各省省会城市的都市病治理有重要借鉴意义和辐射作用。上海是中国最有代表性的直辖市，是中国的重要经济中心之一，也是最早对外开放的超大型都市。上海都市病发展及其治理历程同样具有典型性和代表性，对直辖市都市病治理的研究特别具有针对性。杭州是中国有典型代表性的省会城市，是近年来崛起的新兴大都市。作为省会城市，杭州在全国率先实施智慧城市和"城市大脑"建设，开国内通过现代大数据技术治理都市之先河，对现代省会城市治理与都市病治理具有普遍的借鉴意义。因此，作为中国举足轻重的重要都市，北京、上海、杭州三大都市代表了中国都市的三种类型，其治理都市病的思路对策与经验教训值得深入研究。本章考察北京、上海、杭州三地都市病治理的态势与得失，以利于总结经验，探求进一步优化都市病治理之路向与对策。

第一节　北京市都市病治理考察

北京是中国的首都，在承担作为政治中心的首都功能的同时，还是全国重要的经济中心、文化中心、金融中心和交通枢纽。同时，北京又是水资源、土地资源等相对稀缺的城市。由于人口集聚、空间扩张、资源短缺，北京的城市功能比较散乱，碎片化现象相对严重，导致各种都市病在北京都有呈现，同时也使其在都市病治理方面具有相对"悠久的历史"，积累了较为丰富的经验。虽然北京城市事实上集聚了全国的资源，在公共产品供给上具有很大优势，但相较于北京庞大的人口，尤其是庞大的外来流动人口对公共产品供给的需要，北京公共产品供给仍然存在较大不足。研究北京这样一个大都市的都市病治理政策举措，尤其是研究北京治理供给不足型都市病的经验，对优化都市病治理有重要价值，本节以北京为例，研究其治理供给不足型都市病的经验得失。

一、北京都市病缘起

北京全市面积 16410 平方公里（建成区面积约 1300 平方公里），人口数为 2189.3 万。首都功能核心区的面积为 92.5 平方公里，人口数为 216.2 万，人口密度高达 2.34 万人/平方公里，分别比东京和纽约城市核心区 1.45 万人/平方公里和 1.05 万人/平方公里的人口密度高出 61.38% 和 122.86%。北京的都市病是随着城市规模的不断扩大而逐步发生并日趋严重的。20 世纪 50 年代，新中国成立之初的北京城区规划形状为八边形，规划设计的高教园区沿用至今。随着都市规模不断扩张，到 1982 年，北京城市规划已经有了"五环"的概念。到 90 年代，北京城市规划中的城市用地仍然较少，例如，海淀区昆玉河（京密引水渠）以西、南山环的角门地区、丰台丽泽商务区都不是建设用地。到了 2004 年，北京开始实施新一轮的整体规划，规划把重点放在建设新城上，但由于产业未能实现向新城转移，这一轮规划实际上最终导致就业与居住相分离，规划建设的新城成为"卧城"，由此造成了早上班、晚下班时的人流通勤高峰，导致北京出现潮汐式交通拥堵问题。此外，由于城市规模快速扩张，环境污染、住房困难、垃圾围城等问题开始全面暴发，由此构成了北京都市病的整体镜像。2017 年 9 月，北京市正式发布《北京城市总体规划（2016—2035 年）》，提出北京一切工作必须紧紧围绕全国政治中心、文化中心、国际交往中心、科技创新中心的城市战略定位。该规划的发布意味着北京城市治理模式的重大调整。

（一）水资源短缺愈演愈烈

北京是一座严重缺水的城市。北京历史上曾赢得"塞外江南"的美称，但近代以来，尤其是近年来的水资源不断减少，随着北京人口规模急剧膨胀、城市空间不断扩张、工业化进程不断加快，城市水资源日趋紧张。近年降水统计资料显示，北京地区多年平均降水量均在 611 ～ 622 毫米之间。近年来，北京更是五年一小旱，十年一大旱。1999—2003 年年均降水量都小于 450 毫米，而且地表径流量大幅减少。20 世纪 60 年代，密云、官厅、怀柔、海子四个水库总库容 88 亿立方米，但到 2000 年末，这四个水库的蓄水量已经下降到 20.18 亿立方米。地表径流量大幅减少除气候因素外，主要与上游水资源过度消耗、没有统筹规划有关。此外，水污染严重。据统计，北京的水污染面积已由过去的 200 万平方公里扩大到现在的 300 万平方公里，官厅地区的水资源因上游污水排入导致多年不能饮用。中国水利统计数据显示，2011 年北京的人均水资源占有量只有 134 立方米，2016 年北京市年平均降水量 590 毫米。与联合国统计数据相比较，北京已与中东的约旦和北非的利比亚等城市一起，被列为"干旱"程度的都市。可以预见，缺水的现实条件势必会成为北京都市发展的瓶颈，北京亟待适度控制人口和城市规模。

（二）垃圾处理危机持续扩大

北京早就存在"垃圾围城"问题，近年垃圾围城的危机更是持续扩大。随着人口快速增加和都市生活方式的不断变化，近年来，北京城市生活垃圾急速增长，导致出现垃圾处理危机。据不完全统计，2009 年，北京年生活垃圾产生量为 669 万吨，日产生量为 1.83 万吨，当时北京正常日垃圾处理能力为 1.27 万吨，但实际日处理垃圾 1.74 万吨。^① 超负荷运行的垃圾处理仍然无法满足实际垃圾处理的需要，多年累积的垃圾已在北京外围堆成了 100 多个垃圾堆，被戏称为北京的"垃圾七环"。与此同时，北京的垃圾处理设施建设却遭遇邻避冲突危机，垃圾填埋场、焚烧发电厂等垃圾处理设施建设都不同程度地遭到市民反对，这使北京垃圾围城的困境雪上加霜。

（三）住房供需矛盾日益突出

住房困难，是指较多的城市常住人口没有达到基本居住条件。2010 年，北京城镇居民的人均住宅建筑面积是 28.81 平方米，低于土地资源同样欠缺的日本东京。根据日本统计局国势调查报告，2000 年日本东京人均居住面积为 28.1 平方米。^② 在 2010 年第一季度全国 35 个大中城市中住房支付能力指数测算中，北京是其中住房支付能力最弱的城市。2017 年 1 月，由中国社会科学院财经战略研究院、中国社会科学院城市与竞争研究院房地产大数据项目组完成的首份大数据房价指数（Big Data Housing Prices Index，BHPI）在京发布。BHPI 指数显示，北京房价近五年总体上涨 188.46%，上涨幅度位居全国前列。高房价削减了都市居民的幸福感，抑制了中产阶层的扩大，加剧了社会矛盾。此外，大量流动人口不仅难以获得自有住房，居住质量更是难以达到基本居住条件，大量的"蚁族"^③ 群体租住在北京的地下室、城中村、城郊接合部等地区，在一定程度上给都市发展、都市管理、都市安全等带来负面影响，潜伏着社会不稳定因素。

（四）交通设施供给不足

北京号称"首堵"之城。2018 年 1 月，高德地图联合交通运输部科学研究院、阿里云共同发布《2017 年度中国主要城市交通分析报告》。该报告创设"拥

---

① 首都精神文明建设委员会办公室、北京市市政市容管理委员会：《文明有礼重在行动，垃圾减量分类从我做起——致广大市民及社会各界的一封信》，《北京晚报》2010 年 4 月 15 日。
② 日本的住房面积为实际使用面积，建筑面积折合为实际使用面积的系数为 0.7～0.8。假如按 0.8 计算，日本东京都的人均建筑面积约为 35 平方米。
③ "蚁族"是对高校毕业生低收入聚居群体的形象统称。

堵延时指数"，将其作为城市拥堵程度的评价指标，揭示城市交通拥堵状况及拥堵治理效果。报告显示，北京高峰拥堵延时指数为 2.033，在超大、特大城市中拥堵现象突出。同时，北京以 1549 小时跻身全年拥堵时长榜单亚军，晚高峰时的拥堵延时指数为 2.113，排名全国第三。2018 年中国城市通勤大数据研究报告指出，北京属于居民通勤最痛苦城市，平均通勤 13.2 公里，平均用时达 56 分钟（见图 5-1、表 5-1）。北京的拥堵与其长期以来按单中心模式发展有关。北京城六区面积约占全市面积的 8%，却承担了北京几乎全部的政府功能，而占全市总面积 92% 的区县几乎没有承担北京公共服务功能。截至 2010年底，北京人户分离人口为 345.4 万人，其中跨区县人户分离人口 182.8 万人，占 52.9%。[①] 落后的城市发展模式导致北京城市大量人口或是挤在中心城区，或是挤在城郊接合部，诱发和加剧了潮汐式交通通勤和大规模的交通拥堵。

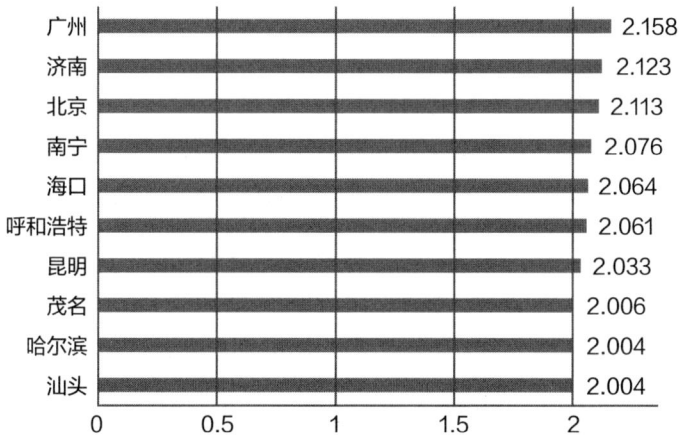

图 5-1　城市晚高峰拥堵延时指数[②]

---

① 刘洁：《"城市病"防治——以中国超大城市为例》，社会科学文献出版社，2017 年，第 98 页。
② 数据来源：央视财经（ID: cctvyscj），2018 年 1 月 22 日，中国城市中心。

表 5-1　二十五城高峰延时指数 [①]

排名	城市名称	高峰拥堵延时指数	高峰实际速度（公里/小时）	排名	城市名称	高峰拥堵延时指数	高峰实际速度（公里/小时）
1	济南	2.067	21.12	14	银川	1.840	21.91
2	北京	2.033	22.17	15	海口	1.829	21.25
3	哈尔滨	2.028	21.93	16	惠州	1.825	22.91
4	重庆	1.951	23.27	17	贵阳	1.823	25.93
5	呼和浩特	1.949	23.71	18	烟台	1.821	25.45
6	广州	1.892	24.13	19	佛山	1.815	24.14
7	合肥	1.881	23.36	20	泰安	1.812	21.59
8	上海	1.878	23.18	21	成都	1.811	24.89
9	大连	1.875	25.16	22	珠海	1.805	26.19
10	长春	1.861	23.69	23	赣州	1.803	21.87
11	南宁	1.858	22.15	24	南京	1.801	24.28
12	昆明	1.851	24.37	25	茂名	1.800	21.45
13	西安	1.850	24.57				

（五）空气雾霾难以根治

雾霾严重、空气质量差已成为北京乃至全国性的环境问题。根据世界卫生组织（WHO）2011 年公布的全球 91 个国家、1099 个城市的 PM10 指数情况可知，北京的 PM10 指数为 121 微克/立方米。2011—2015 年的五年监测数据显示，在人口超过 1400 万的全球特大城市中，北京雾霾指数居全球第六名，而中国则是全球国家雾霾指数第一名。[②] 根据《北京市人口调控与"城市病"防治》课题组对北京市的问卷调查，有 81.76% 的居民认为大气污染是北京市最重要的环境问题。[③] 然而，近年来，虽然北京一直在不断加大空气雾霾治理力度，但治理效果却不甚明显。

---

① 数据来源：央视财经（ID：cctvyscj），2018 年 1 月 22 日，中国城市中心。
② 佚名：《全球空气最脏特大城市，北京上海双上榜！》，搜狐网，2016 年 5 月 15 日，http://www.sohu.com/a/75483979_391487，访问日期：2017 年 4 月 15 日。
③ 梁建章、黄文政：《控制人口规模对治理北京"大城市病"有害无益》，环球网，2016 年 11 月 7 日，http://w.huanqiu.com/r/MV8wXzk2NDI5MDZfMTUxMl8xNDc4NDg4NTAw，访问日期：2017 年 4 月 15 日。

二、北京都市病成因与反思

近年来，北京的城市建设取得巨大成就。2008 年北京奥运会后，北京的发展更是全面提速，各类都市病及其治理的挑战也随之而来。究其根本，是城市规模扩大过快、人口急速膨胀、资源稀缺导致北京的公共产品供给无法应对急剧增长的巨量需求，由此不断引发和加剧各类都市病。

（一）公共产品供需结构不均衡

人口城市化是目前国内判断城市化发展水平的主要指标，但是，当城市人口增速超出城市资源承载力时，就表现为都市运行的"不经济"，导致城市人口和城市资源之间出现张力而引发都市病。[1] 虽然中国已经实行最为严格的户籍管理与控制制度，但受各种因素的影响，北京近年来的外来常住人口还在迅猛增长。据统计，北京市 1996 年的常住人口为 1259.4 万人，2016 年时已经快速增长到了 2172.9 万人，10 年时间的增长率为 72.9%，远远超出北京原先确定的到 2020 年常住人口规模不超过 1800 万人的目标。[2] 过快的人口增长稀释了北京基础设施和公共服务资源的供给增量，给北京市的城市建设和运行带来巨大压力。近年来北京人口急速膨胀的原因有四：一是北京是本区域的经济高地，天然具备了虹吸效应，周边乃至全国的人口都会努力"挤"进北京这个"高地"；二是北京的优质资源尤其是教育和医疗资源过度集中，大部分集中在建成区的核心市区，这就使得市民的居住更向往于核心市区；三是中央机关及央企总部大多设在北京，大批外地人口和家属因此会迁入北京，他们需要落实安居等问题，这一人群带来大量资源的消耗；四是北京作为中国的多个"中心"，是全国资源和发展机会的集聚地，对全国高校毕业生和外来务工人员十分具有吸引力。[3]

（二）公共产品供给种类结构不均衡

过去几年，"以 GDP 为导向"的错位政府绩效观，导致中国大多数城市管

---

① 高伟：《特大城市人口集聚的治理》，《社会治理》2018 年第 1 期，第 89—94 页。
② 何强：《北京的"城市病"根源何在》，《中国统计》2008 年第 11 期，第 16—17 页。
③ 林志远：《北京人口膨胀的三个主要原因》，《北京观察》2007 年第 1 期，第 28—32 页。

理者只重视经济指标，而忽视城市生态、城市安全等责任，更导致公共产品供给缺乏科学规划和统筹协调。由此，人口膨胀、环境污染等问题随之而来。基于城市之间的资源分配原则，城市规模越大，掌握资源越多。城市内部的社会资源往往更向政府机构所在地集中，教育、医疗等公共产品通常都集聚在政府机构所在地附近，而远离政府机构的地区，特别是城乡接合部地区等，教育、医疗资源往往较为缺乏。作为首都，北京正兼具了行政资源高度集中、社会资源高度集聚的特点，北京市内集聚了大量的政府机构，一些基础设施，如教育、医疗设施等通常会向部委机构所在地集中，由此造成的公共产品供给不均问题比较突出。以教育资源和医疗资源为例，目前北京市中小学的优质教育资源主要集中在西城、东城和海淀三区。其中，北京市重点小学有 33 所，全部分布在中心城区。在北京市 70 所市级示范幼儿园中，城六区有 52 所，占 74%，远郊区仅有 18 所。407 所一级一类园中，322 所分布在城六区，占总数的 80%。[1]北京医疗资源同样集中于核心市区，三甲医院在五环内比较集中，其中海淀、西城、东城三区最多；二级医院以城六区为主；三级医院的分布处于东西城集中、三环分布、四环零星、五环新发的状态。由此，北京市政府在《北京城市总体规划（2016—2035 年）》中明确，将不在五环内新建大型医院。

（三）公共产品供给空间结构失衡

传统城市问题的理论研究主要从城市角度研究城市问题，很少从城乡关系角度研究城市问题的研究成果。刘易斯的城乡二元结构理论揭示，城市和农村收入水平的差异是农村人口向城市迁移的基本动力。大量失地农民向城市集聚，确实在一定程度上增加了城市管理的难度，北京同样存在这一问题。目前，北京外来人口已占到城市常住人口规模的 1/4，城乡居民收入差距也十分显著。据统计，1978—2016 年的 38 年间，北京城镇居民人均可支配收入由 1978 年的 364.5 元增加到 2016 年的 57275 元，农村居民人均可支配收入由 1978 年的

---

[1]　杨卡:《北京市人口——教育资源空间协调度分析》,《城市发展研究》2016 年第 2 期，第 118–124 页。

224.8 元增加到 2016 年的 22310 元。[1] 这一数据实际上仅显示了城乡居民显性收入的差距，城乡居民可支配收入之间实质上还存在着隐性差距，如城乡住房分配、教育资源、医疗保险、失业就业保障和个人发展机会等，都存在较大差距。与此同时，北京各区域之间的非均衡发展问题表现突出。"城六区"设立后经济快速发展，基础设施不断改善，但受资源条件的限制，周边乡村地区的电力、燃煤气、交通等公共产品供给均比较落后。

（四）制度供给不力导致规划执行偏差

由于公共财政资源规模和结构方面的限制，北京周边的许多新城都存在交通不便、配套设施不齐全等公共产品供给不足的问题。许多新建卫星城基本沦为"睡城"和"卧城"，这反倒增加了城区与卫星城之间的"潮汐"式拥堵。不科学的城市规划给城市生态带来了大量人为性的干扰因素，引发了各类都市病。如城市空间形态的不合理导致城市交通拥堵的同时，还加重了城市空气污染；城市规模扩张和城市系统更新时一般都会出现填河、填湖、填塘等向水系开刀的现象，其结果常常是城区内和城市周边的河湖水系急剧萎缩。研究显示，由于制度供给不足，在现行规划引领下，北京的历史风貌正在消失。北京市规划委员会 2010 年 3 月向北京市政协文史委员会所做的《北京历史文化名城保护工作情况汇报》表明，北京的旧城胡同 1949 年时有 3250 条，到 1990 年减少到 2257 条，到 2003 年则迅速减少到 1571 条，2005 年时已经只剩下 1191 条，而这一数目前还在减少之中。[2] 城市规划和发展与城市规模迅速扩张之间的张力导致城市历史文化积淀而来的丰富文化遗产不断消失。

三、北京都市病治理方略研究

随着对北京城市发展重要性的认识越来越清晰，中央政府近年已经开始从国家层面重视北京城市管理。为解决北京主城区公共产品供需之间的结构性问

---

① 周雪兰：《北京城乡居民收入差距现状分析》，《中国集体经济》2018 年第 25 期，第 21—22 页。
② 秦红岭：《如何缓解"大城市病"——北京城市规划与建设的批判性反思》，《中国名城》2013 年第 1 期，第 16—20 页。

题，在科学区分"首都"功能与"非首都"功能的基础上，循序渐进地疏散北京市的"非首都"功能，这是有效破解都市病的基本路径和重要举措。基于这一战略分析和部署，2014年3月5日，国务院总理李克强首次在政府工作报告中提出京津冀一体化方案；2015年4月，中央财政领导小组审议通过了《京津冀协同发展规划纲要》；2017年4月，中共中央、国务院决定设立河北雄安新区，并明确这是"千年大计"；2018年1月，国务院正式批复《河北雄安区总体规划（2018—2035年）》；2018年12月，北京市人大常务委员会审议通过了《北京市副中心控制性详细规划》，与雄安新区形成北京非首都功能转移的新两翼。一系列布局为调整北京空间格局、疏解北京非首都功能、拓展新的发展空间、减少北京主城区公共产品供给压力打下了基础。作为一个典型的供给不足型城市，北京在公共产品供给不足型都市病治理方面做出了很多创新性探索。

（一）规划先行，布局都市病治理

北京在都市病治理过程中优化了城市发展体系。2017年9月，中共中央、国务院正式批复同意《北京市总体规划（2016—2035年）》（以下简称《规划》）。该规划从整体上优化了北京的首都功能。根据该规划，北京将依据区域内不同区块的功能定位和资源条件，形成"一核一主一副，两轴多点一区"的都市空间布局，促进主城与副城之间协调发展，山区和平原地区互补发展，逐步优化都市公共产品供给的供需结构、空间结构和种类结构。规划加强城乡统筹，要求在市域范围内实行城乡统一规划，全面推进城乡一体化发展。以环境承载能力为硬约束，实施人口规模和建设规模双重控制政策。规划要求到2020年，北京要将常住人口控制在2300万人之内，同时要求2020年之后也要长期将常住人口控制在这个规模。《规划》同时明确，北京城乡用地规模要逐步减少到2860平方公里之内，到2035年还要逐步减少到2760平方公里之内，同时适度提高居住用地和配套用地比重，促进职住合理发展。该规划还要求要推动教育、文化、体育、医疗等公共服务资源均衡布局，实现"一刻钟社区服务圈"的全市覆盖；推动公共交通优先战略，继续提高服务水平，鼓励绿色出行；严格控制污染物排放，努力提升环境质量。

（二）促进"京津冀一体化"，疏解北京非首都功能

针对北京城市发展资源后继乏力的问题，北京市实施的最重要的策略就是促进"京津冀一体化"发展，进一步削减北京的非首都功能。2015年4月，《京津冀协同发展规划纲要》出台，对京津冀一体化有了实质性推动。2015年7月，北京市颁布了《中共北京市委北京市人民政府关于贯彻〈京津冀协同发展规划纲要〉的意见》，提出建设北京行政副中心的基本战略。2019年1月，北京城市副中心（通州）启用，这一举措在一定程度上疏解了北京作为全国行政中心的部分功能，对优化北京市的空间布局、协调产业调整等起到了重要的促进作用。2017年4月1日，中共中央、国务院决定设立国家级新区雄安新区，建设雄安新区的主要功能目标也是疏解北京市的非首都功能，是在北京行政副中心之外建设的又一"翼"。2018年4月，中共中央、国务院批复《河北雄安新区规划纲要》。2018年12月，经党中央同意，国务院正式批复《河北雄安新区总体规划（2018—2035）》。2019年1月24日，《中共中央、国务院关于支持河北雄安新区全面深化改革和扩大开放的指导意见》发布。雄安千年大计正式实施，这将对缓解北京公共产品供需矛盾、空间结构矛盾、种类结构矛盾等有重要作用，对从根本上治理北京都市病具有重大的战略意义。

（三）瘦身限行，控制都市常住人口

交通公共资源的短缺是北京拥堵的重要原因。为此，北京交通改善措施于2010年12月正式公布，开始实施小客车数量调控措施，将北京每年新增机动车数限量在15万辆以内。北京市规定，新增车辆须通过摇号上牌，个人每月只可参与一次摇号，单位每两月可以参与一次摇号，外地人纳税5年以上才有参与摇号资格。外地牌照车辆工作日7～9时、17～20时禁止在市区五环内行驶；"十二五"期间不增加公务用车指标；仍然实施机动车工作日高峰时段区域限行措施。2018年6月，北京交通委员会、市环境保护局、市交通管理局联合发布《对部分载客汽车采取交通管制措施的通告》，规定自2019年11月1日起，所有外省核发的号牌（含临时号牌）载客汽车，进入六环路（不含）以内道路行

驶的，必须办理进京通行证，且每辆车每年只能申请办理 12 次通行证，每次办理有效期最长为 7 天。该政策实施后，对缓解北京交通拥堵发挥了一定作用。与此同时，2017 年，北京市区两级实施疏堵工程 115 项，治理乱点 110 项，对缓解交通拥堵起到了积极作用。据北京《2018 年缓解交通拥堵行动计划》要求，北京中心城区路网交通指数 2018 年控制在 5.7 左右，增加 632 公里轨道交通里程数，完成 900 公里自行车道整治工程。

控制人口也是北京市治理都市病的重要举措。据统计，北京市 2017 年共完成 1200 家污染企业的退出任务，中止不符合首都功能定位的企业 1624 家。在此基础上，北京市着手实施将全部劳动密集型企业从三环以内整体迁出的工程。在一系列政策举措的作用下，2017 年底，北京市常住人口数量比上一年减少了 2.2 万人，外来人口比上年年末减少 13.2 万人，这意味着北京结束了自 2000 年以来常住人口持续增长的趋势。[①] 虽然北京常住人口的负增长主要是在行政控制下形成的，在带来环境改善的同时也不可避免地带来了一定的负面影响。有很多学者认为，北京的人口承载能力远远没有达到极限，疏散人口不是解决北京都市病的科学措施。[②] 但通过控制人口，确实在很大程度上缓解了北京都市公共产品供给的快速增长的压力，有利于缓解北京各类都市病。

（四）防治雾霾，转移污染性企业

北京高度重视环境污染治理，出台了系列措施治理雾霾和空气污染。如推广使用天然气、电等清洁能源；制定了高于国家标准的机动车尾气排放标准。为防止扬尘，进一步提高了市区的绿化率，同时还制定出台了系列降霾政策措施。如将锅炉"煤改气"（800 蒸吨）列入政府重点工作，同时对小煤炉、烧烤、焚烧等行为严格执行检查，并出台政策淘汰更新旧汽车以减少汽车尾气污染。在搬迁首钢公司后，2018 年整体搬迁了北新建材集团。为减少建筑渣土运输车辆上路行驶扬尘，要求建筑工地安装洗轮机。针对冬季重污染天气多发的特点，

---

① 《2017 年末北京常住人口 2170.7 万人，比上年年末减少 2.2 万人》，央广网，2018 年 2 月 27 日，https://baijiahao.baidu.com/s?id=1593546957035119612&wfr=spider&for=pc，访问日期：2018 年 5 月 10 日。
② 何强：《北京的"城市病"根源何在》，《中国统计》2008 年第 11 期，第 16-17 页。

北京市制定了重污染天气应急预案，取得了较好的成效。

上述分析发现，北京市在治理供给不足型都市病的过程中，并没有将外来人口作为问题的根源，而是将公共政策供给、公共产品生产作为治理的源头，尊重和保护城市人口的权益，这对同类城市治理都市病具有重要借鉴和启示意义：一是以市场为导向，顺应城市化发展规律，健全城市发展体系；二是统筹处理城市人口、结构、布局与城市功能、资源之间的关系，均衡配置城市公共资源；三是找准定位，优化产业，调整城市产业布局和人口规模之间的关系，实现城市产业差异化发展；四是加快区域化协同联动，积极推进区域一体化建设，实现区域内的合作治理。[①]

第二节　上海市都市病治理分析

作为国际性大都市，上海市 2018 年常住人口规模已经高达 2418.33 万人。都市人口的迅速集聚和都市规模的持续扩张，使上海市早就成为各类都市病多发的城市。多年来，上海市在城市治理方面进行了诸多探索，其城市治理能力处于国内各大城市前列，在都市病治理方面积累了较为丰富的经验，有许多值得借鉴的都市病治理政策举措。

一、上海都市病现状及特点

上海市的市域土地面积为 6340.5 平方公里，辖 16 个区，是我国面积最大的直辖市，也是国家中心城市和国际金融、经济、贸易、航运、科技创新中心。上海还是全球人口规模和面积最大的都会区之一，被全球化与世界城市研究网络（GaWC）评为世界一线城市，位居世界一线城市第六位。上海的城市规划基本以人民广场为圆心，100 公里为半径。中心城区具有强大的吸引力。每平方公里常住人口达 2.44 万人，超过纽约、伦敦等城市的人口密度，庞大的人口

---

① 刘洁、苏杨：《从人口分布的不均衡性看北京"城市病"》，《中国发展观察》2013 年第 5 期，第 32—36 页。

基数、高密度的核心城区、超大的空间规模，加上旧有相对粗放的城市管理方式等，导致各种都市病丛生并且呈现相互加强的特征。

（一）公共产品供给不足导致环境污染日渐严重

从世界各国的经验来看，城市化发展会强化个体行为的外部效应，如果不能通过有效的公共管理和公共产品供给，负外部性效应就会呈现出不断强化的趋势。上海的环境污染体现在三个方面：一是雾霾严重。2011年，世界卫生组织（WHO）公布了全球1099个城市的PM10检测情况，上海PM浓度为81微克/立方米。从WHO公布的38个国家、576个城市PM2.5的平均浓度来看，在人口超1400万的全球特大城市中，2011—2015年的监测数据显示，上海排名在北京之后，位列全球城市PM2.5指数第七位。[1]二是水污染明显。截至2013年年底，上海市区的污水处理率为93.2%，郊区污水处理率为70.1%，有6000多个郊区办公单位和小区的污水不能得到有效处理。三是垃圾处理超负荷。上海2015年产生了789.3万吨生活垃圾，2017年上海产生的垃圾总量已超过900万吨。每新增10万人，上海会新产生3.65万吨生活垃圾。[2]由于人口膨胀远超过城市控制人口规模，导致垃圾处理设施处于超负荷运转状态，只好采用环城堆放的方式进行临时处置，从而导致垃圾围城的现象严重。

（二）公共设施配套不足导致居民通勤压力大

上海是全国通勤时间最长的城市之一。2018年全国10城居民区通勤大数据研究报告显示，上海通勤路程排名位列全国第二，达12.4公里，仅次于北京。上海居民的平均通勤时间为54分钟，也仅次于北京。调查显示，13.8%的上海居民通勤路程超过25公里，而小于5公里路程的通勤人群只占受调查对象总数的30.6%，35.4%的人群通勤路程为5～15公里，20.2%的人群通勤路程为15～25公里。功能区划职能定位不合理以及城市配套设施分布不均衡等原

① 《全球空气最脏特大城市，北京上海双上榜！》，搜狐网，2016年5月15日，http://www.sohu.com/a/75483979_391487，访问日期：2016年8月24日。
② 夏越青等：《上海市生活垃圾产生量预测方法研究》，《环境卫生工程》2005年第3期，第1-3页。

因，导致上海陆家嘴 CBD、国家级高新技术园区张江高科和经济开发区漕河泾开发区是上海职住比例相对较高的区域，而黄浦区、徐汇区、静安区是职住比最高的三个区域，分别为 1.32、1.21、1.20。[①] 职住分离、配套设施不合理，增加了上海市民的通勤路程和通勤时间。

（三）公共产品供给不均衡导致房价不断攀升

上海是典型的居住区和办公区分离的大都市。上海地铁早晚高峰进出站客流量分布数据显示，上海市的就业分布相对集中，而居住分布则比较分散，且二者相距较远。陆家嘴 CBD、国家级高新技术园区张江高科和经济开发区漕河泾开发区是上海职住比相对较高的区域。随着大规模城市改造的推进，商务功能的聚合得以实现，但由此带来的居住成本上涨也比较明显。[②]2010 年第一季度全国 35 个大中城市支付能力指数测算中，上海住房支付能力较弱，为 57%。上海房价高企，2008 年上海房价均价为 17116 元 / 平方米，2018 年房价均价为50101 元 / 平方米。经过 10 年，上海房价整体提升近 2 倍。[③] 住房难给低收入人群及外来人口造成了巨大压力。

（四）粗放式管理导致城市功能紊乱

上海中心城区人口呈"挤压式"扩散，已有七成以上外来人口扩散到边缘区域和近郊区，但仍未能有效疏解中心城区的市级功能。根据《上海城市总体规划（1999—2020）》的要求，为避免城市单中心扩张，新城建设如火如荼，尤其周边和远郊新城常住人口快速增长，就业向城区集聚。中心城区商住楼不断增加，对通勤影响较大，因此拥堵在中心区比较突出，而职住分离的钟摆式人流又加重了拥堵。此外，近年来上海的建设用地以"外延式"增长为主。近郊逐渐和中心城区无缝对接，近千万新增人口集聚在郊区新城，通勤"潮汐现象"增

---

① 数据来源：央视财经（ID：cctvyscj），2018 年 1 月 22 日，中国城市中心。
② 王郁、张彦洁、王亚男：《"城市病"的表象、体制性成因及其治理路径——以上海为例》，《上海交通大学学报（哲学社会科学版）》2014 年第 6 期，第 53—62 页。
③ 《2008 年上海房价均价　2018 年上海房价均价》，房天下，2018 年 11 月 2 日，https://zhishi.fang.com/xf/qg_470809.html?from=ask，访问日期：2019 年 1 月 12 日。

强。调查显示，这些居民增长率高的城区边缘和近郊区形成的外环已成为制约上海发展的"梗阻带"。

二、上海都市病成因剖析

近年来，上海城市管理者对都市病的治理做出了较大努力。在 2010 年上海世界博览会后，上海的城市建设和公共服务都得到了全面提升。但上海的交通拥堵、房价高涨、环境污染等问题仍然十分突出。追根溯源，其主要原因在于城市管理缺位和中国行政体系下"先发展再治理"的城市发展与治理理念，这种先发展再治理的理念导致城市在发展过程中出现诸多功能紊乱问题。

（一）管理的精细化不够，公共产品供给主体结构有待优化

对比 2011 年东京和上海的数据我们能发现，当时东京的人口密度为 14525 人/平方公里，上海为 14827 人/平方公里，但东京人均 GDP 为 72000 美元，上海仅为 13000 美元。而且上海在居民宜居、环境治理、交通拥堵等方面与东京等国际大都市相比还有较大差距。上海在城市管理中过于重视政策和技术等物质层面的管理，对城市精神、文化价值、精细管理和技术运用的作用认识不充分，导致城市管理比较粗放，城市管理的公共性相对不足，社会认同度不高。上海社会组织在城市治理中作用的发挥也有限，上海普遍存在的政府购买服务隐蔽地强化了政府对于社会组织的控制，从而削弱了社会组织在城市治理中的基础动力。

（二）制度规划引导不到位，公共产品供给空间结构不合理

上海城市规划基本上是以人民广场为圆心的"摊大饼"式的扩张模式。这种扩张模式的发展与地方政府高度依赖土地财政有关。2013 年中国地方政府财政收入总数为 6.8 万亿元，其中土地出让金高达 4.1 万亿元，占地方财政总收入的60%。[①]2013 年，上海卖地收入近 2262 亿元，排名全国第一。至 2017 年，上

---

① 张桂文、任成好：《中国城市化进程中的城市病：过程、表现及原因》，《贵州师范大学学报（社会科学版）》2016 年第 3 期。

海土地出让金为 1472 亿元，名列全国第五位，土地财政占比仍有 22%。[①] 在上海城市发展的过程中，其对土地财政是十分倚重的，这也造成了长期以来上海的城市规划引导的不到位。对土地财政的过度依赖性使得地方政府不愿拿出土地来搞公共绿地建设，也不愿意拿出土地来建功能性配套设施，更不愿意为城市基础公共服务投入更多资源。城市沿中心城区严丝合缝地向外摊开，导致城市功能区定位错乱，进而诱发各种功能紊乱问题。

（三）公共交通管理短板明显，公共产品供给种类结构不合理

进入新世纪以来，由于公交优先性不足，上海居民公交出行分担率呈下降趋势，从 2000 年的 33% 降至 2014 年的 31%。城区小车通行总量快速增加，畅行率不断下降，主要干线常年处于拥堵状态，高峰车速一般保持在 40 公里/小时左右。浦西的"三纵三横"车速平时只能保持在 16 公里/小时到 18 公里/小时。公交专用道的车速也只有 10 公里/小时。城区过江通道每天机动车流量高达 110 万辆。[②] 城市轨道交通与常规公交换乘距离和时间较长，轨道交通在市域城镇空间布局中的导向作用不突出，加剧了中心城区和郊区城镇的蔓延发展。地铁网络密度和站点密度较低，低于东京和纽约。步行和自行车慢行系统不完善，步行环境和通行权得不到保障。这些问题都使城市功能区被人为地物理分割，导致功能区结构碎片化而引发各种功能衔接障碍。

（四）职住分离浪费资源，导致城市自组织系统功能紊乱

由于中心城区持续实施"退二进三"政策，居民与就业的分离越来越明显。一方面，导致在工业郊区化后产生的城区居住、郊区工作现象；另一方面，导致在住宅郊区化后产生的郊区居住、城区工作现象。两者都造成了大量的城市边缘社区，而相应公共服务设施却并未配套搬迁，这种失衡致使出现明显的资源浪费：一是职住分离导致通勤人数、通勤时间和通勤长度上升，极大增加了人口出行量和滞留道路上的人流量。据统计，1995 年，上海日均出行量为 1860

---

① 《全国前 20 名城市 2013 年卖地收入超 1.5 万亿　上海居首位》，《法制晚报》2014 年 1 月 3 日第 3 版。
② 伍爱群：《欲治"大都市病"须重构市域公共交通体系》，《城市》2016 年第 9 期，第 61～68 页。

万人次；到 2004 年，日均出行量已经增加到 2680 万人次；2009 年时，日均出行量更是快速增加到了 2910 万人次。[①] 二是职住分离增加了城市交通拥堵程度。统计数据显示，2009 年，上海上下班高峰期拥堵路段为 54 公里；2014 年时，这一数据已经增加到 96 公里。三是会消耗大量的土地资源。据统计，上海 2012 年的建设用地规模为 274 平方公里，而上海郊区 1998—2012 年的新增用地规模远远超过这一计划用地规模数字。有数据表明，进入新世纪以来，上海郊区面积已经与上海原中心城区面积大致相当，郊区面积的持续扩张导致生态用地和农业耕地越来越少。城市郊区化加重了城市功能紊乱，加剧了城区各种都市病。[②]

（五）基础设施建设滞后，系统间功能协调衔接障碍严重

在"先发展，后治理"的方针指导下，上海忽视了城市基础建设。上海曾一度追求"大而全"的工业体系，产业结构严重偏向于"三耗"企业。不合理的产业布局造成了各种挑战城市承载能力的现象。1956 年，上海的工业总产值约占全国工业总产值的 51%；1959—1978 年，上海地方财政收入占全国财政收入总量的 15.4%，但财政支出总量只占全国财政支出总量的 1.65%；1950—1980 年的 30 年间，上海全市向国家所提供的资金总量相当于全市固定资产净值的 25 倍。上海每年要上缴 90% 的财政收入，而在上缴总数中仅有 7.38% 可用于基础设施建设投资。2018 年，上海上缴中央财政 6875.9 亿元，排名全国第二（广东第一）。国家对上海收取利税多，建设投入少，导致上海自身财政资源受到较大制约，也在一定程度上严重影响了上海的基础设施建设，使上海各类基础设施建设相对滞后，欠账较多，最终导致一些基础设施积"劳"成"疾"，长期带"病"运转，互相之间协调困难，诱致城市功能紊乱。尤其是当上海市人口急剧扩张、城市规模进一步扩大、一些新兴基础设施开始兴建的时候，各种功能系

---

① 上海市于 1986 年、1995 年、2004 年、2009 年、2014 年分别进行了 5 次综合交通调查工作，并公布了主要调查报告或成果数据。

② 石忆邵、俞怡文：《郊区化究竟是加重还是缓解了城市病——基于上海的实证分析》，《经济地理》2016 年第 8 期，第 47-54 页。

统之间的协调障碍和衔接问题就更加突出，进而使各种城市系统功能紊乱的现象也更为严重。

三、上海都市病治理举措研究

（一）健全城市规划体系

2018 年 1 月，《上海市城市总体规划（2017—2035 年）》（简称《规划》）发布。根据上海官方的说法，"上海 2035"更加关注"人"的需求，更加强调"社区"这一城市基础工程的建设。"上海 2035"把土地、人口、环境和安全作为必须坚守的四条底线。人口方面，《规划》要求把上海常住人口长期控制在 2500 万人。在城市保障能力方面，《规划》对住房养老、基础教育以及水、能源、安全、交通等设施建设方面在现有人口基数上预留了 20% 以上的空间。土地方面，建设用地总量控制在 3200 平方公里内。运用互联网等新一代信息技术来加强城市安全、城市治理。在环境方面，构建"一主、两轴、四翼；多廊、多核、多圈"的空间结构，发挥新城带动区域的作用。

（二）加强城市精细化管理

2018 年 1 月，上海市正式发布《贯彻落实〈中共上海市委、上海市人民政府关于加强本市城市管理精细化工作的实施意见〉三年行动计划（2018—2020年）》。该行动计划提出，到 2020 年，上海要全面提升城市设施、城市环境、交通管理等方面的城市治理水平，通过加强精细化管理，把上海建设得更加干净安全、人民生活更加舒心。"三年行动计划"确定了 13 项重点工作、42 项实施要求，提出要在"五违四必"环境治理的基础上，开展无违建居村（街道）创建工作。着力将上海打造成安全、高效、智慧、天蓝地绿的美好城市。2019 年7 月 1 日，《上海市生活垃圾管理条例》正式实施，上海的垃圾分类有了新的标准，城市管理的"绣花针"艺术体现于此。

（三）借助大数据缓解都市病

让城市生活更方便，大数据技术为缓解都市病提供了一剂良方。为了缓解出行难，2017年，上海城市运行综合管理启动。上海搭建了交通综合信息平台，汇集各类交通数据，为大数据分析提供数据支持。上海世界博览会召开期间，信息平台对客流量进行了预测，准确率超过了90%。食品安全方面，上海市食品药品监督管理局打造了基于移动技术的"餐饮电子化监管系统"，视频溯源体系覆盖全市2000多家食品、餐饮企业，使食品安全管理做到了全流程监控。"建立信任"是城市治理的关键。上海打造的"公共信用信息服务平台"覆盖上海130万家企业、2000多万常住人口，将多元主体的行为纳入信用体系。为保障城市安全，上海用大数据编织了一个"天罗地网"，包括电子警察、治安卡口、视频监控等各类安全信息。公安部门据此与其他部门合作"大联动、大联勤"执法。上海积极推进"城市大脑"建设，更多地运用云计算、互联网、大数据等新技术，创新城市治理，完善城市治理必需的各项数据库，强化城市管理的"神经末梢"，更为"智能"的城市管理必然带来更为高效的城市管理。

（四）借力"城市群"治理都市病

作为长三角城市群中的"一核"，上海正努力推进城市非核心功能面向长三角区域内的疏解。上海在都市病治理中的区域协同的力量不可忽视。在长三角城市群中，除上海外，拥有1座特大城市、13座大城市、9座中等城市和42座小城市，小城镇星罗棋布，城镇分布密度是全国平均水平的4倍左右。专家建议，上海要立足长三角，研究上海的功能怎么与周边城市合理分工，并形成互补优势。通过区域互动，近5年来上海人口流入已经明显减缓。上海市统计局数据显示，2015年末，上海市常住人口相较2014年末减少10.41万人。这是与人口流入放缓相伴随的一个重要现象，表明城市群建设和城市功能分工已经使上海非核心城市功能逐步得到疏解。

（五）升级产业结构，改善居民住房

上海实施了升级产业结构、提高土地效率的"退二进三"战略。这一方面开发了第三产业发展空间，降低了工业能耗和工业污染；另一方面，也提高了土地效用，有利于缓解住房难问题。上海市规定，"退二进三"地块必须确保50%面积用于保障房建设。通过新政实施，上海市"十二五"期间各类保障性住房供应达到了 100 万套。除落实商品住宅中按 5% 配套建设的政策刚性标准外，"退二进三"成为保障房供应的主要来源，在一定程度上缓解了房价持续走高的趋势。

上海市治理都市病的综合举措给其他城市提供了重要的借鉴，包括：第一，完善城市规划体系，建立跨部门协同机制，促进城乡均衡发展；第二，精细化管理，提升服务能力，改善城市环境和管理水平；第三，推进产城融合，注重新城产业结构、空间结构和人口结构的优化；第四，利用大数据建设智慧交通，上海市智慧交通建设由原来的政府独家推进到鼓励社会参与的政企合作，目前正在逐步迈向全面互联网、智能交通化的新阶段。[1]

第三节　杭州市都市病治理审视

近些年来，杭州城市发展提速，成为国内"新一线"城市。城市人口的快速集聚以及大规模撤市建区，导致城市公共产品和公共服务供给日趋紧张，城市运行负荷超载问题十分突出，都市病病症凸显，令人忧虑。在这样的背景之下，杭州市直面困境，采取一系列应对举措治理都市病，消解病象，治理病根，积累了较多可资借鉴的经验。

一、杭州都市病的特征及表现

杭州，浙江省的省会，是浙江的政治、经济、文化、教育和金融中心。总面积 16850 平方公里。2018 年，杭州城镇化率已经达到 77.4%，常住人口为 980.6 万人，比 2017 年末增加了 33.8 万人，增幅为 3.57%。人口规模的快速集聚和城市规模的持续扩大，也使杭州出现了系列都市病。

（一）城市人口膨胀

数据显示，截至 2013 年底，杭州第一产业就业人口为 23.4 万人，第二产

---

[1]　冯健理：《上海智慧交通发展》，中华人民共和国交通运输部官网，2018 年 6 月 29 日，http://www.mot.gov.cn/zxft2018/zhihuijt/index.html，访问日期：2018 年 8 月 17 日。

业就业人口为 226.64 万人，第三产业就业人口为 228.75 万人，市区常住人口密度 2072 人 / 平方公里，其中上城区、下城区、江干区、拱墅区、西湖区 5 个老城区的平均人口密度约为 10000 人 / 平方公里，这已远超 2007 年国务院批复的《杭州市城市总体规划（2001—2020 年）》预期的到 2020 年将杭州市常住人口控制在 400 万人以内的目标。事实上，2018 年，杭州市区常住人口已达到 980.6 万人，接近 2016 年 1 月国务院批准的《杭州市整体规划（修订版）》要求的 2020 年杭州中心城区人口控制在 1000 万人以内的目标。由于杭州长期以来主要采用的是单中心扩张模式，导致都市优质资源被过度集中在中心城区。杭州市采取的"要人手不要人口"的城市发展理念使大量流入人口很难在杭州得到住房、社保等公共服务，导致外来人口生活成本高企。在杭州国际城市学研究中心 2013 年的调查问卷中，有 36.6% 的城市管理者、49.6% 的专家学者、36.6% 的普通市民和 52.6% 的外来务工人员认为，杭州外来流动人口安居乐业的工作做得很一般[①]，公共产品供给结构不均衡可见一斑。

（二）交通拥堵明显

《2016 年中国主要城市交通分析报告》显示，杭州排在全国最拥堵城市第 3 名，通勤高峰时段杭州的车速全国最慢，平均为 20.59 公里 / 小时，低于拥堵排名第一的北京。在相当长的一段时间内，杭州成为全国著名的"堵城"。为此，杭州市积极施策，从 2010 年开始实施错峰限行，但从实际情况看，拥堵区域还在不断扩大。杭州拥堵的核心区从秋涛路开始，在东、西、北等不同方向呈放射状对外延展，高峰时段也从早上的 7 点到 9 点、下午的 16 点 30 分到 18 点 30 分，扩大到早上的 7 点到 10 点、下午的 16 点到 19 点。作为著名的旅游城市，杭州的主要景区都在市区，这也给拥堵治理带来与其他城市不一样的挑战。在杭州国际城市学研究中心的调查中，就畅通性而言，分别有 67.3% 的专家学者、62.8% 的城市管理者和 43.3% 的普通市民认为，杭州交通比较拥堵，通勤

[①]《"城市病"与城市治理调查报告》，载杭州国际城市学研究中心、浙江省城市治理研究中心：《中国城市治理蓝皮书（2014—2015）》，浙江人民出版社，2015 年。

较为痛苦。①

（三）住房困难凸显

杭州的住房难问题突出表现为高房价和租赁难两大问题。统计数据表明，杭州房价从 2010 年 1 月的均价 18827 元 / 平方米已经快速飙升到 2019 年 1 月的 28224 元 / 平方米。在杭州国际城市学研究中心的调查中，90% 以上的专家和城市管理者认为"杭州商品房价格偏高"。近年来，由于旧城改造和大量城中村的改造，住房租赁成本迅速推高，导致大量流动人口"流离失所"，被迫离开杭州。在问卷调查中，41.8% 的专家学者和 36.6% 的城市管理者意识到"杭州租赁房租金高"，51.6% 的专家学者和 28.7% 的城市管理者认为"杭州保障房申请难"，54.1% 的专家学者和 46.5% 的城市管理者认为"杭州流动人口（农民工）住房保障难"。②

（四）环境污染严重

2013 年，与绝大多数华东城市一样，杭州开始出现大范围灰霾天气。有研究显示，杭州的首要空气污染源是机动车尾气，提供了近 40% 的污染物。此外，燃煤、扬尘和其他污染对杭州全市环境污染的"贡献"率分别为 33%、8% 和 19%。可见，人多车多已严重影响到杭州的空气质量。同时，与其他快速城市化的都市一样，杭州也出现了垃圾围城现象。据杭州市城市管理委员会统计，2014 年初，杭州主城区日产垃圾 800 多吨；2018 年 6 月，杭州市区共处置生活垃圾 35.24 万吨，日均 11747 吨。而目前杭州全市垃圾焚烧厂的日处理能力仅为 3200 吨。按照当前的垃圾产生量，杭州市的垃圾填埋场天子岭垃圾填埋场预计使用寿命只有不到 5 年时间。垃圾处理能力跟不上日趋增长的垃圾量，是杭州目前面临的重要环境污染问题。

---

① 《"城市病"与城市治理调查报告》，载杭州国际城市学研究中心、浙江省城市治理研究中心：《中国城市治理蓝皮书（2014—2015）》，浙江人民出版社，2015 年。
② 丁建刚：《杭州房价会再次领跌吗？》，浙江在线，2018 年 5 月 15 日，http://zzhz.zjol.com/zhxnlm/20180515_7269980.shtml，访问日期：2018 年 9 月 17 日。

（五）清洁卫生难

近年来，杭州的城市管理虽然取得了巨大进步，但"清洁卫生难"的问题并没有彻底解决。2013 年，杭州国际城市学研究中心启动了面向专家学者、普通市民、外来务工人员的大规模调查，调查共发放问卷 1300 余份，回收有效问卷 1200 余份。调查结果显示，被调查对象对杭州城市的清洁卫生问题满意度较低，其中对城市户外广告及招牌、河道水质改善、背街小巷及庭院改善、市容秩序状况、公共绿化"不满意"的比例分别为 40.2%、38.4%、29.7%、24.4%、22.3%，不满意的主要原因是清洁工作后续管理不到位。[①] 调查还显示，62.5% 的专家学者和 47.1% 的普通市民赞同"应强化管理机构人、财、物、权的投入，扭转管理薄弱的局面"，61.5% 的专家学者和 39.5% 的普通市民同意"建设是七分权力、三分责任，管理是三分权力、七分责任"的观点，36.5% 的专家学者和 31.4% 的普通市民要求"在规划和建设阶段，应把管理前置，推行管理一票否决制"。[②] 这说明，在清洁问题上，还有诸多问题需要解决。

二、杭州都市病病因分析

（一）人口集聚速度过快导致城市公共产品供需结构不均衡

作为宜居之城、创业创新之城，杭州近年来吸引了大量外来人口集聚，是全国净流入人口最多的城市之一。2015 年，杭州接收应届毕业生首次突破 7.5 万人，2015 年、2016 年、2017 年杭州人口净增长 12.6 万、17 万、28 万人。[③]2018 年，杭州市常住人口突破 946.8 万人。杭州主城区人口密度已超过部分发达城市的人口密度。随着北上广一线城市人口大量向杭州这一类新兴城市迁移，杭州人口还将呈现增长态势，人口快速集聚、公共服务配套不足等是杭州都市病暴发的主要原因。

---

① 《"城市病"与城市治理调查报告》，载杭州国际城市学研究中心、浙江省城市治理研究中心：《中国城市治理蓝皮书（2014—2015）》，浙江人民出版社，2015 年。

② 同上。

③ 《杭州常住人口连涨三年，建设 5 万套人才专项租赁住房》，搜狐网，2018 年 3 月 25 日，http://www.sohu.com/a/226338419_114986，访问日期：2018 年 9 月 13 日。

（二）城市公共产品供给种类结构难以适应城市规模急剧扩张的需要

囿于行政区划的限制，杭州近年一直延续着以西湖为核心、在相对较小的区域范围内发展的方式。2001年3月，萧山、余杭撤市设区，杭州的市域面积增加到3068平方公里。2015年2月，富阳正式撤市设区，成为杭州市第九个城区。2017年8月，临安设区，杭州市域面积由此达到8000平方公里。这面积虽与中国一线城市北京（16410平方公里）、上海（6340.5平方公里）、广州（7434平方公里）不相上下，但杭州产业带主要集中于主城区（4876平方公里），尤其集聚于几个核心城区如上城区、下城区、西湖区、滨江区、萧山区、余杭区等，其余大量新建区为山区或农村用地。杭州丘陵、山地面积占总面积的66%，江河湖占总面积的8%，平原面积仅占总面积的26%。在杭州主城区人口密度接近于发达国家超大型城市的人口密度的情况下，这对于还是一个人口高净流入的城市来说，其承载力会面临一系列挑战，如住房保障、垃圾处理、交通拥堵等。

（三）优质公共产品供给区域结构不均衡

杭州优质公共服务资源空间分布不够均衡。以医疗资源为例，杭州医院基本呈点状散射分布，现有医院布点从内向外、由密而疏，呈逐步递减趋势，医院总体空间分布不均衡。在城区分布上，杭州的医院主要集中于老城区中心区域，城市边缘地区和新发展地区的医疗卫生设施分布不足。同时，浙江省级医院也集中于杭州中心区，处在杭州主城区的最内圈层，呈向心式环状分布。公开数据显示，杭州单个医院床位密度大，平均达214张，这一方面表明杭州市城区单个医院建设密度相对较高，另一方面也说明杭州医院总数较少，导致杭州现有医疗资源力量主要集中在少数几个大型医院。[①]

三、杭州都市病治理路径研究

所谓"上有天堂，下有苏杭"，是对杭州宜居的最好表达。改革开放以来，尤其是2016年G20杭州峰会召开以来，杭州大规模投入城市建设，为杭州城

---

① 刘兆文：《浅议医疗设施发展及空间布局——以杭州市为例》，《科技信息》2008年第34期，第314页。

市升级、都市病治理提供了很好的机遇，也为再造杭州形象、重塑杭州"宜居城市"提供了契机。至 G20 杭州峰会开幕，杭州三条地铁线开通，石祥高架、紫之隧道相继通车，杭州的景观建设、公共服务建设、旧城改造等基础互联设施全面提升，且杭州在智慧城市建设上已呈现全国领跑之姿。

（一）建设以"城市大脑"为中心的智慧城市

早在 2016 年的云栖大会上，由阿里巴巴总架构师王坚博士率领的技术团队就提出了以解决交通拥堵为先的城市数据大脑的 1.0 版。2018 年 1 月，杭州领全国之先成立数据资源局，统领全市政务数据和公共数据平台建设和管理，推动数据资源在政府管理和城市治理领域的应用。2018 年 5 月 15 日，杭州市政府正式对外发布了《杭州市城市数据大脑规划》。2019 年 1 月，城市大脑（综合版）上线，从解决交通拥堵、优驾自动容错、重车全程严管（工程车）、泊位全城共享、先看病后付费、通过电视汇聚民生数据、智能旅游、数字专列、公园卡郊县游等方面推出了 9 项惠民服务。当前杭州大数据平台已收集了 59 个部门的 373.4 亿条数据，数据共享累计调用 3100 多万次，数据交换 17.11 亿条。每一次数据交换相应就减少一份纸质材料需求，实现了"让数据多跑，让人少跑"的改革初衷。在错峰限行实施前的 2012 年，杭州城区拥堵指数在全国排名第 2 位；实施四年后的 2016 年，杭州城区拥堵指数已经降到全国第 8 位；2017 年更是快速下降至全国第 45 位；2018 年至全国第 83 位。延误指数也从 2012 年的 1.87 降到目前的 1.53。平均车速则从 20.7 公里 / 小时提升到 24.5 公里 / 小时。

（二）实施以"钱塘江为中心"的拥江发展战略

继 2016 年完成对《杭州市城市规划（2001—2020 年）》的修订后，2017 年，杭州提出"拥江"发展战略，紧接着"拥江发展四年行动计划"出炉。为推动这一战略迅速落地生根，杭州还专门成立了"拥江发展"领导小组，在这一战略的规划、执行政策年度计划等方面，协调全面和跨部门合作。"拥江发展"全面将杭州从"西湖时代"带入"钱塘江时代"。拥江发展战略要建成"一江两岸、双城组合"的城市新中心，将有利于解决杭州东西发展不平衡、核心地区发展不充分的矛盾，通过城乡互动发展，区域联动发展，实现市域均衡协调发展，促进城市功能结构趋于合理化，有助于解决公共产品供给不均衡问题。

（三）建立以"立体化"为特征的交通网络

2018年4月，《杭州市城市综合交通专项规划（2007—2020）》（2018年修订版）（以下简称《规划》）正式获批。《规划》明确，杭州近期将形成492公里的10条城市轨道交通线和1条城市快线；同时要建成126公里总共4条都市区城际轨道。在2023年杭州召开亚运会前，杭州的轨道交通将覆盖全市，总距离为618公里。到2020年，乘客候车时间市区高峰时段不超过2分钟，平峰不超过5分钟；主城区换乘距离不超过100米。2008年5月1日，杭州市公共自行车交通服务系统试运营。目前，杭州公共自行车服务点达3582个，拥有公共自行车8.4万辆，平均日租用量达44.86万人次。立体化的交通网络有效缓解了城市公共交通资源不足的问题，也在一定程度上促进了区域公共资源的共享，平衡和缓解了城市基础公共产品和公共服务供给区域结构不均衡的问题。

（四）推出以廉租房为主的房价调控体系

近年来，杭州房价急速增长，为调控住房供需矛盾，杭州市出台了一系列控限政策，主要举措有：一方面，提升商品房供应规模，不断推出商用土地。2016年，杭州13个区（县、市）土地出让金实现创纪录的1100亿元。另一方面，出台限购政策。2017年3月，杭州市发布新的"限购令"，确定自2017年3月3日起升级住房限购政策，包括扩大限购范围、对象等。在住房需求方面，杭州努力解决低收入人群住房问题。在保障性住房供给中，主要推出了经济适用房、廉租房、安置房、人才房等政策举措，大大缓解了特定人群的安居问题，一定程度上起到了抑制房价的作用。

（五）推行以"环境立市"为宗旨的发展战略

2003年，杭州市委、市政府出台《关于进一步深化"清洁杭州"，加强城市长效管理的意见》，全面启动了"清洁杭州"工作。2004年，又出台《关于加强城市长效管理和提升综合服务功能的若干意见》，为"清洁杭州"实现常态化及长效化奠定了体制、机制、政策和保障等管理基础。2007 年 12 月 12 日，中共杭州市第十届委员会第三次全体会议通过了《关于认真贯彻党的十七大精神，改善民生，破解"七难"，建设"生活品质之城"的决定》，把"清洁杭州"提升到打造"生活品质之城"的新高度。2008 年，杭州市委、市政府再次发布《关于印发〈杭州市打造"国内最清洁城市"五年规划（2007—2011 年）〉的通知》，进一步强化了杭州"环境立市"的核心战略定位。2013 年末，浙江启动了"治污水、防洪水、排涝水、保供水、抓节水"等五水共治行动。近 5 年来，杭州又推出了"河长制"、"直排污水"、河湖清污（淤）等创新性举措，增建了 102 座污水处理厂。至 2016 年，杭州市控水功能区断面水质达标率达到了 89.4%。系列工作举措使杭州市的水环境质量大为提升。

从上述案例可以发现，与北京和上海相比，杭州作为省会城市、新晋智慧治理都市，其都市病治理的最大优势是智慧化成果运用较为明显，这也是现代信息技术和管理工具助力都市治理的典型范例。近年来，为了切实解决城市交通压力大、人口流动性强、通勤时间长等突出问题，杭州市运用智慧交通技术对城市病进行治理，利用大数据思维与技术为都市病治理开拓了新的路径，这值得其他城市学习与借鉴。但智慧城市建设也要注意如下问题：一是交通信息采集的准确率要提高。城市交通信息采集的数据量是海量的，智慧交通体系建设对智能化信息采集的依赖性越来越强。二是大规模数据分析能力要提升。杭州市城市数据平台将城市交通信息系统的信息进行跨领域、多维度的深入分析与挖掘，才能发现内在的规律和趋势。[1] 三是关键数据信息的保护要到位。信息安全问题在信息时代的任何领域中都应得到重视。政府数据的公开性越来越强，信息的共享量与信息交换量不断增大，如何保护关键信息的安全性与防止非法访客入侵是建设数据平台的基础。

---

[1] 明仲、王强：《大数据助力智慧城市科学治理》，《深圳大学学报（人文社会科学版）》2013 年第 4 期，第 36-37 页。

第四节　当下中国都市病治理方式反思

2010 年，上海成功举办第 41 届世界博览会。"城市，让生活更美好"的理念逐渐在中国深入人心。中国的城市管理者开始重视"宜居"，重视城市居民对生活质量的感受，重视对城市病或都市病的治理。从对中国三个典型大都市的都市病治理分析可以发现，中国正处在城市化的全面提速期，一部分超大城市的都市病还有加重的可能。① 现在虽然已有一些值得借鉴的治理经验，但面临的挑战依然很严峻，需要高度关注都市病的整体发展趋势和未来治理走向。

一、中国都市病发展态势

改革开放以来，中国发展成就举世瞩目，但由此引发的都市病问题也引起了各方的高度重视。在"十二五"规划中，中央政府首次提出了"城市病"的治理问题，并明确提出要"根治城市病"的目标诉求。公开资料显示，2015 年 12 月召开的全国城市工作会议明确提出，要"着力解决城市病等突出问题，不断提升城市环境质量、人民生活质量、城市竞争力，建设和谐宜居、富有活力、各具特色的现代化城市"。② 近年来，我国城市化发展迅速，要有效推进都市病治理，就需要对中国城市化进程与都市病发展趋势做出正确研判。

（一）人口将继续向发达地区大城市集聚

人口是城市兴衰的晴雨表，是城市病的主要诱因。长期以来，城市人口增长的主要驱动力来源于城乡人口转移。近年来，各类城市产业结构演进趋于多元化，城市间高素质人口的迁徙成为人口流动新特征。数据资料显示，2010—2015 年的 6 年时间内，全国城市常住人口平均每年增加 839.9 万人，过半数都集中于南部城市，为 509.8 万人，占全国各城市新增人口总量的 60.7%；年均

---

① 上海社会科学院城市与区域研究中心：《国际城市蓝皮书：国际城市发展报告（2012）》，社会科学文献出版社，2012 年。
② 《中央城市工作会议在北京举行》，新华网，2015 年 12 月 22 日，http://www.xinhuanet.com//politics/2015-12/22/c_1117545528.htm，访问日期：2016 年 2 月 10 日。

新增的城市人口总量中，只有 39.3% 流进北部城市，为 330.1 万人。表明中国人口结构发展开始由"南北均衡"逐步转向"南快北慢"。据统计，2015—2017 年的 3 年间，华南地区、华东地区的新增城市人口占比达 65%，其中山东、江苏、广东的年均新增城市人口数分别为 76.8 万、99.8 万、163.8 万，新增人口占比分别提高了 2.4 个百分点、8.8 个百分点、8.7 个百分点。而同期北京、天津新增城市人口的比重却分别下降了 5.0 个百分点、5.5 个百分点。东北的城市人口出现绝对规模下降的现象，年均减少 36.3 万人。由此可见，2010—2015 年的 5 年时间中，南北城市群人口增长的比重约为 4∶3，而 2015—2017 年的 2 年时间中，南方 8 个城市群人口增速逐步加快，年均新增 578.5 万人，占全国新增城市人口的 66.1%。特别是珠三角城市群的新增城市人口比重竟然高达 15.8%，比 2010—2015 年期间提高了 9.5 个百分点。然而，11 个北方城市群同期年均新增城市人口仅有 138.7 万人，占全国新增城市人口的比重只有 15.8%。中西部地区中，除中原、山东半岛和兰西城市群外，京津冀、关中平原、呼包鄂榆等城市群人口增速逐步放缓，辽中南和哈长城市群人口明显下降，近两年南北城市群新增人口之比已骤变为 4∶1。① 可见，未来人口将有继续向发达地区大城市聚集的趋势。

（二）交通拥堵可能会持续加剧

当前，我国正处于城市化加速期，处于这一阶段，许多城市发展特征一时还无法改变。"摊大饼式"的单中心发展模式在国内各大城市不断上演，职住分离局面将延续较长时间。私家车购置热潮在未来 10 年内可能不会降温，组合式交通管制如机动车限行、限购等措施，在面对快速集聚的外来人口时，尤其南方发达城市的快速人口集聚时，不可能从根本上解决问题。因此，大多数城市仍会持续存在拥堵问题，而一旦交通拥堵有所缓解，人流、车流会迅速回填这一空隙。例如，在限购政策下，2020 年北京年新增车辆仍然达到百万辆，增长 20% 以上。

---

① 卓贤、张颖：《中国城市人口新变局："南北均衡"转向"南快北慢"》，新浪网，2019 年 2 月 8 日，https://finance.sina.com.cn/china/2019-02-08/doc-ihqfskcp3777748.shtml，访问日期：2019 年 7 月 4 日。

再如，广州市在 2012 年实施"限牌"政策后，汽车增量减少超 100 万辆，但随着新兴人口的持续进入，外地车数量同步增长，限牌效果已被新增外来车辆数量冲抵。这说明，限购、限行的办法并不能从根本上解决都市交通压力问题。

（三）环境污染问题有望得到改善

城市环境污染虽然严重，但是已经引起了各方关注。当前，各地正在不断出台政策以治理环境污染。2014 年初，习近平总书记对北京雾霾治理提出明确要求，希望北京"要加大大气污染治理力度，应对雾霾污染、改善空气质量的首要任务是控制 PM2.5，要从压减燃煤、严格控车、调整产业、强化管理、联防联控、依法治理等方面采取重大举措，聚焦重点领域，严格指标考核，加强环境执法监管，认真进行责任追究"[1]。然而，治理污染非朝夕之功，实现环境"良治"的任务依然十分艰巨。基于以下原因，相信环境污染问题有望得到逐步改善：首先，我国已进入工业化中后期阶段，第三产业的比重将会逐步提升。据统计，2016 年，北京服务业占地区生产总值比重已经超过 80%，上海服务业占地区生产总值的比重也已经超过 70%，第三产业比重的提升和第二产业比重的下降，尤其第二产业绝对数量的下降，必然会使各类污染物排放总量出现下降的趋势。[2]其次，环保技术将被广泛采用，环境污染会逐步得到有效治理。根据《国家"十三五"节能减排综合工作方案》要求，2020 年，国内生产总值能耗将会比 2015 年下降 15%，能源消费总量要低于 50 亿吨标准煤。[3]再比如，北京市已经提出生活垃圾零增长、新增一批垃圾处理场、原有垃圾堆加快焚烧处理的政策举措。在系列环境污染治理政策的作用下，环境污染现状有望在未来得到全面改善。

（四）住房问题形势依然严峻

2008 年以来，由于房地产市场的快速发展及政府监管和调控能力滞后，房价上涨过快，高房价既反映了城市化发展的加速，也日益成为都市病的重要诱因。

---

[1] 习近平：《习近平对北京治霾提要求》，人民网，2014 年 2 月 26 日，http://jhsjk.people.cn/article/24474634，访问日期：2014 年 5 月 7 日。
[2] 同上。
[3] 刘洁：《"城市病"防治——以中国超大城市为例》，社会科学文献出版社，2017 年，第 99 页。

大城市作为吸引人口集聚的资源优势仍然具备，加上居民消费升级，改善型、投资型住房的需求暴发，而城市土地供应却日趋紧张，由此房价势必居高不下。廉租房、经济适用房、人才房由于进入门槛高、供应量少，很难全面满足需求，北京等大城市更为明显。《北京市土地利用总体规划（2006—2020）》确定，到2020年，北京城乡建设用地为2700平方公里，15年来仅增加12.5%。但仅2005—2010年，北京人口已从1538万人增长到1961万人，增加了27.5%。因此，在人口增长中止前，土地供给与居民改善住房需求的矛盾难以彻底化解。

二、中国都市病治理方式反思

考察京、沪、杭三地都市病治理实践及其得失，梳理其经验，我们可以看到，当下中国治理都市病有一些共性的有效方式，值得对此做进一步分析探讨，以资借鉴。

（一）倡导多中心城市发展模式

为缓解都市病，国内许多城市的规划都明确提出要加强城市多中心建设，对城市建设采取必要的行政管制措施。在中央政府层面，2005年，国务院发布的《北京城市总体规划（2004—2020）》就明确提出，北京要形成"两轴—两带—多中心"架构。在人口引导上，规划要求疏散城区产业和人口。到2020年，城区人口严格控制在850万人以内。北京作为首都的政治中心、文化中心和国际交往中心的功能将持续强化，其他高新技术产业、现代制造业向东部引导，旅游休闲、商业物流、教育等产业重点布局在北京的西部区域。2001版的《上海城市总体规划（1999—2020）》也明确提出，上海要建成"中心城—新城（含县城）—中心镇—集镇"的多层次的城镇体系。多中心、组团式成为大城市应对都市病所共同寻求的空间布局模式。从北京、上海、杭州等大城市的规划经验来看，建立多中心的城市，尤其是新城建设能有效地疏解中心城区职能。

（二）促进多元化产业转型升级

中国大城市的产业优化还有较大的升级空间。北京、上海、杭州等城市第三产业比重比伦敦、东京、纽约等城市低 10 ~ 20 个百分点。北京、上海、杭州等城市都实施了"退二进三"战略，一方面，可以导入更多的第三产业；另一方面，也提高了土地利用效率，有利于改善住房难问题。北京市对不符合首都功能的第二产业进行坚决清退。在四环路以内，仅保留高新技术和低耗能、无污染的企业。上海市规定，"退二进三"地块必须配套建设 50% 的保障房。上海市"十二五"期间向市民供给了约 100 万套保障房，"退二进三"为保障房供应提供了有力的政策支持。

（三）推进智慧型城市建设

智慧城市是互联网时代城市信息化发展的高级阶段，是信息通信技术与新一代城市建设模式融合发展的产物。智慧城市建设对城市经济转型升级、都市病治理、品质全面提升产生深远影响。大数据人工智能是城市诊断的利器。在交通管理这一问题上，利用大数据是最好的办法。在数据安全管理的前提下，移动端信令数据和网络数据实时了解区域内居民的出行，可掌握区域内昼夜车流量、出入情况、停留情况等，能准确分析区域内外通行流量的峰谷时段，从而得出一个综合性的交通解决方案。一部分城市已经开始应用大数据化的交通信号灯系统，根据大数据测算的流量规律来调整区域内交通信号灯时长。在信号灯系统中引入人工智能技术，通过路口信号灯监控车行流量情况，智能识别突发性事故，临时调整信号灯放行频率，同时通过智能的方式联动事故路段周围所有信号灯做出相应调整。

（四）重构市域性公共交通体系

统筹交通与空间布局，关键要优化交通空间结构。城市重心会逐步由中心城区向新城转移。因此，可统筹市域交通，提前布局基础设施，以满足城乡交通与新城开发所需。这是重要的战略思考。依然要坚持公共优先，优化、加密地面公交线网。加快轨道交通网络建设的同时，研究城区网络加密和市域轨道快线的方案。在公共交通上，探索"轨道 + 步行"的综合交通模式，完善轨道交通的服务体系，优化换乘环境，构建科学的交通系统和便捷的设施布局。

三、中国都市病治理的体制性弊端

（一）权力性城市治理模式

中国的城市都有"首"的特性，如国家是首都，省是首府，地区有首市。因此，中国的各个城市除了自身的单中心特点外，还受到上级政府的极力约束。中国以权力为基础的城市治理方法和西方以市场为基础的城市治理方法有较大不同。[①] 例如，就房价来说，以权力为导向的城市治理，一般认为房价必定有一个合理范围，政府有能力通过行政控制。但是，以市场为导向的城市治理却认为房价反映了个人偏好。因此，以权力为基础的城市治理往往片面依靠权力的使用来治理都市病，但结果是越治越重。要从根本上解决问题，必须让市民有权利自由选择，从而制约行政权力的任意干预。

（二）以 GDP 为导向的政绩考核体系

政绩考核是"指挥棒"，它决定着干部的工作方向。1979 年，中共中央组织部提出了考绩概念，随着经济建设的重要性显现，政绩考核体系核心体现在"GDP"，这成为城市病的重要根源。它一方面会导致城市资源高度聚集，通过招商引资使得产业资源高度聚集，这使城市中心的人口居住环境、住房等一系列问题遇到挑战，城市承载力不堪重负；另一方面，导致重"面子"轻"里子"，大搞形象工程而轻视民生工程，一些排水工程、扶危济困、民生保障的工程往往被搁置，造成城市承载力建设严重不足的问题，从而导致城市病。当下，部分地区存在"为官一任，考核一时"的情况也让很多官员只顾政绩，不顾城市发展是否可持续。一些地区存在"一任领导一个思路""只求速效不求长效"的情况。城市被建设得"危险"遍布，城市运营的系统性、整体性、科学性在以经济为中心的政绩观下被撕裂。

[①] 毛寿龙：《权力基础的城市治理必然导致封闭》，搜狐网，2011 年 3 月 11 日，http://business.sohu.com/20110310/n279741769.shtml，访问日期：2012 年 1 月 20 日。

（三）政府垄断性城市治理模式

现代政府的主要职能是"市场监管、社会管理和公共服务"[1]，通过打造有限政府和服务型政府，探索公共产品供给的社会多元参与，形成都市病治理的合力，这是我国行政体制改革的重要目标之一。但现实的情况是威权体制下的强势地方政府往往以效率为借口采用一元式治理。中国正处于快速城市化进程中，企业、社区、民间组织和各种网络机构都应该在城市治理中发挥各自的角色作用，政府的城市管理的局部职能应逐步转移给企业和社会组织，使其承担力所能及的城市治理职能。参与式治理理论与实践表明，参与式治理既是城市管理的重要方式，也应成为促进都市病治理的重要形式。市民在参与中实现了诉求，政府通过参与式治理被市民认可。社会组织外，企业也可以在城市治理中扮演角色。因企业把效益最大化作为其发展目的，其在承揽政府外包服务后市场化运营，可一定程度上提高城市治理效率。在都市病治理过程中，政府主导力不可缺，但政府、社会、市场三力合一才是都市病整体性治理方案落地变现后的根本保证。

---

[1] 蓝蔚青、周佳松：《关于政府权力优化配置的思考》，《公共政策内参》2014年第14268期，第23-24页。

第六章

都市病治理的国际经验考察：以东京、纽约、伦敦为例

都市病较早出现于发达国家。经过百余年的探索实践，这些国家积累了较为丰富的都市病治理经验。他们的一些行之有效的政策举措，对正进入都市发展快车道的中国具有重要借鉴意义。本章以东京、纽约、伦敦三个典型国际大都市为例，对其治理都市病的实践进行考察分析，论析其得失，以利于借取他山之石，为优化中国都市病治理提供借鉴。

第一节　全球城市化发展趋势

全球城市化进程全面提速始于 20 世纪 50 年代。1950—2000 年，全球城市人口从 7.5 亿人快速增加到 28.6 亿人，达到了全球总人口的 47.2%。到 2007 年，城市人口已经超过全球总人口的一半。1950 年至 20 世纪 70 年代，发达国家的城市化进程逐步加快。到 1980 年，发达国家的城市化率已达到 70%。1980 年之后，由于西方发达国家普遍出现"逆城市化"的现象，全球城市化速度开始放缓，年均速度下降约 0.3 个百分点。20 世纪 80 年代后，发展中国家的城市化却开始大大加快。1980—2010 年，发展中国家城市人口的增长速度年均超过 3%。

亚里士多德认为，人是城邦的动物，只有住在繁荣昌盛的城市里，人才能充分利用城市无尽的机会和丰富的资源，从而更容易实现个人的价值和完成人生的目标。那些能够长久地脱离城邦的，"要么是神，要么是野兽"。哈佛大学教授格莱泽在其《城市的胜利》一书中阐释道，城市是一切创新的源泉。城市中

积聚了异质性的民众，当不同的背景知识在一起相互交融之后，更有机会碰撞出闪亮的新思想的火花。因此，无论是印度的班加罗尔，还是美国的硅谷，只有完成大规模城市化后才能成为科技创新的孵化基地。^① 怀着"城市，让生活更美好"的憧憬，大量农村人口向城市集聚。目前，全球有 1/3 左右的城市人口生活在超过 100 万人口的大都市里。根据联合国人口与发展委员会报告显示，在全球城市化进程加快后，人口超千万的超级城市的数量大大增加。1950 年，全球人口超千万的城市仅有两座——纽约和东京。到 1975 年，上海、墨西哥城也成为千万人口级的超级城市。但是到 2005 年，全球已有 20 座大都市人口超过千万。其中，发展中国家的超级城市数增长最快。在 20 座超千万人口的城市中，发展中国家占到 16 席。据《世界城镇化展望》（2014 年更新版）统计，至 2014 年，全球有 28 个千万人口级的超级城市，中国有 6 座城市名列其中，上海位列第三，北京位列第五，重庆、广州、天津和深圳依次居后。据预测，到 2030 年前后，全世界将会有 41 座人口超千万的超级城市，预计届时人口最多的 12 个城市人口总和将达到 32.35 亿人（如图 6-1 所示）。

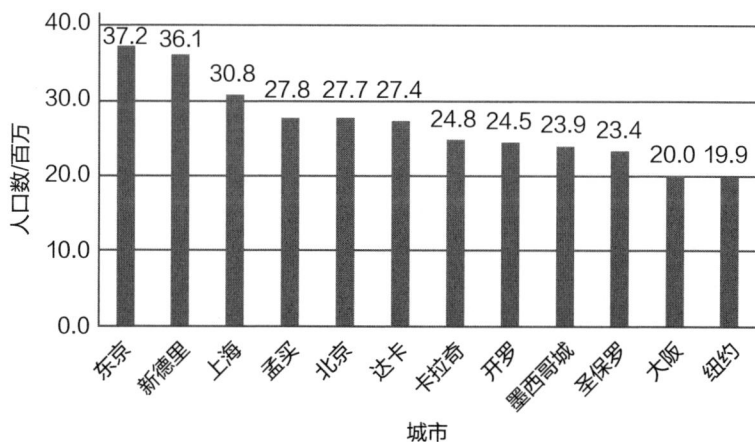

图 6-1　预计到 2030 年世界人口最多城市^②

---

① 爱德华·格莱泽：《城市的胜利》，刘润泉译，上海社会科学院出版社，2012 年。

② UNPD, *World Urbanization Prospects: The 2014 Revision*, New York: United Nations Population Division, 2014.

得益于规模效应，人口较多城市普遍拥有较高的经济效率，通常也会更发达和富有。城市化中，一旦规模经济效益超过人口集聚成本，城市规模就会迅速扩大。公共资源集中布局城市后，城市的扩张一般就不再考虑外部性。因此，公共服务设施的便利性往往是城市新扩张要重点考虑的问题，这容易导致新建城区形成一种蔓延式的发展样态。这种模式使新建城区不需要再新建道路、供水、煤气等公共基础设施，可以分享城市已有的一切资源。

世界各国的城市化历程都表明，城市的发展带动了一国经济的发展，城市建设也推动了该国的快速现代化。然而城市化在推动社会进步的同时，环境污染、交通拥堵、公共资源短缺等问题却常常作为城市化进程的伴生物而开始凸显。这在超大型城市——都市的快速发展过程中尤为显见。超大型城市极易暴发都市病，这不仅出现在后发现代化国家快速推进城市化的进程中，而且在发达国家的城市发展历程中也曾经有不同程度的表现。

在伦敦的城市规模扩张中，随着交通技术不断进步，1914—1940年，伦敦建成区面积扩大了近3倍，这使伦敦迅速扩大到半径为13公里的中心城市。到1939年，伦敦城区人口已经达到860万人。随着伦敦整个城市的扩张愈演愈烈，这种"摊大饼"式的城市蔓延模式也给伦敦市带来了交通拥堵等一系列都市病。同样，2016年，巴西里约热内卢召开了第31届夏季奥运会，与奥运赛事一并引人关注的，还有里约热内卢的贫民窟。这是拉美国家在城市化中出现的一种都市病现象。以上两个案例表明，都市病的出现几乎是发达国家和发展中国家城市化过程中不可避免的现象。

"人口—经济—空间"的合理配置是判断城市化健康与否的标志。目前，城市化存在着"土地城市化""人口城市化""功能集聚城市化"的认识误区。因此，一些决策者、管理者认为，城市大就是城市化，持这种想法的城市管理者一般会采用将农村用地直接转化为城市用地的城市化做法。然而"现实中的城市是有边界的，并不是越大越好。城市规模的扩大，所带来的耕地减少、环境负荷加重等已成为许多大城市的通病"①。显然，持此观点的人往往认为，人口城市化应该采用将农村人口直接转化为城市人口的做法。对此，诺贝尔经济学奖得主库兹涅茨将城市化定义为"城市和乡村之间的人口分布方式的变化，即城市化的进程"②。这个观点支持了这一论调。而持否定态度的托达罗虽也从人口迁移的意义上来定义城市化，但他却不同意此看法。③ 实际上，简单地从"居住空间"上迁移农村人口，与城市化本质要求并不相符。"居住空间"上的迁移更多是一种"拼盘"，这与新进入人口要与城市融为一体的要求，即新进入人群身份也要发生质的变化的要求相去甚远。此外，城市功能的集聚是指将产业、服务设施等进行整合以提高效率和效益。因此，要素集聚"看似通过功能集聚能够有效提高社会服务水平，但功能过于集中会造成城市与乡村之间的差距进一步加剧"④。以中国三大都市群为例，长三角、珠三角、京津冀的面积占国土面积的 2%，人口和 GDP 占到全国的 12% 和 38%，中国都市病的高发区也分布于这些城市群。所以，城市功能的分散和均衡对于都市病治理和城乡一体化来说具有重要意义。

第二节　东京都市病治理

1868 年，日本奠都东京，东京开始承担首都功能，并逐渐成为全国的城市建设重心和国际大都市。东京是全球城市人口密度最高的城市，作为日本的经济、政治、文化中心，东京都市圈主要涵盖东京都与神奈川县、千叶县、埼玉县等地，总面积约为 7850 平方公里，有 3739.3 万居住人口，在全球超大城市中排名第一。日本政府实施的国势调查对城市人口的定义是人口集中地区（Densely Inhabited District，DID）人口，即每平方公里 4000 人以上的密集区人

---

① 刘莹、王文军：《城市化概念辨析与路径选择》，《西安文理学院学报（社会科学版）》2014 年第 2 期，第 89-94 页。
② 西蒙·库兹涅茨：《现代经济增长》，戴睿、易诚译，北京经济学院出版社，1989 年。
③ 托达罗：《第三世纪的经济发展》，于同申等译，中国人民大学出版社，1988 年。
④ 同①。

口。目前东京都 DID 人口比率高达 98.2%，东京大都市圈也达 89%。超大的人口规模和高度密集的人口比给东京公共产品供给造成了巨大压力，引发了一系列严重的都市病。也正因如此，数十年来，东京在应对和治理都市病方面积累了较多经验。

一、东京公共产品供给现状

20 世纪 50 年代以来，东京城市化进程经历了五个阶段：1945 年到 1955 年的恢复期、1955 年到 1970 年的快速增长期、1970 年到 1990 年的稳定增长期、20 世纪 90 年代后的负增长期，以及 90 年代之后的缓慢增长期。[①] 东京城市化发展的主要表征是人口快速增长与产业高度集聚。由于土地资源及其他生产要素的缺乏，东京快速发展的工业化进程和城市化进程导致了都市产品供需结构失衡，公共产品供给不足的弊端凸显，引发供给不足型都市病。有研究表明，东京的产业化进程经历了"初级工业化、重化工业化、高加工化和知识技术高度密集化四个阶段"。[②] 其中，重化工业化阶段持续时间最长，约为 15 年，这一阶段是东京都市公共产品供给严重脱节的时期，也是东京供给不足型都市病集中暴发期。1965—1975 年，制造业逐步迁出东京都，而第三产业开始向东京集聚，随之，东京的人口就业结构发生了巨大变化，服务业就业比重急剧上升，都市病也有所缓解。1986—1996 年，东京以金融、保险和房地产为主要代表的第三产业新增就业人员达到了 25%，到 20 世纪末，东京服务业占比已经超过 60%。90 年代中期后，新城和郊区人口又开始向东京回流。这又进一步增加了东京公共产品供给的压力，使各类供给不足型都市病有所回升。

二、东京都市病生成及其病症

东京在快速城市化过程中产生了大量的都市病，而且呈现种类繁多、病症凸显的趋势。主要表现有：

---

① 刘洁：《"城市病"防治——以中国超大城市为例》，社会科学文献出版社，2017 年。
② 同上。

　　一是严重的交通拥堵问题。第二次世界大战结束后，从 1945 年至 20 世纪 60 年代，重建工作成为日本战后的重要主题，经济复苏的同时，城市人口规模也迅速增加，到 20 世纪 70 年代，日本的城市化率已经达到 76%。[①] 东京城市圈也因此逐渐容纳了全日本近 1/3 的人口，有统计数据表明，在东京涩谷最繁忙的十字路口，平均每分钟通行的人流量过千。虽然随着经济快速复苏，日本的公共基础设施建设也得到很大发展，但由于人口在短时间急剧增加，且首都功能过度集中于城市中心区，东京公共交通产品供给和社会需求之间的结构性矛盾凸显，开始出现严重的交通拥堵问题，甚至因此一度被称为"通勤的地狱"。2018 年，日本宣布自 2019 年开始，政府将对那些迁出东京的居民给予每人最高 300 万日元（约合 18 万人民币）的经济补贴。

　　二是雾霾和环境污染。20 世纪 50—70 年代，东京的城市化全面提速。钢铁、造船、机械、化工和电子等产业快速发展，企业扎堆，导致了废气、废水排放增加，环境污染问题开始逐步显现。到 20 世纪 60 年代后半期及 70 年代末，东京暴发了严重环境污染，尤其是雾霾问题特别突出。日本雾霾的祸首是制造业排放的硫氧化物（SOx），冬季是日本雾霾高发的季节。60 年代后期，日本开始编制新的《全国综合开发发展规划》，逐步引导产业和城市布局，以期通过产业和城市布局调整，逐步治理各类都市病。直到 90 年代，日本才基本达到了雾霾治理的目标，为摆脱雾霾，日本用了将近 30 年的时间。

　　三是垃圾围城及邻避冲突危机。与大规模生产、大体量消费相伴而来的还有"垃圾围城"。1965 年，东京市中心 23 区的日均垃圾产生量是 790 万吨，但到 1971 年，日均垃圾产生量快速增加到了 13971 吨，增加了 76.8%。除了量的增加，垃圾种类也日渐多样化和复杂化。其中，无法用燃烧法处理的垃圾大量增加。到 1971 年，东京所产生的垃圾只有 30% 能用焚烧进行处理，余下的 70% 只能利用掩埋的方式来解决。由于缺少垃圾填埋空间和场地，东京中心 23 区所产生的垃圾中的 70% 要搬运到江东区进行填埋，给江东区居民造成了很大

---

① 周英：《城市化模式的研究——以河南为例的分析》，西北大学博士学位论文，2006 年，第 53 页。

困扰。由此，导致了东京都政府与江东区居民之间持续 8 年的"垃圾战争"，公共垃圾填埋和处理设施资源供给不足，导致了东京的垃圾处理危机和严重的邻避冲突危机。

四是老龄化及人口下降问题。日本总务省最新发布的数据资料显示，日本人口数量已连续 4 年降低，总人口数只有 1.25 亿，这个数字已是历史上的新低。据腾讯研究院预测，到 2060 年，日本人口数量将继续减少至 8674 万人，而其中 40% 的人口将年届 65 岁。在全球超大型城市中，东京拥有最高的老年人口比，全球总抚养比 ① 最高的也是东京。1975 后的 10 年间，日本的年新出生人口降至 200 万人以下，而 2014 年日本的新出生人口总数已降至 100.4 万人。日本生育率最高点为 4.32‰，2014 年的生育率仅为 1.42‰，东京地区生育率则是全国最低的，为 1.15‰。预计 2020 年，东京劳动年龄人口将降至 60% 以下；2050 年，日本全社会的劳动年龄人口将不到 50%。

五是经济发展不景气。由于城市经济衰退，日本民众的消费力也在不断下降，由此导致日本居民对生活的满意度也在逐渐下降。2005 年的一项研究表明，20 ~ 59 岁的劳动年龄人口中，超过 60% 的被调查对象都认为生活压力太大，近 40% 的被调查对象认为收入不足。收入不足导致国民消费能力一再下降，连带影响了日本近 20 年的经济不景气，进而加重了日本公共产品供给不足的问题，加剧了供给不足型都市病的病症。

三、东京都市病溯源

日本是一个后发的城市化国家。"明治维新"推翻了幕府统治，奉还版籍和废藩置县等现代化举措都加快了城市发展。20 世纪 60—70 年代，东京都地区快速集聚了大量的制造业和企业雇员，引发资源供给不足，导致了环境污染、交通拥堵等一系列问题。

---

① 抚养比率是指非劳动年龄人口（0 ~ 14 岁及 65 岁以上）与劳动年龄人口（15 ~ 64 岁）相对比的比率，也可以解释为劳动年龄人口负担的非劳动年龄人口的百分比。

（一）人口快速集聚加剧了公共产品供需结构矛盾

日本是典型的发展型国家模式，发展型国家的首要特色是由国家领导和推动经济发展，而其在城市化发展中的集中表现则是由国家主导城市化进程的城市化模式。由政府主导城市的规划与发展形成了日本将重点产业优先安排到大城市的经济政策发展偏好。比如，日本推行了"置产兴业"政策，使得仅占日本国土面积 2% 的四大临海工业带产生了 30% 以上的日本工业总产值，而占国土面积 12% 的四大城市圈（东京、大阪、名古屋、福冈）则共同贡献了全国工业总产值的 70%。[①] 这也造成日本工业企业主要聚集在以东京为首的四大城市圈的现状。工业企业集聚造成了人口的大量集聚和都市规模的不断扩张，进而导致对都市公共产品的需求也不断增加，给本就供给相对不足的岛国经济和各大都市的公共产品供给能力带来巨大压力。

（二）公共产品供给空间结构不均衡

东京的发展同样类似于"摊大饼"。东京的都市发展模式是以近区域蔓延和同心圆式辐射为主的发展模式。东京都市圈由东京都、神奈川县、千叶县和埼玉县一都三县组成，由于东京都具有巨大的虹吸效应，其他三县人口、经济和文化活动都不断向东京都靠拢。过度单极化的发展模式导致东京都核心城区公共服务配套严重不足。1980 年前后，公共资源缺乏导致东京各种都市病开始暴发，尤其是交通拥挤等系列城市问题开始凸显。为缓解各类都市病，日本政府在东京市中心为半径的 30 公里范围内修建了许多新区，盖了大量的住宅。但由于新区公共产品供给不足，尤其是配套设施供给不足，导致新区建设的结果是政府机关搬迁了，而企业却不愿意搬迁。当日本进入老龄社会后，核心城区相对丰富和高质量的优质医疗和养老资源等导致大批新城人口又重新向东京城区回流，最终导致虽然日本人口总数处于负增长状态，但东京人口却在持续增长，进一步加剧了都市核心区公共产品供给不足的问题。

---

① 新玉言：《国外城镇化比较研究与经验启示》，国家行政学院出版社，2013 年，第 45 页。

（三）"先污染后治理"导致都市病并发

第二次世界大战以后，在日本快速城市化的过程中，重化工业化持续了近15年。重化工业的持续发展导致废水、废气、废液、废渣等排放量持续增加，导致城市环境污染不断加剧，由此引发了雾霾、水资源污染等一系列环境污染问题。在日本经济持续快速发展的这一阶段，发展优先的经济发展理念使东京聚集了大量工业企业。为了保证经济发展优先的政策得到执行，东京市政管理者按照"先污染后治理"的方式对待环境污染企业，结果为此付出了沉重的代价。尤其是重化工业不断扩张导致环境污染不断加剧，先后引发数起大规模环境污染事件。"先污染后治理"导致的环境问题集中暴发，最终对政府治理能力和公共环境承载力形成巨大挑战。为了治理这些都市病，东京政府投入了大量公共资源，给本就资源不足的城市公共基础设施、公共服务等公共产品供给带来压力，加剧了都市公共产品供给不足的问题。

四、东京都市病治理的主要举措

发展型政府使日本政府事实上在国民经济和社会发展中扮演了比一般市场经济国家中的政府更为强大的强政府角色，其在都市病治理领域的重要表现则是，日本的都市病治理主要是由国家机器为主导来治理主体结构，因此取得了较好的成效。在政府主导、社会力量积极参与下，日本积极应对都市病，经过近30年的努力，东京的治理经验成为人口高度集中的大城市缓解供给不足型都市病的优秀范例。这期间，东京政府采取的主要措施有：

（一）加强制度公共产品供给，优化公共产品供给主体结构

在治理都市病的过程中，东京政府注重加强都市病治理的制度公共产品供给，如先后出台了《工业控制法》《都市再生特别措施法》《首都圈整备法》等制度，促进都市病治理。尤其是1956年颁布的《首都圈整备法》，从国家法律层面确定了以东京为中心，半径100公里的都市发展范围，并先后五次编制实施《首都圈基本规划》，对东京的都市病治理起到了积极的促进作用。日本的首都

圈只是规划区域，并不是行政区域。这些规划都提出要分散中心城区职能，实施"多中心发展战略"。20 世纪 60 年代开始，日本政府把税收等政策作为手段，以引导城市公共资源逐步向城市副中心、新城区流动，促使人口等生产要素向城市副中心、新城区迁移。东京由此建成了跨区域的城市群，缓解了单一城市人口过度集中带来的都市病，扩大了城市的容纳能力。东京都市圈各城市分工明确，多摩地区成为研究开发机构聚集中心，同时带动高科技产业的集群发展；埼玉区域是政府机构所在地，同时，周围汇集了众多的商务活动中心，起到了日本副首都的作用。

为提升城市的经济和社会活力，日本政府于 2002 年制定出台了《都市再生特别措施法》。1991 年，日本的泡沫经济破裂，其经济大幅倒退并持续萎靡不振。[①] 以东京为代表的各大都市同时出现了少子高龄、土地开发不均衡等问题。2001 年 3 月，日本三个在野党（自由民主党、公明党、保守党）联合提出了《紧急经济对策》，内容涵盖 21 世纪城市建设计划、成立都市再生本部等措施。2001 年 6 月，日本政府正式公布《有关都市再生项目的基本宗旨》，提出"都市再生项目"概念。2001 年 12 月，都市再生本部开始确定实施包括"大都市圈环境基础设施"在内的一批都市再生项目。2004 年 3 月，日本自然环境总点检协会策划公布了《首都圈都市环境基础设施宏观设计》，制定了以东京都为中心的首都圈自然环境建设目标。自然环境总点检协会对首都圈的自然环境进行定量数据统计，并把城市周边的自然环境和城中河川、水田林地等自然环境资源中的 25 个区域和 12 条河川作为自然保护对象。同时，鼓励政府、专家、市民、社会团体、企业等不同主体间的参与和合作治理，有效缓解了公共产品供给资源不足、种类结构不足、都市病治理主体不足的问题。

作为全球性大都市，东京人口大规模聚集带来的好处是长出了基于高度人口素质及较优人口空间布局的服务业和知识经济，但人口的高密度聚集也会带来都市病等弊端。然而，在东京大都市圈人口达到 1000 万人的时候，东京都市

---

① 小峰隆夫：《日本经济的记录——从应对第二次石油危机到泡沫经济崩溃（1970—1996 年）》，佑柏印刷株式会社，2011 年。

病病症已经非常严重，但当其人口高达 3800 万人时，东京大都市圈的都市病表现反而没有当初那么明显。这得益于东京高密度人口下的运营管理能力和制度供给能力。目前，作为全球人口最多的大都市圈，东京大都市圈的都市病影响却是最小的，这表明了东京都市病治理的突出成效，值得学习和借鉴。

（二）优化都市公共产品供需空间结构，缓解公共产品供给压力

产业结构是影响人口空间布局的重要因素，也是都市病形成的关键要素。日本政府十分注重通过调整产业结构来引导人口就业的流动方向。通过一系列举措，东京的劳动密集型企业逐渐向外转移，资本密集型企业开始集聚。1955—1970 年，由于钢铁等制造业迅速发展，东京市区第二产业就业人口大量聚集。人口的快速增长给东京的交通、能源、住房等公共资源供给带来挑战，形成了各类供给不足型都市病。1959 年，日本通过了《工业控制法》，政府对较大规模工业企业的新增项目严格审核，大批第二产业企业转移至郊区或其他中小城市，作为产业替换与升级的结果，高科技产业开始向东京聚集，这在提高人均国内生产总值贡献的同时，也对控制人口总量、减少资源需求量等起到了积极作用。

为有效缓解公共产品供给不足的问题，日本积极通过各种措施实现资源共享以缓解公共产品供给不足的压力。如在教育方面，东京政府通过控制教育经费投入和教师轮岗制度，促进教育均等化发展。东京都市圈内各地的义务教育经费投入以东京都和圈内各地方政府为主，比重达到 40% 以上。东京公立学校的教师工资和福利保障费的 1/2 由日本政府提供，同时政府也承担了校舍危房改造的 1/3 的经费、1/2 的困难学生补助。财政分担制度体现了政府对义务教育的制度保障。政府同时规定，教师不能在同一学校连续工作五年以上。政府通过让教师轮岗促进了优质教育资源的合理流动，保证了师资队伍和教学水平的相对公平，事实上缓解了优质教育资源不足的问题，达到了防止因教育资源不公平而导致的都市人口流动、上学难、上学贵等问题的目的。

（三）加大财政投入，增加公共产品供给总量

日本在改善城市承载力和容纳度方面不断加大财政投入。以缓解住房难为例：从 20 世纪 60 年代开始，日本政府就实行国民住宅计划。这一计划的初衷是要实现"居者有其屋"。为达到这一目的，东京政府采用了财政补贴公团、公营住宅开发的方式，把公团住宅、公营住宅作为公共住房，低收入家庭向政府申请，以成本价和优惠租金承租居住。入住的方式是由公开抽签决定。公团住房采取中央政府与地方政府按照前者 3/4、后者 1/4 的比例出资分担建设成本，而地方政府则负责建设公营住宅，资助低收入者、特殊困难者的住房建设。通过努力，到 21 世纪初，日本政府已经为民众累计提供超过 150 万套公团住宅，较好地缓解了住宅短缺的困境。在高房价调控上，日本政府还采用房源供应、税收、土地等调节措施。目前，通过一定量的公房供应和完善的房屋租赁市场，东京市民的自有产权约占 40%，而住房租赁比例却高达 57% 以上，在一定程度上缓解住房资源不足的问题。

东京的城市管理者高度重视发展公共交通，特别是利用轨道交通来促进副中心的发展。比如，修建环城铁路作为串联各副中心的交通枢纽，从各副中心出发，建设一批向近郊或卫星城市延伸的轻轨线，并在轻轨线路末端发展新城。截至 2018 年 6 月，东京都市圈已有 33 条国铁 JR 线（JR 是 Japan Raitway Companies 的简称）、66 条私营铁路，13 条地铁打通了地铁轨道交通和地面公交体系，极大缓解了东京都市圈内的通勤压力。经过多年建设发展，东京都市圈的地铁线网长达 280 多公里，铁路长度超过 3000 公里，每天客流量达 2000 多万人次，实现 86% 的人流通过轨道交通通勤，有效缓解了都市公共交通基础设施资源不足的问题。

第三节　纽约都市病治理

纽约是当今全球城市化最发达的城市之一，它主要指曼哈顿、布鲁克林、皇后、布朗克斯和斯塔腾岛 5 个区，纽约市总面积 1214 平方公里（陆地 789 平方公里，水域 425 平方公里）。纽约大都会区包括纽约州、新泽西州和康涅狄格

州的 24 个县市，面积约为 2732 平方公里，人口超过 1230 万人。纽约是北美最大的金融中心、商业中心和文化中心，早期还是美国最大的工业中心。

一、纽约城市化进程

美国城市化的特点是早发性，这让纽约等美国大都市有充足的时间来解决各种伴生的都市病。根据林伟的研究，纽约的城市化经历了三个阶段：1790—1830 年的初级阶段；1830—1930 年的加速阶段；1930 年至今的城市化阶段。据1790 年的人口统计，美国的城市化水平只有 5% 左右，当时纽约是全美人口超 2 万人的两个城市之一。这段时间，美国的经济主要以农牧业贸易和商业为主。城市化中心在大西洋沿岸，纽约是当时的贸易中心。1830—1930 年是纽约城市化全面提速的阶段。1851—1920 年，每年从欧洲来的移民就达 39 万人。[1] 这些欧洲移民大多是工人和技术人员，他们为纽约带来了现代工业。这期间，美国修建了大量的铁路和公路。到 1854 年，纽约和芝加哥之间已经正式开通火车。与此同时，伊利运河打通了纽约州西部城市布法罗到纽约州东部的纽约市之间的水上交通，由此，货运价格由 1817 年的吨英里 19 美分，降到后来的 1 美分。[2] 随着现代工业和交通的快速发展，纽约的城市规模也不断扩大。1870 年时，美国有 15 个城市人口超过 10 万人，城市人口上升到全国总人口的 25.7%，然而，到 1920 年时，美国城市人口比例已经高达 51.2%，超过了农村人口比例。[3] 伴随着城市化和工业化的快速发展，纽约市也出现了环境恶化、交通拥堵、住房紧缺等都市病。20 世纪中后期，以纽约为核心的大西洋沿岸大都市群初步形成，都市病的系统化治理也随之展开。

二、纽约都市病病症

工业化提速、产业集聚市区等导致在纽约城市化过程中的都市病病症严重，

---

① 新玉言：《国外城镇化比较研究与经验启示》，国家行政学院出版社，2013 年，第 38–39 页。
② 王旭：《美国城市发展模式》，清华大学出版社，2006 年，第 31 页。
③ 周英：《城市化模式的研究——以河南为例的分析》，西北大学博士学位论文，2006 年。

其主要后果表现为空气污染、交通拥堵、住房紧缺等系列问题，由于纽约早期在城市治理中更多依赖于市场化的手段，缺乏必要的系统管理，因而出现了众多的市场失灵问题，导致各种都市病集中呈现。

（一）城市治理制度供给结构性失衡导致空气污染严重

在 20 世纪早期，由于公共治理能力不足，城市治理制度供给和治理实践相对落后，尤其是环境污染治理政策供给严重不足，导致纽约早期出现了严重的工业污染。在隆隆作响的机器带来滚滚财富的同时，人们也必须忍受嘈杂的噪声，大量烟尘、废气排放后形成灰暗的天空，工业废水排入河流和地下，水源严重污染。空气和水的污染引发了霍乱、伤寒、猩红热等多种疫情。据统计，市民死亡率居高不下，1910 年时的纽约，居民能活到 60 岁的仅有 5%。1963 年，一场严重的雾霾笼罩了纽约市，有 400 余人在这场空气污染中失去生命。1966 年，雾霾厄运再一次降临纽约市："纽约市区上空聚结着一层厚重的雾霾，空气污染指数已经达到危险水平，当晚 8 点到 9 点之间的空气中有害物质的危险指数高达 60.6，是平时的 5 倍，夜幕降临，空气悬浮物变得更加稠密，严重影响人们的呼吸系统。"[1] 然而，城市治理制度供给的功能不足却使纽约无法有效治理有巨大健康危害的雾霾。

（二）市场监管功能紊乱诱发住房紧张

大量人口涌入导致纽约出现住房紧缺问题。1890 年，美国每套住宅平均居住 5.45 人，纽约则高达 18.52 人。一些房地产商为谋巨利，将一幢楼分割为几百个单间出租。这些住房不通风，光照差，卫生设施简陋。1879 年，纽约这类住宅有 2.1 万个，到 1900 年增至 4.3 万个，容纳了居民 150 万人。[2] 而当时纽约市的人口总数还不足 400 万人。面对开发商牟取暴利的行为，高度市场化的负外部性导致纽约市政府几乎毫无市场监管功能和住房保障功能。1949 年，美国政府颁布实施《住房法》，所设置的国民住房保障目标为："让每一个美国家

---

① Sasa：《洛杉矶 35 美分雾霾罐头遭抢，中国治霾也要半个世纪？》，搜狐网，2016 年 10 月 21 日，http://www.sohu.com，访问日期：2017 年 2 月 21 日。

② 杨生茂、刘绪贻：《美国内战与镀金时代》，人民出版社，1990 年，第 298 页。

庭都能生活在宜居环境里的体面住房之中。"但高度市场化导致的政府公共服务
供给功能紊乱使得这一目标的实现步履维艰。1990 年，美国《国家可负担住房
法》强调，"住房是可负担的"，并将可负担住房的标准确定为房租不超过收入
的 30%。然而，直到 2015 年，美国仍有近 26% 的租房户将一半以上的收入用
于支付房租。可见，高度市场化导致的政府监管功能紊乱和公共服务供给功能
不足是导致美国住房紧张的重要原因。

（三）政策疏导功能不足加重交通拥堵

快速城市化后的纽约，拥堵问题十分严重。在 2015 年的全美最堵城市排
行榜中，纽约名列第四。2017 年，在全球交通最拥堵城市排行榜中，纽约名列
第三。据测算，纽约市出租车在高峰期的堵车率高达 90%，纽约人每年在路上
额外消耗的时间为 74 小时，总体堵车时速为 7.4 英里，高峰时段拥堵的比例为
19%，纽约人每年因堵车而多支出的通勤费用为 1739 美元。2010—2016 年，纽
约的拥堵率上升了 30%。交通拥堵的后果一是引发交通事故，二是汽车尾气排
放的二氧化碳及二氧化硫等污染了空气。然而，"民主化"的决策体制使纽约市
政府不可能出台诸如限购、限行之类的疏导性政策，在一定程度上增加了纽约
市治理交通拥堵性都市病的难度。

三、纽约都市病治理的公共产品供给逻辑

由于纽约的城市治理有先发优势并更多地依赖于市场手段和社会组织，其
都市病治理呈现出独特的治理逻辑，对突破管理局限，实现都市病治理提供了
宝贵的经验。2019 年 4 月，经过近一年的公众咨询，纽约正式公布了题为《只
有一个纽约 | 纽约 2050 总规：建立一个强大且公平的城市》（One NYC 2050:
Building A Strong and Fair City）的总体规划，为未来 30 年纽约的都市发展和治
理提供了总体思路，其中许多举措都是基于都市病治理的历史经验和现实需要，
值得我国在预防和治理都市病的过程中反思和借鉴。

（一）加强顶层设计，强化制度公共产品供给

纽约的城市规划具有前瞻性、整合性和导向性等特点。纽约的长期规划着眼于未来的社会经济发展趋势，从人口增长趋势、资源承受力、新经济增长等方面进行预测，为科学制订城市发展规划提供支持。为了克服重复建设、资源浪费和过度竞争，纽约在制订规划时高度重视区域和谐。由此，纽约市在联邦政府的帮助下成立了专业的社会组织——纽约区域规划协会，许多区域规划及差异定位的问题都由它来调度统筹。[①] 纽约城市规划也十分重视市民的参与，如纽约市发展委员会、纽约住房与区域规划委员会、纽约市城市规划委员会等，其会员大都是有专业能力的市民，通过申请，由城市议会聘任。这在一定程度上提升了规划立法、修法、执法的开放性和公平性。纽约的郊区化运动启幕于20世纪50年代。公路发展、汽车普及方便了人们向郊区迁移。60年代之后，大批购物中心及超市出现在纽约的城市边缘，郊区城镇逐渐成为许多纽约人主要的生活和工作空间。此外，纽约大都会区新建立了包括长岛、新泽西州等城镇，这些卫星城镇有效地疏解了纽约的都市功能，缓解了主城区的都市病病症。顶层设计的科学规划有效地提高了实际都市病治理水平，为治理都市病提供了经验参考。

（二）优化公共产品供给主体结构，调节公共产品供给种类结构

美国主张"有限政府"，国家原则上只是社会和市场的"守夜人"。这使得美国公共产品及资源的供给充分运用了市场手段，社会组织在其中发挥了较大的协调、救济和补充作用。针对都市区域间不同的公共财政资源和供给能力导致的公共产品供给不均衡，政府通过财政转移支付来统筹区域都市公共产品供给和发展政策，引导和鼓励都市各个区域之间减少或消除公共产品供给的种类差异或区域差异。一方面，资源稀缺性导致了各种资源稀缺型都市病；另一方面，庞大的社会资本也在寻找稳定、有效的投资渠道，为此，纽约市政府在引导社会资本介入公共基础设施建设方面走在前列。比如，近年兴起的PPP模式，就

---

① 刘洁：《"城市病"防治——以中国超大城市为例》，社会科学文献出版社，2018年。

是让社会资本参与公共产品供给以治理各类都市病的典型做法。由于市场的有效调节作用，纽约出现了"逆城市化"现象，这大大缓解了中心城区人口密集、住房紧张等都市病。一些污染难以治理的企业也纷纷实施"腾笼换鸟"，向郊区布局。

（三）分散功能，消解都市公共产品供给空间结构矛盾和供需结构矛盾

纽约作为世界第一大城市，是美国和世界的金融中心，是世界娱乐产业中心，也是教育名城，其金融、娱乐和教育功能使纽约市形成了巨大的虹吸效应，吸引了来自美国全国乃至世界的流入人口，增加了城市功能紊乱的概率，导致发生各种都市病。在纽约大都会地区，除了纽约是一个拥有839.8万人口的大城市，其余的都是小城市。2018年11月，纽约区域规划协会发布了他们的第四次纽约大都会区域规划，主题为"平等、共享繁荣、健康、可持续发展"，开始逐步向各个"卫星城市"疏导都市功能，以缓解都市病功能紊乱的症状。在《只有一个纽约丨纽约2050总规》中，纽约市明确，要从建筑到街道各方面去应对全球变暖，鼓励步行、骑行和公共交通等出行方式，同时要求小汽车更加环保，承诺撤出养老金对石化燃料行业的投资，减少塑料、聚苯乙烯制品和一次性物品的使用等措施。显然，这些都是基于都市病防治而提出的规划思路，也是缓解和消除城市功能紊乱而采取的积极举措。

四、纽约都市病治理对策

（一）优化公共产品供给主体结构

当代社会的公共治理过程是多元主体协同参与的公共过程，地处"多元治理"发源地的美国，纽约市积极鼓励多元力量参与都市病治理，充分发挥多元主体治理都市病的积极性和参与作用。以都市贫困治理为例，纽约市积极发挥多元主体共同治理纽约的都市贫困。对纽约都市贫困治理而言，首先是社会力量推动的结果，如雅各布·里斯的《另一半美国人如何生活》对纽约贫民生活状况做出了深度描绘。林肯·斯蒂芬的《城市的耻辱》深刻揭露了纽约等城市存在

的各种丑恶现象。约翰·斯帕戈的《孩子们的痛苦呼叫》则对纽约童工的遭遇表达了深度同情。这批"黑幕揭发者"推动纽约社会各界开始重视城市贫困问题。政府成立了专门的公共福利委员会，专门负责救济失业贫困。城市管理者发起了以贫民窟改造为目的的社区服务改良运动。一些改革派牧师开始筹集善款为贫民窟创办医院和学校，建立各种社会救济机构。多元主体的协同努力有效促进了纽约市的贫困治理。

（二）发挥制度供给的导向功能

导向功能是公共政策的重要功能，在都市病治理过程中，纽约市充分发挥公共政策的导向功能，积极出台各种政策以引导社会各界协同参与都市病治理。以空气污染治理为例，早在1955年，美国政府就颁布实施了《空气污染控制法》，着手控制重污染行业发展，倡导公交优先，淘汰高能耗车等，借以治理空气污染。1970年4月22日，美国各地区2000多万民众上街游行，向政府施压，旨在唤醒人们的环保意识，后来这一天被美国政府定为"世界地球日"。1970年，美国国会通过了《清洁空气法》，制定了尾气排放标准，对机动车尾气排放包括一氧化碳、二氧化硫在内的6种污染物实施监管。纽约人吸收了洛杉矶治霾的经验，全面推广节能减排，如将交通信号灯换成二极管灯具后，其耗能只是过去的10%；节能冰箱的应用使耗能又降低了75%。在公共交通上，电动汽车取代了燃油汽车，据统计，1995—2006年，纽约的公交车颗粒物排放降低了将近一半。纽约改进了建筑物供暖方式，风能和太阳能得到了有效利用，为治理污染做出了贡献。2006年，当世界多数城市还在试图控制车辆数量时，纽约市就已经兴建了300英里的自行车车道，倡导环保出行。1999—2001年，纽约人口总量增加30万人，但PM2.5却大幅下降。2013年，纽约政府宣布，其空气质量达到50年来最为清洁的程度，已摆脱"雾都"的称号。此外，在《只有一个纽约|纽约2050总规》中，纽约还将均衡发展理念导入都市长期规划，将绿色和包容作为都市发展的底色，强调创造高薪的绿色岗位、促进经济繁荣和安全、确保所有社区高质量的医疗保障和教育等，努力从公共政策创新和发挥政策导

向功能方面提升和优化都市功能，从根本上为治理都市病提供保障。

（三）加大公共产品供给力度

针对市场化负外部性导致的都市监管功能弱化及都市公共产品供给功能紊乱，纽约市积极改革公共产品供给模式，加大都市公共产品供给力度以治理各类都市病。如，美国政府为了改善低收入家庭的住房问题，采取了完善立法、灵活的金融政策以及减免税收等多种措施以改善住房公共服务供给。纽约还实行了多样化的住房政策，通过直接出资资助或税收补偿帮助解决市民住房问题，如鼓励银行加大用于住房贷款的发放、严格房地产从业人员从业职守，并要求住房及城市发展部做好建房相关规划。对于贫困人群的住房保障，纽约市政府提供了三种方式：一是直接资助，即政府通过专项拨付资金开展具体住房建设；二是提供帮助，即帮助公众从私人手中租住空房；三是减免各种税赋，即全部减免或部分减免贷款财产税、利息税、所得税。此外，政府还跟踪监控住房租金涨幅，为此，纽约市颁布了地方性法规《租金控制法》，从制度上来控制低收入家庭的租房支出和保障他们的居住条件。在纽约，约有50%的房源为租金管制住宅和租金比较稳定的住宅。大约有200万居民（纽约市人口的1/4以上）租住在这些公寓里。纽约市在《只有一个纽约丨纽约2050总规》中承诺，会带领全体市民走上强化民主、重修基建、解决教育不公和健康不公、对抗全球气候危机和巩固社区家园之路。从历史经验和现实挑战来看，优化和改进公共产品供给能力和质量是治理都市病的基本立足点。

（四）增加公共产品供给能力

增加公共服务供给能力以治理各类都市病是纽约市的重要举措。以交通拥堵治理为例，纽约建有北美最大的公共交通系统，公交、地铁和其他公共通勤网络相辅相成。纽约共有24条地铁线路，总长度为1370公里，468个站点遍布全市。工作日每天运力为50多万人次。纽约的公交与地铁均24小时运营，为上下班的人群提供便捷的服务。通过"公交优先"策略，纽约最大限度地提高了交通效益和路面效率。此外，政府还通过征收拥堵费，控制进入曼哈顿地区车辆总数；通

过征收燃油税、过桥费、过路费、高额停车费来提高私家车出行成本。纽约市设有拼车专道，鼓励私家车上下班拼车。美国是较早应用智能交通的国家，1995 年 3 月，美国运输部就推出了"国家智能交通系统项目计划"，确定了智能交通在 7 大领域和 29 个用户服务的运用。智能交通系统在纽约付诸实施后，纽约的交通拥堵降低了 20%，时间延误减少 10% ～ 25%，车祸率降低了 50% ～ 80%。在《只有一个纽约 | 纽约 2050 总规》的制定过程中，有超过 1.6 万纽约人参与了这项伟大愿景的规划与设计，每个社区的居民都参加了社区论坛，接受了规划的调查问卷，提出了许多富有建设性的意见和建议。政府特别是在公共交通、收入、医疗、教育等方面广泛汇聚了民众的意见，这也为都市病防治和提升后续的政策产出质量奠定了坚实的民意基础。

第四节　伦敦都市病治理

伦敦是全球第一个启动城市化进程的城市，是英国的政治、经济、文化、金融中心，是世界上最早迈入大都市的城市之一，并在相当长的一段时间里是全球最大的国际性大都市。[①] 根据最新的数据，从空间范围来看，大伦敦地区（Greater London）主要包括 32 个伦敦属地行政区，以及伦敦大都市区的中心区——伦敦市（City of London）。大伦敦地区的总面积达 1577 平方公里，人口总数约 828 万人，也为研究都市发展和治理提供了典型样本。

一、伦敦治理都市病的历史演变

伦敦城市化和城市化进程可以分为三个阶段来考量，即工业革命前的伦敦（15 世纪初至 1765 年）、工业革命时期的伦敦（1765 年至 20 世纪初）和当代伦敦（20 世纪至今）[②]。这三个阶段勾勒出了伦敦城市化的发展脉络，也为我们考察伦敦都市病生成、演化与治理提供了微观样本。

---

① 高秉友、姜流：《伦敦大都市区治理体制变迁及其启示》，《江汉论坛》2013 年第 7 期，第 74-78 页。
② 刘洁：《"城市病"防治——以中国超大城市为例》，社会科学文献出版社，2017 年。

（一）工业革命前的伦敦：城市化的启动与发展

在中世纪时，伦敦就是城市复兴的楷模。至中世纪的晚期，英国农村城镇的基本格局已经形成，这也为城市化的启动和发展创造了条件。在此背景下，伦敦的城市化进程可以说具有起步早、发展快的特点。到 15 世纪初，伦敦的居民已达 3 万～4 万人，到公元 1600 年时已经达到 20 万人，公元 1700 年时快速增长到 50 万。[①] 到 17 世纪末，相比旧城，伦敦城区面积已经扩大了 10 倍以上。1650—1750 年，伦敦的人口总数增加了 27.5 万人，已占到全国人口的 10%。随着资本主义生产关系的成长和完善，在伦敦等现代生产方式快速发展的地区，城市化的各种要素条件不断成熟，由此在更大的区域空间内开启了城市化的进程。伦敦作为资本主义世界最具代表性和影响力的政治、经济与文化中心，其城市化进程的启动与发展在向世界充分展示早期资本主义工业化巨大活力的同时，也暴露出了资本主义工业化、城市化过程中存在的巨大问题，从一般意义上向世界反映了城市化过程面临的共性挑战。

（二）工业革命时期的伦敦：城市化的完成与城市化的加速

"工业革命对商品的制造方式、制造地点带来了本质性的变化，成为城市增长的强力催化剂。"[②] 工业开始集中，农村人口开始涌向城市。工业化后的伦敦人口快速增加。到公元 1800 年时，伦敦人口规模已经达到 650 万人，成为全球人口规模最大的城市。至此，伦敦基本完成了城市化进程。"在工业化迅速发展的情况下，大量人口涌入城市，但是资源却没有相应地向城市集中，就必然会出现城市设施不足和组织混乱，即城市病会随之伴生。"[③] 然而，由于是工业化、城市化的先发国家，英国快速发展的城市化缺乏可资借鉴的都市病治理经验。伦敦自 19 世纪成为世界级的大都市之后，其城市化经历了人口增加—减少—增加的反复过程；其治理模式也从分散逐步走向集中。伦敦作为英国首都和人口最为密集的都市，彼时空气污染、水污染、城市卫生、住房不足、交通拥堵、城市犯罪等

---

① 江立华：《英国人口迁移与城市发展》，中国人口出版社，2002 年，第 150 页。
② 保罗·诺克斯：《城市化》，顾朝林等译，科学出版社，2009 年，第 50 页。
③ 高德步：《英国工业革命时期的"城市病"及其初步治理》，《学术研究》2001 年第 1 期，第 103-106 页。

方面都出现了严重问题。可以说，这一发展阶段是都市病集中显现的过程，也是人们更加深入全面地理解城市化的过程，是从理念上和措施上破解都市病困扰的阶段。

（三）当代伦敦：城市化的完成与都市病的加重

进入 20 世纪以后，特别是第二次世界大战以来，伦敦的都市病治理取得了显著的成效。但是，在许多领域也未能消除都市病生成的深层原因。例如，20 世纪以后，虽然英国及伦敦的空气污染治理力度不断加大，但 1952 年仍然发生了导致 4000 多人丧生的"伦敦烟雾"事件。可见，都市病是贯穿在都市发展和治理过程中的基本问题。但是，概括地看，伦敦城市化进入第三阶段后，特别是福利国家建设以后，公共产品供给的总量不断扩展，结构性失衡的问题得到了有效的消解，这些都为都市病的治理创造了有利条件。另外，随着政府改革和城市治理的发展，特别是多元主体合作共治的各项条件不断成熟，都市病治理的体系逐渐完善，治理的措施也更加立体与多元，为破解都市病提供了新思路和新方案，这些探索对我们分析和改进我国的都市病治理具有积极意义。

二、都市病在伦敦的主要表现

伦敦的快速城市化建立在工业化发展的基础之上。由于工业化的负外部性不断累积，伦敦城市化过程中的环境承载能力严重削弱，空气和水源污染持续恶化，加之外来人口的无序涌入，以及配套公共资源供给滞后和不足，导致各类都市病集中暴发。在城市化过程中，随着人口的急剧增长、公共空间的日趋拥挤、环境承载压力的不断强化，由此导致的都市病病症在伦敦的发展和治理历史上体现得十分明显。

（一）公共产品供需结构性失衡

公共产品供需不平衡诱发的都市病病症在伦敦体现得比较突出。从市民出行情况来看，伦敦是世界上交通最拥堵的城市之一。高密度的商业服务设施集中在伦敦市中心区域，造就了巨大的产业规模和就业岗位容量。因此，在每天的上下班高峰时段，上百万的人流穿梭在都市的各个角落，这对伦敦公共交通产品供给、城市交通基础设施供给等提出了极大需求。伦敦都市区的交通类公共产品，以及道路交通基础设施的供给总量虽然不断提升，但是仍然难以满足如此巨大的人流量需求，导致伦敦中心区域成为全英国交通最为拥堵的地段，区域内平均车速只有 14.3 公里 / 小时。根据《星期日泰晤士报》报道，伦敦司机每年平均有 101 个小时（相当于 12 个工作日）被堵在路上。拥堵高峰时，伦敦一些繁忙路段的公交车车速只能达到 6 公里 / 小时，比不上 18 世纪的马车速度。据统计，伦敦每年因交通拥堵造成的直接、间接经济损失高达 55 亿英镑（约 484 亿元人民币）。近年来，由于市民生活方式发生较大转变，虽然互联网购物现象大幅增加，但由于周末购物现象和夜间经济的快速发展，伦敦城区的拥堵现象已经不仅仅局限于日常上下班高峰期，也不再仅仅发生在伦敦城市中心区，而是快速扩散到了整个伦敦城区及城市周边地区。据统计，伦敦 75% 的交通拥堵都来自对有限街道空间的无限巨大需求，但是交通基础设施扩容和升级的成本越来越高，显然靠单纯的交通管理已经无法得到根治，这就意味着城市化发展带来的公共出行需求与城市能够提供的此类公共产品供给之间的倒挂问题难以从根本上破解。因此，公共交通产品供给总量不够、成本居高不下、供需结构不平衡，这是此类都市病的病灶之所在。

（二）公共产品供给种类和质量结构失衡

伦敦是传统"贵族型"都市，不平等的社会结构导致伦敦在经济建设、奢侈品消费领域、时尚领域的公共产品供给相对较为充分。在供给对象方面，对贵族的公共服务和公共产品的种类和质量都要优于一般公众。公共产品供给种类和质量的不均衡导致伦敦对一般市政建设、环境污染治理等领域的公共产品供给相对不足，难以适应工业化持续发展的需要。以环境污染治理为例，工业革命中以水力为动力的工厂大都沿河建立，这些工厂的废水大都从管道直接排放到河流中，1858 年污染已至顶峰，成为泰晤士河的昭著的"奇臭年"，河里见不到任何鱼虾。河流污染直接导致了严重的霍乱，1831—1832 年，英国有 2.2 万人因此丧生。河流污染严重损害了公众的身体健康，当时伦敦居民的平均寿命只有 30 多岁。[①] 环境污染的另一个重要表现是空气污染，18 世纪，伦敦发生了 25 次毒雾笼罩城市事件。在 19 世纪上半叶，也有 14 起毒雾事件暴发。[②] 每一次的毒雾发生都使得众多伦敦居民发生群体性的呼吸道疾病，严重的甚至会导致死亡。在 1952 年 12 月 4 日发生的"伦敦烟雾"事件中，由于污染严重，风力微弱，浓厚烟雾弥漫长达五天之久，众多老人和儿童成为慢性病患者，8000 余人在数周内死亡。

（三）公共产品供给区域和对象结构失衡

城市公共产品主要包括文化、教育、医疗等，这对低收入人群来说，往往是可望而不可即的，一般被排斥在供给对象范围外，由此造成贫困加剧和持续贫困。由于贫民窟和贫困人群的公共政策参与和博弈能力相对不足，导致针对贫困区域和贫困人群的公共产品供给往往要少于针对富人区和强势人群的公共产品供给。英国城市的贫困问题十分突出。在伦敦，有 20 多个人口过万的贫民窟。阿萨·勃里格斯将这些贫民窟称作"霍乱国王的巢穴"。[③] 由于贫困，伦敦的犯罪率一直居高不下。统计资料显示，1841—1850 年，伦敦市的所有辖区中，作为贫困人群集居地的贫困窟中的犯罪率一直遥遥领先。[④] 约瑟夫·朗特里基金会公布的一份研究报告显示，2016—2017 年，每 5 个英国人就有一人处于贫困状态。在这些贫困人口中，又有 400 多万人属于持续贫困人群。统计数据显示，在 2011—2012 年和 2016—2017 年的两个发展阶段中，英国儿童贫困人口数量上升的速度超过了同期儿童人口增长的速度。与此同时，英国工人的贫困状况也比过去 20 年的任何时候都更为严重。2004 年以来，英国贫困工人的人数增长速度高于就业人数的增长速度，有 1/6 的退休人员处于贫困状态。

---

① 陆伟芳、余大庆：《19 世纪英国工业城市环境改造》，《扬州大学学报》2001 年第 4 期，第 50-55 页。
② B.W.Clapp, *An Enviromental History of Britian Since the Industrial Revolution*, New York: Routledge, 1994, p.43.
③ 阿萨·勃里格斯：《英国社会史》，陈叔平等译，中国人民大学出版社，1991 年，第 257 页。
④ 恩格斯：《英国工人阶级状况》，中共中央马克思恩格斯列宁斯大林著作编译局译，人民出版社，1956 年，第 395 页。

三、公共产品供给视角的伦敦都市病病因

英国是世界近现代史上第一个启动工业化、城市化进程的国家。作为当时世界第一大城市和工业化、城市化运动的先驱，伦敦对于都市病的治理并无先例可循，更无经验可鉴，在其都市病暴发时确实存在准备不足的问题。究其原因，主要表现在以下几个方面。

（一）城市化的不均衡性导致伦敦成为都市病暴发重镇

英国迈向城市化道路之后，全国经济重心完全配置在伦敦及其周边地区，造成英国城市的发展很不平衡。19 世纪 90 年代，有学者将英国的 1012 个城市分为四个层级。处于最高层级的伦敦，人口在总城市人口中占 20.25%，平均为 56.4 人 / 平方英亩，处于最低层级的 709 个城市，人口占到 27.33%，但密度只有 2.62 人 / 平方英亩。[1] 相较而言，伦敦人口密度高，经济责任重，极大增加了伦敦都市公共产品供给的压力；而且由于早期城市化缺乏合理的制度规划，对城市发展缺少制度公共产品的规范、引领与制约。城市化不均衡导致的公共产品供给与伦敦城市快速发展之间的张力使得伦敦城市污染、交通拥堵、贫民窟等各种都市病频发。

（二）伦敦城市化速度过快导致公共产品供需不匹配

1750—1850 年，英国的城市化水平从 10% 迅猛发展到 50%，城乡人口比例发生了质性改变，随着城市化进程的持续推进，英国城市人口占总人数的比例还在不断上升。据统计，1851 年时英国城市化率只有 50.2%，但到 1881 年时，已经迅速发展到 70%，到 1901 年时，城市人口比例更是已经高达 80%[2]，而欧亚大陆到 1970 年后才达到这一城市化水平。由此可见，伦敦城市化发展速度在那个时代可谓是一骑绝尘。但快速城市化导致乡村人口源源不断地涌向城市，使伦敦城市人口规模迅速扩张，伦敦原有的承载能力难以适应快速集聚的人口规模的需要，因而在城市公共产品供需结构之间出现张力，导致各种城市病也

[1] P. J. Warren, *Towin, City and Country: England 1850-1914*, Oxford: Oxford University Press, 1983, p4.
[2] 肯尼思·摩根：《牛津英国通史》，王觉非等译，商务印书馆，1993 年，第 474—495 页。

相伴而生且逐渐严重。

（三）政府的放任不干预导致公共产品供给失衡

作为老牌资本主义国家和亚当·斯密《国富论》自由放任的经济思想的发源地，英国政府一直奉行"自由放任"的经济思想，这给英国的城市治理带来了深远的影响。城市管理者以为"自由市场可以自动为企业选择厂址，可以自主建立起一个有序的经济环境，可以创造出一个紧凑和内聚的社会模式"①。然而，治理的客观现实却无情地证明，缺乏利益动机的驱动，无人愿意牺牲自己的利益去实现公共性需求。伦敦在分散治理与集中治理的改革过程中强调分权化思想和市场化思想，主张政府的自主性和市场配置资源的首要性，同时主张压缩政府公共开支，使得政府对伦敦的治理缺乏必要的统筹和引导。市场负外部性导致的公共性的缺失和集体行动的困境加剧了各种已经开始逐步呈现的都市病。如在住房领域，随着都市人口规模的不断增加，面对日益严重的住房问题，英国政府依然奉行不干预政策，认为购买和租赁房屋都是民众的私事，应该通过自由市场来调节，政府没有义务去改善平民的居住条件，更不需要承担他们的房租。市场化导向的都市住房理念导致伦敦市的住房问题一直难以解决。

（四）早期技术受到一定局限导致治理能力滞后

作为老牌先发城市，伦敦的城市治理毫无可资借鉴的治理经验，也缺少可资利用的治理技术工具和政策手段。在工业革命的早期，英国科学技术及生产力都有极大提高，但这些技能主要用于生产，而没有用于城市治理。到19世纪中期，伦敦的排污排水系统还没有实现全城覆盖。伦敦对城市基础设施建设的大规模投入直到70年代才开始出现。以空气污染治理为例，对伦敦而言，工业化迅速发展带来的空气污染是没有先例可循的。一方面，空气污染主因是煤炭燃烧，受限于提炼技术，煤炭的含煤纯度不高，且缺少除尘装置，无法做到烟尘的净化；另一方面，面对汹涌而来的"毒空气"，伦敦当时根本没有可以治

---

① 刘易斯·芒福德：《城市发展史：起源、演变和前景》，宋俊岭、倪文彦译，中国建筑工人出版社，1989年，第336页。

理空气污染的理念和技术，这导致在毒烟雾暴发的早期阶段，伦敦基本是束手无策。

四、伦敦都市病治理的实践

伦敦有针对性地治理都市病始于20世纪30年代。伦敦市政府协同社会及市场力量采取了如下主要措施来治理都市病。

（一）通过立法，引导调整公共资源布局

为统筹大伦敦地区城市发展问题，英国政府于1937年组建了"巴罗委员会"，负责伦敦区域的整体规划。1938年，英国政府出台了《绿带法》，用法律手段强制伦敦周围必须保留13～24公里宽的绿化带，明确规定在此区域内不得建设厂矿和居住区。绿带政策（Green Belt）较好地控制了伦敦的城市空气污染问题。《新城法》于1946年颁布后，新城建设运动达到了高潮。至20世纪50年代末，以伦敦市为中心，半径50公里的范围内建成了8个卫星城，用于解决伦敦人口集中、工业用地紧缺等问题。60年代后，政府有计划地将新组建的机构分流在伦敦以外的各个城市。如英国政府于60年代新成立的驾驶员和车辆管理局就被置于伦敦之外。到20世纪末，为缓解伦敦市的各种都市病，英国中央机关开始逐步迁离伦敦，市政机构也开始撤离市区。20世纪60年代中期，伦敦重新制订发展规划，重点解决伦敦都市圈的经济和人口均衡发展问题。由此，伦敦—伯明翰—利物浦—曼彻斯特城市群开始形成，伦敦也发展成为由封闭到开放的辐射型都市经济区。

（二）通过调整公共政策，严控环境污染

英国政府通过法治路径来治理大气污染，如在1843年，《炉灶排放烟尘和控制蒸汽机法案》颁布；1863年《碱业法》出台，要求制碱企业要对排放物进行处理。为解决雾霾问题，英国政府在1950年连续出台燃料使用规范，制定工厂排放标准。1956年，推出《大气净化法》，对安装除尘除硫设备作了规定，并列

出了无烟区，在无烟区禁止排放黑烟。[①]通过这样的政策引导，至1975年，伦敦每年的雾霾日已下降到15天，1980年下降到5天，伦敦终于走出雾霾，重现蓝天。

英国议会在1847年颁布了《河道法令》，以解决河流污染问题。1848年通过的《公共卫生法》规定，要集中处理污水和污物。1855年，出台《消除污害法案》和《首都管理法案》，设立专门的管理机构负责管理和监督伦敦供水、排水系统。

（三）通过调整产业布局，优化公共产品供给的区域差异

通过卫星城的打造，伦敦的整个产业空间的布局形成了城市中心、内城区及郊外的行政、经济、文化的有序分工。协同伦敦金融中心，将威斯敏斯特市城区打造成为新的商务区。城市中心在国际商业服务上担纲主角，内城区和新商务区的功能是服务国内和本地产业，同时承接城中心区的产业释放。

（四）通过增加公共服务的投入，推进动态化交通管理

伦敦的公共交通体系主要包括地铁、轻轨、公共汽车、城市慢行系统等。伦敦的地铁里程、车站密度及发车频率都排在世界前列。伦敦地铁线长已达400多公里，运载了75%的在市中心区域工作的人员。伦敦打造了众多公交专线，拥有近300公里的公交网线，采用补贴票价吸引市民公交出行，例如，伦敦18岁以下的青少年可以免费乘坐公交车和有轨电车。通过收取道路拥堵费，伦敦中心区的私家车出行明显减少。

（五）通过多样化的住房保障，实现公共服务均衡化

20世纪70年代后，伦敦政府实行住房制度改革。《住房法》《住宅与建筑法》《住宅与规划法》就是这一阶段出台的。政府将拥有的公房出让给公众与私人机构，通过公有房屋租赁与补贴抵押贷款等方式帮助民众缓解住房问题。伦敦政府建立了不同层次的住房福利保障体系，自购房屋家庭的比例从1979年

---

① 梅雪芹：《工业革命以来英国城市大气污染及其防治措施研究》，《北京师范大学学报》2001年第2期，第118-125页。

的 55% 增加到 1991 年的 68%，约 22% 的人租当地政府的公有住房，剩余 10% 的居民租赁市场化房屋。2005 年底，通过购买权制度出售的公共住房共达 291 万套。

（六）通过政策均衡公共产品供给，救济社会贫困

英国是世界上第一个实行城市保障体系的国家。1875 年，伦敦议会通过了《市政机关法》，设置了济贫法委员会、工厂视察员办公室、卫生总局等。1866 年颁布的《卫生法》要求政府为居民提供清洁的饮用水，负责清洁垃圾。19 世纪下半叶，城市死亡率明显下降，伦敦 25 年内死亡率从 50% 下降到 25%，居民平均寿命从 25 岁增至 37 岁。[1]英国在 1833 年颁布了《工厂法》，该法案要求童工每周工作时间不得高于 48 小时。从 1844 年开始，议会规定女工每天的工时不得超过 12 小时。1847 年，议会通过了《10 小时工作日法》。1892 年 7 月，恩格斯在《英国工人阶级状况》德文本的第二版序言中指出："这本书所描写的那些触目惊心的和见不得人的事实，现在或已被消除，或者至少不再那么刺眼了。"[2]

在城市化过程中，英国作为一个先发国家经历了都市病之痛。但其系列治理举措在实践上取得了巨大的成效，这也为当今正在推进城市化的世界各国治理各类都市病提供了宝贵的经验。

第五节　典型国际都市治理都市病的经验启示

纵观东京、纽约、伦敦这三个典型城市的发展过程，其都市病暴发都是在其工业化发展的高峰阶段。在此阶段，制造业集中于城市，大量的农村人口迁移到城市，由于人群的过度聚集，城市管理者又无视都市病治理的相应预案，污染、拥堵、住房难等问题接踵而来。面对这些问题，这些大城市开始进行产

① 李冈原：《英国城市病及其整治探析——兼谈英国城市化模式》，《杭州师范学院学报（社会科学版）》2003 年第 6 期，第 105–108 页。
② 恩格斯：《英国工人阶级状况》，中共中央马克思恩格斯列宁斯大林著作编译局译，人民出版社，1956 年。

业结构调整，随着制造业外迁、行政机构撤离，逆城市化现象开始出现，城市人口有所下降。现在，这些大城市的都市病问题逐步得到缓解，城市开始重新焕发活力与生机。正处在城市进行系统规划的重要阶段。在确定资源分配、公共服务供给以及政府治理创新等方面，东京、纽约、伦敦三市的经验教训有重要启示价值。

一、注重规范都市发展的制度公共产品供给

（一）以法规引导都市发展运行与都市资源的适配性

规划权威性必须通过立法的形式来体现。三个城市在规划实施方面都采用了一系列立法手段。如，日本从法律上界定了首都圈的范围，相继颁布了《首都圈建成区限制工业等相关法律》《首都圈街地开发区域整备法》《多极分散型国土形成促进法》《首都圈近郊绿地保护法》等多部法律法规。对东京首都圈的均衡发展贡献颇大。1806 年，纽约市的公共理事会制定了一项曼哈顿岛的规划，在 1871 年，该规划通过了立法机构的批准，意味着纽约现代城市规划与建设的法治化。1923 年，纽约区域规划协会（RPA）把首次规划时的焦点集中在"去中心化"。第二次规划焦点放在"城市蔓延问题"。而 1996 年第三次规划报告则关注基础设施、社会、环境与劳动力的投资等问题。

（二）推进区域一体化建设，实现区域内的合作治理

三个城市都建立了跨区域的协调机构。例如，东京都市圈在整体规划和建设中，由国土厅（现国土交通厅省）下属的大都市整备局负责协调，除编制大都市圈发展规划外，还负责协调与土地局、调整局等的关系。伦敦有巴罗委员会等机构进行区域规划协调。纽约也成立了区域规划协会以及纽约大都市区委员会等，协调本区域各城市之间的差异化发展和规划。规划委员会对都市圈行使规划，并由委员会来推进和监督，这样有利于合理配置区域内的资源以及科学安排产业结构。在跨区域规划引导下，多中心的城市群充满生机和活力，并沿着都市圈的各自成长轨迹发展，维系都市圈的开放性、多样性和辐射性，实

现各城市之间的协作与共同发展。

二、多元主体协同供给都市公共产品

大都市是城市化发展到一定程度的结果。在伦敦政府整体化治理过程中，我们可以看到集中与分散两种机制的力量。一方面，大都市是由各种基层行政单位组成的，它们需要发挥其自治作用，担负起服务辖区的职责；另一方面，大都市内部的经济社会，尤其都市病的治理，迫切要求各层面的协同与合作。这就要求大都市相对整体化治理的机制。伦敦大都市政府治理的实践和东京都政府对城市治理强力主导的模式取得了较好的成效，大都市相对集中式的整体治理符合城市成长的规律，有其内在优势，应该给予高度重视。如果片面强调市场的效率优势，就可能导致人口及生产要素向大都市高度集中，可能产生市场失灵的现象。因此，需要借助政府宏观调控的权威，更有效地配置公共资源和公共服务，引导人口和资源不向大城市过度集中。东京、纽约等城市在配置公共资源方面，通过行政、社会、市场的合理配置，较好地避免优质资源的过分集中。

三、强化都市公共产品供给的针对性

（一）适应本城特性是有效治理的前提

每个国家的城市化都受特定国家政治、经济、文化等因素的制约。从东京、纽约、伦敦的城市化可以看出城市化先发城市与后发城市的差别。由于国情的不同，三个城市的都市病病症表现并非一致。这就要求城市管理者必须结合本地特点因应施策，对症下药。中国有着不同于西方的政治、经济、文化背景，疆土辽阔，各地差异性很大，中国的都市治理机制必须根植于中国的现实与路径的依赖性，根据各地不同情况进行决策。比如功能与资源高度集聚的北京，人口过度聚集、交通拥堵，可以向英国学习，积极推进逆城市化措施[1]，向

---

[1] 韩兆洲、陈文慧：《基于分工理论的特大城市发展模式》，《开放导报》2016年第1期，第12–16页。

周边区域疏散一些非首都功能，引导人口分流。"北京副城"建设、"雄安新区"建设、京津冀一体化发展，其用意就在此。上海在产业集聚的同时，存在土地资源高度紧缺、交通拥堵、住房紧张等问题。上海都市病的治理就可以借鉴东京的城市群建设，平行发展卫星城，自身进行产业升级，而以上海为龙头的长三角一体化建设就是承载了这一使命和任务的。

（二）分权治理体制是城市有效治理的制度保障

从三大城市的行政管理体制看，东京、伦敦等大城市下辖的区（市）都拥有高度的地方自治权，与上级政府并非绝对的上下级从属关系。这种分权治理体制保证了地方事权与财权的相对统一；同时，在此情景下编制的区域规划经过了充分的沟通、协调，有着较好的基层认同感。例如，东京都下辖23个特别区，各自都有类似其他国家自治市等级的行政地位，与东京都政府之间并未形成上下级领导和被领导的从属关系，有着很大程度的自治权。但同时，对于都与区之间纵向关系以及特别区之间横向的联络与协调，东京还特别设有都区协议会等组织来协调这些事务。特别区的行政首长以及民意机关的区议会成员都是由该辖区的公众直接投票选举产生的。由于东京、纽约以及伦敦等大城市区都不是完善意义上的独立行政区域，而是包含数个独立行政区的跨区的城市群区域。因此，各城市都将立法保障规划的地位，规划不能轻易调整。这也保障了规划的实施。

四、均衡都市公共产品供给的空间结构

（一）通过公共产品的充裕供给，保障公共交通优先落地

完善的公共交通体系是城市发展的必备内容。[1]东京、纽约、伦敦都已建成较为完善的路网体系，不仅有充沛便捷的轨道交通，而且还有充裕的非机动车等慢行系统。它们通过专业化、智能化、人性化的交通管理，来提升交通管理的效能，提高通行速度，改善交通拥堵。鼓励绿色出行，增加自行车、行人

---

[1]　毕娟：《城市病背景下北京社会公共服务发展路径探讨》，《中国市场》2014年第3期，第110-114页。

专用道路，适当考虑拥堵收费，这些都是有益的借鉴。城市路网的结构与密度合理布局有助于减缓城市交通的拥堵。到 2010 年，东京的交通网线总长已达2300 公里，其中心城区线网总长达 840 公里，线网密度达到了 1.35 公里 / 平方公里。[①] 相比而言，城市的道路网密度较低，干道之间相距较远，缺乏支路导流，交通流量的空间分布不均匀，使得单位时间内车辆通行效率不高。

（二）协调城市产业布局和人口规模的关系，使经济空间更合理

第二、第三产业在城市的空间分布实际上需要不断调整。随着城市的发展，原来的郊区逐渐变为城市中心，地价上涨、产能扩张、空间拥堵使得工厂不断从城市内部向边缘转移，卫星城镇土地成本低廉、空间广阔对第二产业具有较大的吸引力，城市中心区域则留给第三产业更多的位置与空间。1960—1981 年，英国约有 43% 的工业总量迁移出了大城市，其中，51% 的制造工业离开了伦敦，而同期，转移向郊区的制造业为郊区居民提供的工作岗位增加了 24%。[②] 产业的空间转换反映了城市产业论题，这也体现了城市化的不同阶段工业与服务业对城市投资的吸引力。

---

① 交通运输部道路运输司:《城市交通拥堵治理实践》，人民交通出版社，2013 年，第 46-47 页。
② 戴学来:《英国城市经济衰退与城市更新运动》，《人文地理》1997 年第 3 期，第 50-53 页。

第七章

分类治理与整体治理：当下中国都市病治理之路向

从一些世界大都市治理都市病的历程以及中国多年都市病治理实践看，都市政府职能分割的管理模式往往使都市病治理陷入因城市管理系统冲突、职能部门互相掣肘而出现的治理低效甚至无效的泥沼。都市病是复杂的交叉性系统变异，是多因素相互作用的产物，其治理也必然是一项复杂的系统工程。因此，只有变革都市管理体制机制，使各类管理部门系统功能协调、协同发力，并采取分类治理与整体性治理相结合的方略对都市病进行系统施治，才有可能高效度实现都市病治理愿景。

第一节　供给不足型都市病治理

供给不足型都市病指的是因资源稀缺导致的都市病。都市集聚大量人口，都市规模和人口快速扩张导致都市运行和都市生活对都市公共产品的需求激增，都市资源稀缺性与都市公共产品供需矛盾的张力往往会导致都市贫困、失业、房价过高、教育及医疗资源紧张、公共设施供给滞后等供给不足型都市病。导致供给不足型都市病的根本原因在于都市公共资源难以匹配都市公共产品刚性需求的增加速度。因此，治理供给不足型都市病的关键在于解决都市公共资源和都市公共产品供不应求的问题，这一方面就需要"开源"，增强都市公共资源动员与整合能力，以增加都市公共产品供给；另一方面，也需要"节流"和优化公共产品供给方式，以提升都市公共产品的供给能力。

一、供给不足型都市病再认识

在世界都市发展史上，几乎所有国家的都市发展都曾经受或正在经受都市病的困扰。在英国伦敦，由于每天高峰时段都有超过 100 万人、每小时有 40000 辆机动车进出市中心区域，伦敦城区高峰时段的机动车平均时速只有 14.3 公里，使伦敦核心区成为全英最为拥挤的区域。同样，在法国巴黎、泰国曼谷、美国纽约、日本东京、澳大利亚悉尼等地，几乎所有大都市都面临交通拥堵等都市病的困局。除交通拥堵之外，环境污染、贫富差距、资源短缺、城市热岛效应、城市贫困等都市病都在持续困扰着都市生活，究其原因，这些都市病的首要根源便在于都市人口的集聚和都市规模的扩张使都市公共产品需求大大超过了都市公共产品供给的速度。在中国，改革开放以来持续经济增长的一个重要影响是大量农村人口向城市集聚，尤其是进入新时代以来，新一届中央政府既把城镇化作为让广大农村人口共享经济社会发展成果的手段，又把城镇化作为推动中国经济新一轮增长的重要推动力，提出了新型城镇化战略，由此，城市化进程提速，都市人口规模不断增加。据统计，到 2014 年 1 月，全国人口超 500 万人的都市已达 88 个，其中，人口规模超 1000 万人的有 13 个。2016 年，全国 500 万人以上的特大都市和 1000 万人以上的超大都市数依然分别为 88 个和 13 个，但人口达 2000 万人以上的都市已经由 2014 年的两个增加到三个，分别为重庆（2970 万人）、上海（2415.27 万人）、北京（2170.5 万人）。与 2014 年相比，三个都市分别增加了 85.38 万人、113.36 万人、209.26 万人。13 个人口千万以上的都市人口比 2014 年增加了 773.5 万人。2016 年，全国人口超千万的都市已达 14 个，人口千万以上都市的总人口已达 2.0548 亿人。2018 年，中国城镇化率已达 59.58%，比 2016 年的 57.35% 提高了 2.23 个百分点，都市人口集聚和都市规模发展迅速。

快速集聚和扩张的都市人口和都市规模既对都市公共产品和私人产品供给的数量提出了更高要求，又对都市公共产品和私人产品供给的质量提出了更高要求。以汽车保有量为例，据公安部交通管理局统计数据，截至 2018 年 6 月底，全国汽车保有量已达 3.19 亿辆，仅 2018 年上半年，机动车新登记注册量就高达 1636 万辆，比 2017 年同期的 1594 万辆高出 42 万辆。2018 年上半年，以个人名义登记的小型汽车和微型汽车（私家车）保有量为 1.8 亿辆，占汽车总量的 78.6%，2018 年平均每月增加 166 万辆，私家车保有量增长迅速。统计数据还显示，截至 2018 年 6 月底，全国已有 58 个城市汽车保有量突破百万辆，其中 26 个城市汽车保有量突破 200 万辆，7 个城市汽车保有量超 300 万辆，汽车保有量超百万辆城市比 2017 年同期增加 9 个，2018 年上半年全国机动车驾驶人数高达 3.96 亿，预计未来汽车保有量还将快速增长。[①] 随着汽车保有量的快速增加，都市交通拥堵、都市停车难等都市病病症也日益严重，对都市公共交通建设、都市公共停车场和私人停车位的需求也日渐扩大。可见，随着经济社会快速发展和都市人口快速增长，都市公共产品和私人产品需求量快速增加，对质的要求也不断提高。

都市人口集聚和都市规模扩张意味着都市必须为快速集聚的都市人口和快速扩大的都市规模提供教育、医疗、养老、住房、就业、公共交通等公、私产品和基础设施，这些都对都市资源供给提出了要求，给本就稀缺的都市资源带来压力，使都市公、私产品供给都相对不足，进而诱发各种供给不足型都市病。供给不足型都市病首先包括公共资源稀缺导致公共产品供给不足引发的都市病。如公共资源供给不足导致都市教育资源供给不足，尤其是优质都市教育资源供给不足，进而增加了都市人口上学难、上学贵、择校难等问题。其次，供给不足型都市病还包括都市人口快速增加带来的都市资源供给不足导致都市私人产品供给不足引发的都市病，进而使其成为公共性问题而"升级"成为准公共产品甚至公共产品。如近年来的都市停车难问题就是快速增长的都市车辆与都市公共停车位供给之间存在张力，都市公共资源稀缺导致都市公共停车位供给不足，进而引发了都市停车难、停车乱象等都市病。再比如，由于人口众多及政府整

---

① 中商产业研究院：《2018 年上半年全国汽车保有量 2.29 亿辆　26 个城市超 200 万辆》，中商情报网，2018 年 7 月 20 日，http://www.askci.com/news/chanye/20180801/1453221127467.shtml，访问日期：2018 年 12 月 3 日。

体公共财政资源不足而将土地作为政府重要收入来源等原因，都市房价过高已经成为影响深远的都市病。

供给不足型都市病的直接致病原因在于有效供给无法满足有效需求的增长速度。随着都市人口和都市规模持续快速扩张，都市公共产品需求自然快速增长，一些原本属于"个人问题""社会问题"的"私人产品"也会因为都市人口的快速集聚和都市规模的持续扩张而逐渐"升级"成为"公共产品"，进一步增加都市公共资源供给压力，在有效公共资源供给不足的情况下，演变成为都市病。因此，治理供给不足型都市病的关键在于解决都市公共产品供需之间的矛盾，要么抑制快速集聚的都市人口和快速扩张的都市规模对都市公共产品供给的需求，要么提高都市公共产品供给的规模和质量以满足快速增长的都市人口和都市规模扩张的需求。

马尔萨斯在其《人口论》中指出，人口按照几何级数增长而生活资源只能按照算术级数增长，资源供给速度一般都跟不上人口增长速度，因而会导致饥饿、战争和疾病等各种问题。[①] 马尔萨斯的观点对都市病及其治理具有重要启示意义。如果我们把都市人口视作一个封闭的系统，在不考虑计划生育政策的前提下，就自然状态而言，都市人口规模会呈几何级数增长，也就是说，在自然状态下，都市人口规模原本就会快速增长。但实际上，由于都市是一个开放的系统，都市集聚的各种资源和机会往往意味着都市对周边和乡村人口有虹吸效应，都市周边和乡村人口会自然向都市集聚。改革开放以来，中国逐渐打破城乡二元分割的城乡体制，开始鼓励人口向城市集聚。尤其是进入新时代以来，新一届中央政府积极鼓励实施"新型城镇化"战略，把城镇化作为推动经济增长和让人民群众共享改革成果的关键举措，进一步推动了农村人口向城市集聚。都市人口自然增长和城镇化战略的双重累积效应加快了都市人口和都市空间规模的扩张速度，导致对都市公共产品供给数量和质量的需求的边际增长具有客观必然性。在当前的消费观念、消费现实和经济社会发展态势下，对都市需求的抑制显然难度较大，它一方面需要改变个人和家庭的生活观念、生活方式；另一

---

① 马尔萨斯:《人口论》，郭大力译，北京大学出版社，2008年。

方面，需要转变整个国家和社会的经济增长、社会消费、公共治理理念，这显然并非一日之功。而对一些必需的公共需求，如都市规模扩张带来的基础交通设施建设需求，都市人口增长带来的教育、医疗投入需求等，显然难以抑制。当然，这并非意味着在抑制需求方面就不能有所作为，增加公共资源投入，引入社会资本投入，减少公共产品供给的不当流失和浪费，可能才是治理供给不足型都市病的必需之策。

二、加大都市公共产品供给投入

公共产品理论认为，公共需求的结构和规模会随着社会发展阶段的变化而发生变化，要实现社会的可持续发展就必须实现社会公共产品供需之间的平衡。[1] 以公共产品理论观之，都市病就是城市公共产品供给不足的集中体现，即城市公共产品供给无法满足人口过度向都市集中而引起的城市对交通、教育、卫生服务、安全服务、环境、住房等的需求，由此导致城市出现交通拥堵、环境污染、贫困失业、住房紧张、健康危害、城市灾害、安全弱化等一系列都市运行与管理问题，这就要求都市必须增加对公共产品的资源投入才能有效治理日益严重的都市病。"随着经济的快速发展，公共产品供求矛盾日益凸显：一方面，现有公共产品供给水平偏低；另一方面，市民的社会公共需求随着收入增长而急剧增加。而且，随着城市化进程的加速，不同群体对公共产品的需求也将表现出显著差异性。因此，如何在公共产品供给中适应新时代要求，把准市民公共需求的脉搏，成为服务型政府建设的关键举措。"[2]

我国应该增加都市公共产品供给数量以治理供给不足型都市病。当前都市便民设施与休憩空间供给过少，文体娱乐设施如综合体育活动中心、影剧院等；福利设施如敬老院、儿童福利院，社区健康服务中心等供给不足，都市公共产品供给呈现出总体水平低、结构性失衡、布局不合理、民本理念缺失、服

---

① 李军鹏：《公共服务型政府》，北京大学出版社，2004年，第19页。

② 周林刚、朱昌华：《服务政府建设中的城市公共产品供求问题分析》，《深圳大学学报（人文社会科学版）》，2008年第6期，第74—78页。

务质量不高的现状。① 要有效治理各类都市病，就必须改变都市公共产品供给现状，首先需要增加都市公共产品供给的绝对数量。表 7-1 显示的是中央本级 2017 年预算执行和 2018 年预算支出情况，从中可见，中央本级用于公共产品供给的财政支出绝对规模较大，且保持了一定的增速，但从中央本级的财政预算支出结构比例来看，去除一般公共服务支出和公共安全支出后，中央本级用于公共产品供给的支出占中央本级总支出的比重分别只有 25.13%、24.03%②，用于公共产品供给的相对比例不高，且 2018 年比 2017 年还略有下降。表 7-2 显示的是黑龙江、辽宁、吉林三省 2013—2016 年的公共财政支出情况，从中可见，只有辽宁 2016 年达到了 48.78%，其他两省用于公共产品供给的支出比例基本在 40% 左右，表明地方财政用于公共产品支出的比例相对较高，但依然没有超过 50%。表 7-1、表 7-2 都表明，无论是中央财政还是地方财政，用于一般公共服务和公共安全的支出比例都较高。

表 7-1　中央本级 2017 年预算执行数与 2018 年预算情况 ③

单位：亿元

支出项目	2017 年预算执行情况	2018 年预算
一般公共服务支出	1302.39	1453.88
外交支出	519.67	600.70
国防支出	10236.50	11069.51
公共安全支出	1886.750	1991.10
科学技术支出	2829.61	3114.84
金融支出	854.34	831.72
商业服务业等支出	55.44	94.65
资源勘探信息等支出	379.97	291.88

① 周林刚、朱昌华：《服务型政府建设中的城市公共产品供求问题分析》，《深圳大学学报（人文社会科学版）》，2008 年第 6 期，第 74-78 页。
② 考虑财政支出实际用途与都市病治理的直接关联程度，也为了便于和地方财政支出相比较，这里所指"公共产品"支出仅指国土海洋气象等、农林水、教育、住房保障、粮油物资储备、文化体育与传媒、社会保障与就业、医疗卫生与计划生育、节能环保、城乡社区、交通运输几项支出，而且这是中央本级用于全国的支出，实际用于都市公共产品和都市病治理领域的支出显然要远低于表中显示数据。
③ 财政部网站数据，本研究对支出项目排列顺序略有调整。

续表

支出项目	2017 年预算执行情况	2018 年预算
国土海洋气象等支出	303.84	323.70
农林水支出	527.06	587.26
教育支出	1606.21	1711.22
住房保障支出	422.35	444.07
粮油物资储备支出	1597.52	1371.50
文化体育与传媒支出	276.96	280.60
社会保障和就业支出	1087.64	1180.16
医疗卫生与计划生育支出	134.47	209.05
节能环保支出	354.04	376.44
城乡社区支出	77.82	78.62
交通运输支出	1159.65	1240.48
其他支出	610.59	881.58
债务付息支出	3779.43	4286.52
债务发行费用支出	35.44	46.52

表 7-2　东北三省 2013—2016 年用于公共产品的支出情况 [1]

单位：亿元

省份	年份	公共财政支出	一般公共服务支出	公共安全支出	教育	科学技术	文化体育传媒	社会保障就业	医疗卫生计划生育	一般公共产品支出占比
黑龙江	2013	3369.2	278.8	173.3	501.3	38.6	52.4	542.3	190.5	39.32%
	2014	3434.2	256.2	170.8	505.9	39.5	45.6	602.7	235.3	41.61%
	2015	4020.7	242.7	180.9	549.7	—	53.2	728.7	274.0	—
	2016	4227.3	266.7	210.3	558.9	44.9	53.2	732.4	280.6	39.51%
辽宁	2013	5197.4	501.3	244.6	—	119.0	95.3	824.0	229.5	—
	2014	5080.5	436.3	235.7	604.5	108.8	92.6	895.9	273.6	38.01%
	2015	4481.6	356.5	256.7	610.2	68.9	88.6	995.1	282.0	45.63%
	2016	4577.5	370.9	297.1	634.0	616.0	84.7	1145.5	307.3	48.78%
吉林	2013	2744.8	267.3	147.8	422.1	37.2	56.5	360.2	181.5	38.53%
	2014	2913.2	253.5	154.6	407.1	36.4	61.2	390.2	206.4	37.80%
	2015	3217.1	247.1	168.9	477.6	41.4	73.0	462.3	245.8	40.41%
	2016	3586.1	260.9	205.1	499.7	41.0	72.0	497.6	273.6	38.59%

---

[1] 张绘：《东北地区公共财政支出调整的改革思路》，《财政监督》2018 年第 22 期，第 81—86 页，本研究进行整理。

我国应该改革公共财政支出结构以增加都市病治理资源。在财政支出总量中，行政经费占财政支出的比重较大，从 20 世纪 80 年代初的约 7% 上升到 90 年代的 10% 以上，到 2006 年增长至 18.73%，而且，2007 年以来，行政管理经费的绝对规模依然持续增长。[①] 新中国成立以来的政府财政支出整体上呈现出财政支出不断增加、占 GDP 的比重先上升后下降再上升的趋势，民生支出也由 2007 年的 16.45 亿元增加到 2014 年的 53.08 亿元，占财政总支出的比重由 33.1% 上升到 41.1%，并呈增长之势。[②] 行政经费支出虽然对经济增长有一定促进作用，主要表现在可以保障经济平稳有效运行、为经济发展提供良好的环境，但当行政经费支出较高时，不仅会导致社会总投资的减少，还会导致官员的寻租行为，进而大大降低资金的使用效率，对经济增长产生抑制作用。而从长期来看，社会性支出对经济增长有显著的促进作用，尤其是增加教、科、文、卫、医疗支出，在高收入地区对经济增长的促进作用更为显著。[③] 因此，有必要进一步优化公共财政支出结构，压缩行政性支出，从而实现财政内"开源"，缓解资源稀缺的客观性问题，增加都市病治理的财力资源。

三、优化都市公共产品供给主体结构

"社会资本"是一个有多重意义的概念，社会学的"社会资本"是指"现实或潜在资源的结合体，这些资源与制度化的共同熟识并认可的关系网络有关，换言之，与一个群体中的成员身份有关"[④]。或者是"个人通过他们的成员身份在网络中或者在更宽泛的社会结构中获取稀缺资源的能力"[⑤]。本研究所指"社会资本"即通常所谓的"社会资金"，是指"国家可调节和控制的、已用于或将用于社会再生产过程的、用货币表现的物资财富"。中国人民银行金融统计数

---

① 王珣：《财政支出结构变化及其优化分析》，《财经界》2017 年 9 月上，第 116–117 页。

② 贾康等：《60 年来中国财政发展历程与若干重要节点》，《改革》2009 年第 10 期，第 17–34 页。

③ 陈烁：《公共支出结构调整对经济增长的影响》，山东大学学位论文，2018 年。

④ Pierre Bourdieu, "The Forms of Social Capital", in *Handbook of Theory and Research for the Sociology of Education*, ed. by John G. Richardson, Westport, CT: Greenwood Press, 1986, p. 248.

⑤ Alejandro Portes, *The Economic Sociology of Immigration*, New York: Ressell Sage Foundation, 1995, pp. 12–13.

据显示，截至 2018 年底，商业银行结构性存款余额为 9.62 万亿元人民币，其中，个人结构性存款 4.28 万亿元，占 44.5%，企业结构性存款 5.34 万亿元，占 55.5%，比 2017 年末的 6.96 万亿元增长了 2.66 万亿元，增幅 38.27%。2018 年 8 月，全国商业银行结构性存款余额甚至一度突破 10 万亿元人民币大关。[1] 财经杂志、西南财经大学、中央财经大学联合发布的《中国资金总量概括》排行榜显示，排名前 20 位的城市社会资本总量高达 1859091 亿元人民币（表 7-3），中国城市社会资本充裕。

表 7-3　排名前 20 位的中国城市社会资本总量概括 [2]

单位：亿元

排名	城市	央、国企事业单位	民营、外资单位		个人	合计
			一般纳税人	小规模纳税人		
1	北京	217683	164356	19876	28962	430877
2	上海	164378	127654	19765	25763	337560
3	深圳	27832	75768	14387	11159	129056
4	广州	36511	54353	13956	15032	119852
5	重庆	34327	36543	8365	14367	93602
6	武汉	38745	29954	8552	8017	85268
7	成都	20632	37986	8303	11970	78891
8	杭州	19548	39876	9439	8670	77533
9	天津	17954	30654	8378	9756	66742
10	南京	11376	34876	8503	6203	60958
11	苏州	9532	30043	12669	8166	60410
12	西安	11943	21154	5377	7487	45961
13	郑州	9325	21567	3287	6538	40717
14	宁波	6254	18654	6654	5999	37561
15	佛山	5656	16543	6101	7019	35319
16	青岛	5685	18765	4321	5516	34287
17	长沙	4365	19989	3365	5203	32922

---

[1]　李玥、朱一梵：《2018 年银行结构性存款激增 2.66 万亿》，人民网，2019 年 2 月 11 日，http://money.people.com.cn/n1/2019/0211/c42877-30617226.htm，访问日期：2019 年 10 月 3 日。

[2]　数据来源：今日头条财经新闻，https://www.toutiao.com/a6625772309053440526/。

续表

排名	城市	央、国企事业单位	民营、外资单位		个人	合计
			一般纳税人	小规模纳税人		
18	沈阳	5897	15467	2780	6675	30819
19	大连	5980	15432	3782	5581	30775
20	无锡	4622	16323	3893	5143	29981

资本的逐利性决定了社会资本一般容易流向高利润行业。"马克思主义劳动价值论的基本观点是，实体经济是创造价值的领域，金融领域不创造价值，但有助于帮助价值的创造，并从社会新增的价值中，按社会平均利润率水平获得自身的价值份额。根据这一原理，社会资金流入实体经济和虚拟经济的比例必须均衡，过度流入虚拟经济领域，则实体经济就会出现'失血'问题，宏观经济出现紧缩问题，而虚拟经济领域就会产生经济泡沫，形成经济危机隐患；资金过度流入实体经济领域，则会产生虚拟经济发育迟缓的问题，不利于增加有效融通社会资金，带来全社会资金'血流不畅'问题，实体经济也会因为资金缺乏问题而难以发展。"[1] 然而，由于缺乏有效、确定性较大的投资渠道，社会资本找不到有效投资的领域，加之产业经济政策和经济结构问题较大，公众投资不理性和风险防范意识较低等原因，近年来，庞大的社会资本出现了严重的脱实向虚的倾向，大量社会资本流向楼市、股市、债市和期货市场[2]，不仅给实体经济带来较大冲击，更给经济社会发展埋下诸多隐患，有的甚至直接造成了都市病。如何引导庞大的社会资本合理、稳健投资，是当前经济社会必须解决的重大问题。

一方面是资源稀缺导致了各种供给不足型都市病，一方面是庞大的社会资本难以寻找到有效、确定、稳健的投资渠道，这为引进社会资本参与公共产品供给、治理各种供给不足型都市病提供了可能。实际上，让社会资本参与公共产品供给绝非"理论创新"，西方国家早有社会资本参与公共基础设施建设的传统，实践中政府购买服务、公私合作、民间资本建设公共基础设施的 BO、BOT

---

① 欧睿铨：《社会资金"脱实入虚"问题浅析》，《时代金融》2018 年第 35 期，第 30-34 页。
② 莫开伟：《社会资金缘何大规模流向资产泡沫领域》，《企业家日报》2017 年 3 月 10 日，第 W04 版。

项目也有很多。中国共产党十八届三中全会提出要"推广政府购买服务，凡属事务性管理服务，原则上都要引入竞争机制，通过合同、委托等方式向社会购买"。这实际上从党的文件上为引入社会资本参与公共产品供给、治理供给不足型都市病提供了依据。

引入社会资本参与公共产品供给的方式有很多，近年兴起的 PPP 模式（Public-Private Partnership）是让社会资本参与公共产品供给以治理供给不足型都市病的可行方式。欧盟委员会对 PPP 的定义是："PPP 是指公共部门和私人部门之间的一种合作关系，其目的是提供传统上由公共部门提供的公共项目或服务。"加拿大 PPP 国家委员会指出："PPP 是公共部门和私人部门之间的一种合作经营关系，它建立在双方各自经验的基础上，通过适当的资源分配、风险分担和利益共享机制，最好地满足事先清晰界定的公共需求。"[1] 一般认为，PPP 有中国优势，主要包括：可以让私人企业与政府共同参与项目过程，提高项目技术和经济可行性；可以发挥私人企业的管理优势，缩短工期，节约成本，提高公共基础设施建设和公共服务供给质量；有利于采用新技术，节约政府投资，降低政府风险，提高政府技术和管理能力。[2] PPP 在中国有悠久传统，有学者甚至认为 1906 年开工的新宁铁路是 PPP 在中国的发端。自 2014 年以来，财政部与国家发展和改革委员会先后出台多个文件推动 PPP，全国各地都积极实施 PPP 项目，但各地在实施 PPP 项目的过程中，还存在项目吸引力和可获得性不高、政府存在重融资轻管理的现象、体制因素导致 PPP 运行的交易成本较高等问题。[3] 引进社会资本参与公共产品供给以应对和治理供给不足型都市病，还需要更多的理性探索和制度建设方面的努力。

---

[1] Allan R J, "PPP: A Review of Literature and Practice", paper of Saskatchewan Institute of Public Policy, 1999.

[2] 李秀辉、张世英：《PPP 与城市公共基础设施建设》，《城市规划》2002 年第 7 期，第 74—76 页。

[3] 陈志敏等：《中国的 PPP 实践：发展、模式、困境与出路》，《国际经济评论》2015 年第 4 期，第 68—84 页。

四、规范都市病治理的制度公共产品供给

公共选择理论无可辩驳地证明，"经济人"理性会导致政府部门出现政绩利益导向、寻租或腐败，政府往往缺少成本意识，政府组织在提供公共产品和公共服务方面会倾向于低效和浪费，公共产品供给的低效和浪费常常是一种必然现象，这些会使本就短缺的公共资源雪上加霜，增加都市病治理的难度。普里切特（Pritchett）的研究表明，缺乏有效的约束会使政府工作人员在基础设施建设与管理过程中出现寻租行为，大大降低公共投资支出的使用效率。[①]卡拉瑟斯（Carruthers）的研究表明，城市扩张与公共支出成本有正相关性，而城市中一些低密度居住区域会导致公共服务供给的不经济性，造成公共财政支出浪费的现象。[②]可见，都市基础设施建设和公共产品资源投入过程中的低效、浪费、寻租、低质现象广泛存在，给本就短缺的公共产品供给带来压力。要有效治理都市病，就必须规范都市公共基础设施建设和公共产品供给的过程管理，加强都市病治理的公共资源投入管理，提高都市病治理的公共产品投入使用效率、效益和效果。规范都市病治理资源投入管理，有必要加强制度建设，引入多元主体参与，完善都市病治理资源的使用程序和透明度，同时引进现代绩效预算制度和项目管理技术，进一步规范招投标管理制度等，实现对资源投入的全过程监督管理。

五、促进都市公共产品需求结构理性化

资源稀缺是常态，但是都市公共资源的过度使用和浪费也是客观现实。例如，一些城市为了关爱老人，出台了老年人免费乘坐公交车的政策，导致老年人过度使用公交车的现象普遍发生。有城市统计，少数老年人日均乘公交车 10 次以上，有老年人家里舍不得开空调而选择坐公交车纳凉，上海市 2016 年取消

---

① Lant Prithett, "The Tyranny of Concepts: Cumulated, Depreciated, Investment Effort is Not Capital", *Journal of Economic Growth*, Vol.5, No.4, (2000): 361−384.

② Carruthers J I, "The Impacts of State Growth Management Programmers: A Comparative Analysis", *Urban Studies*, Vol.39, No.11, (2002): 1959−1982.

老年人免费乘坐公交车、地铁政策以后，公交车、地铁老年乘客数量下降超过80%[1]，老年人免费政策下的公交车、地铁被过度使用的情况可见一斑。过度使用公共资源往往会导致公共资源供给设施发生功能紊乱。老人过度使用公交车往往导致公交系统不堪重负，增加了都市交通人流量，会间接加重交通拥堵都市病。再比如，一些公共公园或免费公共设施，一些人过度使用，导致超过其承载能力而引发功能性问题。此外，各类公共资源被浪费的现象广泛存在。如南京青年奥运会之后，近300辆崭新的出租车被闲置，有地方办公大楼、火车站建成闲置，城市道路不停翻建，绿化花草铲了种、种了铲。都市人口集聚和规模扩张带来的都市公共需求具有客观必然性，坚持"以人为中心"意味着应该高质高效满足都市社会公众的合理公共需求，但这并非说明在抑制公共需求方面只能无所作为。治理供给不足型都市病，一方面，应该加强教育，鼓励理性消费公共资源；另一方面，应该出台政策、科学化各种政策，设法遏制过度使用或者浪费公共产品和公共资源的现象。

第二节　供给不均衡型都市病治理

供给不均衡型都市病是都市公共产品供给结构不均衡导致的都市病。都市公共产品供给不均衡，往往会诱发或加重各类都市病。供给不均衡型都市病既包括供需结构不均衡导致的都市病，也包括公共产品供给区域结构等导致的都市病，因而属于结构性都市病。供给不均衡型都市病治理需要平衡公共产品的供需结构、调整公共产品供给的区域结构。推进供给侧结构性改革是治理供给不均衡型都市病的必由之路。

一、供给不均衡型都市病相关问题再论析

都市公共产品供给不均衡是导致供给不均衡型都市病的直接原因。都市公

---

[1]　佚名:《取消老人免费乘公交车地铁 上海此举为何赢得一片赞誉》，凤凰网，2016年6月30日，http://news.ifeng.com/a/20160630/49266680_0.shtml，访问日期：2016年10月3日。

共产品供给不均衡有三种表现：

一是都市公共产品供需不均衡。都市公共产品供给不均衡存在两种情况：一种情况是都市人口增加、都市规模扩张、经济社会发展都会不断提高对都市公共产品供给数量和供给质量的需求，但都市公共资源供给往往难以跟上需求增长的速度，不能满足都市日益增长的物质文化生活的需要；另一种情况是都市合理公共需求没有得到政府及时回应，政府公共资源存量通常能够且应该满足这种需求，但是因为种种原因导致政府的回应性不足而未能及时提供相应的公共产品，如随着都市人口集聚，都市应该提供更多的学校或者扩容现有学校以回应人口增加带来的子女上学需求，但是都市政府通常不能及时回应这种需求而导致都市上学难、上学贵问题。虽然第二种情况主要源于政府回应性问题，但根本原因还是在于资源不足。因此都市公共产品供需不均衡的原因依然是资源的稀缺性，其引起的都市病属于供给不足型都市病。

二是都市内公共产品供给出现区域性失衡。即都市规模日益扩大，都市内各个区域间的经济、社会、管理水平差异逐步扩大，使都市内不同区域间的公共产品供给出现差异或结构性问题，进而导致都市系统区域之间的功能不匹配而引发都市病，如都市功能区划分往往会增加都市交通拥堵，都市教育资源分配不平衡常常会增加都市上学难问题。

三是都市公共产品供给种类出现结构性失衡。即因各种原因导致都市对某一类或一些都市公共产品投入的资源较多，而对另一类或一些都市公共产品投入的资源较少，都市公共产品供给种类出现结构性失衡，如目前广泛存在的都市交通设施投入相对较大，而对给排水系统的重视和投入相对不足，引发都市雨涝危机。都市公共产品供给的区域性失衡和种类性失衡是供给不均衡型都市病的主要类型。

都市公共产品供给不均衡的实质是都市公共产品供给侧的结构性问题。首先，都市公共产品供给不均衡缘于都市公共产品供给侧决策主体结构不均衡。都市治理的主体主要是政府，都市公共产品供给的决策主体也主要是政府，这种传统单一的都市公共产品决策主体结构导致都市公共产品供给决策更多地体现了政府本位，政府政绩利益导向、政府决策者的价值偏好、所获取和掌握的信息程度等往往对公共产品供给的种类结构等产生重要影响。其次，都市公共产品供给不均衡主要表现为都市公共产品供给的种类结构和区域结构不均衡。由于决策主体结构不均衡，都市公共产品供给的种类结构和区域结构往往决定于政府决策主体，政府决策者的偏好、决策水平、信息和决策能力，甚至寻租和腐败等，都会对公共产品供给的种类结构和区域结构产生影响，因而导致公共产品供给的种类结构和区域结构常常脱离都市公共产品的实际需要，忽略民生导向的公共产品供给，或者所谓的民生供给往往也只是政府决策者的"民生"而不是真正的民生。最后，都市公共产品供给结构不均衡实质上属于都市公共产品供给制度问题。都市公共产品供给的主体结构和种类结构不均衡，在很大程度上是因为公共产品供给的制度规定对公共产品供给主体结构、程序、种类等方面的规定缺乏民主性与回应性，背离了公共产品供给对决策主体结构、程序、种类等方面的科学要求。

治理的本质要求在于回应性。20世纪七八十年代以来，新公共管理运动取代传统公共行政范式，强调以结果为导向，倡导以顾客为中心的市场化行政范式，其目标是提高公共产品供给的效率、效益和效能，却忽视了公共管理应该追求的社会公正、公共利益和社会责任。其倡导的以顾客为中心、市场化为导向的服务方式容易导致政府寻租和腐败。政府出于效率的追求往往会增加公共产品供给成本，在反思传统政府管理范式的基础上，治理理论勃然兴起。作为一种新的政府管理范式，治理理论强调政府治理的回应性和透明性，主张要回归公共管理必需的公开、平等、公平等价值关怀，提出要引入公民参与和社会参与，实现多中心参与式治理，以使政府公共产品供给能更好地回应社会和市场的需求，这为从供给侧开展结构性改革、提高公共产品供给的回应性以治理供给不均衡型都市病提供了理论支撑。根据现代治理理论，完善公共产品供给制度，引入公民参与和社会参与，推进民主化决策和科学化决策，优化都市公共产品供给结构，同时推进都市公共资源交叉共享以提高都市公共资源的回应性，这些都有助于促进供给不均衡型都市病治理。

二、完善都市公共产品供给制度

都市公共产品供给制度是决定都市公共产品供给结构的关键因素。都市公共产品供给制度主要包括都市公共产品供给决策的制度性规定、都市公共产品供给主体的制度性规定、都市公共产品供给绩效管理的制度性规定、都市公共产品供给收益分配的制度性规定等。

都市公共产品供给决策制度主要包括都市公共产品供给决策主体及其相互关系结构的制度性规定、都市公共产品供给决策程序和公共产品供给决策方法的制度性规定等，它是决定都市公共产品供给的关键制度，对都市公共产品供给的主体、绩效管理、利益分配等都有决定性影响。在都市公共产品供给决策制度中，决策主体及其相互关系的制度性规定，也就是关于决策主体结构的制度性规定是影响都市政府公共产品供给回应性、治理供给不均衡型都市的关键制度。因此，推进都市公共产品供给侧结构性改革以治理供给不均衡型都市病，首先需要改革和完善都市公共产品供给决策主体结构制度，在都市公共产品供给决策中引入多元主体的平等参与，提高都市公共产品供给决策的民主化、科学性和透明性，这样既可以保证都市公共产品供给决策的回应性，又可以拓展信息渠道、广聚民智，有助于改变政府单一主体决策可能导致的都市公共产品供给结构不均衡问题。

都市公共产品供给主体制度主要是关于都市公共产品供给主体的制度性规定，就传统而言，在现行公共产品供给制度规定中，政府是都市公共产品供给，尤其是都市基础设施类公共产品供给的主体，在有些领域甚至依然是都市公共产品供给的唯一垄断主体。现代都市管理理论和实践表明，政府一家垄断的都市公共产品供给已经不能满足都市日益增长的公共产品需求，都市公共产品供给必须引进多元主体协同供给。中共十八届三中全会明确提出要大力推进政府购买公共服务制度，这为改革都市公共产品供给主体结构、引入多元主体协同参与都市公共产品供给以优化都市公共产品供给结构确定了制度合法性。社会组织和市场以其贴近民间、贴近社会的信息优势、灵活性和创新精神，能够高效、高质地对都市公共产品需求做出反应，及时提供都市病治理所需要的产品和服务。为了有效治理供给不均衡型都市病，有必要进一步改革和完善都市公共产品供给主体结构，在政府之外引入社会组织和市场主体参与提供都市公共产品供给，借以弥补都市政府公共产品供给结构不均衡和公共资源不足的缺陷，促进都市病治理。

都市公共产品供给绩效管理制度和都市公共产品供给收益分配制度同样是影响都市公共产品供给的重要制度，它们对都市公共产品供给的质量、数量、成本、收益分配等有关键影响，进而影响到都市公共产品供给主体的供给意愿和群众满意度，决定着都市病治理的成效。都市公共产品供给绩效管理制度的核心是都市公共产品供给绩效评估，传统政府自我评估的都市公共产品供给绩效评估方式无法真正对都市公共产品供给绩效的成本、收益、满意度等做出科学的评估。因此，有必要改革传统都市公共产品供给绩效评估制度，引入多元主体协同参与都市公共产品供给绩效评估，同时还需要改革和完善都市公共产品供给绩效评估指标体系，加强都市公共产品供给结构合理性、成本效益、公平性、回应性和满意度等方面的评估指标，促进提升都市公共产品供给的回应性和结构合理性。此外，在都市公共产品供给主体中引入多元主体供给需要考虑多元主体参与供给的利益动机，实施都市公共产品差别供给制度，对一些准公共产品和俱乐部产品适当收费，进而改革都市公共产品供给利益分配制度，合理分配都市公共产品供给收益，这是有效提高多元社会主体参与都市公共产品供给积极性、优化都市公共产品供给结构、弥补都市公共资源不足的重要手段，既有助于治理供给不均衡型都市病，也有助于治理供给不足型都市病。

三、优化都市公共产品供给结构

供给不均衡型都市病主要源于都市公共产品供给结构不均衡，尤其是都市公共产品供给的区域结构不均衡和种类结构不均衡。因而，优化都市公共产品供给结构主要在于优化都市公共产品供给的区域结构和种类结构。导致都市公共产品供给区域结构和种类结构不均衡的原因较为复杂。一是都市区域间不同政府的公共财政资源和供给能力存在不同。由于地域、经济社会发展传统、都市区域内政府治理能力差异、资源差异、产业结构差异、功能规划差异等原因，都市内不同区域政府的公共财政资源和供给能力往往存在较大差异，这种差异常常导致都市区域内不同政府间的公共产品供给存在差异，进而使得不同区域的公共产品供给投入、种类结构产生差异。二是都市区域间不同政府的决策能力和公共产品供给价值导向存在偏差。都市内不同区域政府间的决策能力和公共产品供给价值导向常常会因不同区域政府领导的能力、注意力、价值导向、经济社会资源、历史传统等的不同而不同。政府决策能力和公共产品供给价值导向的差异，加上民间需求和表达能力的差异等，常常会导致都市内不同区域间公共产品供给的差异。三是都市区域间公共产品供给的历史传统存在差异。由于历史发展的原因，都市不同区域的经济、社会发展传统往往并不相同，如先发主城区和后发开发区之间，其历史传统和新生资源条件等，显然存在较大不同。此外，由于历史发展、政府领导、资源条件等的不同，都市不同区域政府对公共产品供给的关注往往不同，这种不同产生的沉淀和累积效应，往往导致都市公共产品实际供给水平和供给种类的差异。四是都市区域间的公共产品需求存在差异。都市规模扩张、都市内居民结构和发展水平的异质性常常较大，历史发展、居民结构、生活习惯、政府传统等的不同，往往导致都市区域间居民对公共产品的需求也存在较大差异，进而导致都市不同区域政府公共产品供给的方向并不一致，最终使都市内公共产品供给的区域结构和种类结构出现差异。五是都市政府对不同区域发展的功能规划不同。都市规模扩大，都市对不同区域发展的功能规划和发展战略往往有统筹规划，这种统筹规划会使得都市政府对都市内不同区域的公共产品供给数量和供给种类不同。

不同都市的历史发展传统不同，导致都市公共产品供给不均衡的具体原因也存在较大差异，因而优化都市公共产品供给结构以治理供给不均衡型都市病首先需要分析导致都市公共产品供给不均衡的具体原因。针对都市区域间不同政府公共财政资源和供给能力不同导致的都市公共产品供给不均衡，可以通过都市政府的宏观手段的财政转移支付、统筹区域都市公共产品供给或者出台政策引导和鼓励都市区域政府加强特定公共产品供给以减小或消除公共产品供给的区域差异或种类差异。针对都市区域间政府决策能力和公共产品供给价值导向差异导致的供给不均衡，可以通过提升政府决策能力、引导区域政府公共产品价值导向以逐步降低或消除都市公共产品供给的区域差异或种类差异。针对都市区域间公共产品供给历史传统差异导致的公共产品供给不均衡，可以通过引导不同区域政府逐步加强特定公共产品供给来补齐短板，都市政府也可以通过财政转移支付和统筹公共产品供给以逐步消除因历史传统不同带来的差异。针对都市区域间公共产品需求差异导致的都市公共产品供给不均衡，可以通过政策引导和宣传教育，一方面抑制不当和过高的公共产品需求，一方面增加短板性或合理需求的公共产品供给数量以逐步弥补和减小都市公共产品供给的区域差异。针对都市不同区域发展功能规划差异导致的都市公共产品供给差异，要进一步科学规划，统筹兼顾，合理考虑都市公共产品供给的区域和种类，保障不同功能规划区的必要性公共产品投入，防止不同功能区间的公共产品供给差异过大而导致供给不均衡型都市病。

此外，优化都市公共产品供给结构，还必须统筹兼顾，尤其是要做到以人民为中心的都市公共产品供给导向，注意向民生和公共基础设施领域倾斜，保障都市民生公共产品和公共基础设施性公共产品的供给，尤其是要保障那些已经出现"病态"的民生问题和公共基础设施领域。就当前而言，增加都市教育、医疗、养老、交通、给排水系统等领域的公共产品供给，是当务之急的都市公共产品优化供给方向，而通过转移支付或统筹供给的方式以增加对都市贫穷、弱势社区、落后地区、城中村等区域的公共产品供给，则是优化都市公共产品供给空间结构以治理供给不均衡型都市病的必然要求。当然，就都市公共产品供给的市场化和供给主体的多元化而言，市场和社会主体天然的敏感性、灵活性和信息、体制优势等，往往可以有效弥补都市政府公共产品供给区域不均衡和种类不均衡的弊端，促进供给不均衡型都市病治理。此外，信息滞后性、政府决策和公共产品供给能力差异、经济社会发展客观存在的不确定性和不均衡性等，都决定了都市公共产品供给不均衡是一种常态。因此，要治理供给不均衡型都市病就必须要实现公共产品供给的绩效管理制度和动态调节机制，通过优化都市公共产品供给的绩效管理制度和动态调节机制，及时发现和消除都市公共产品供给的不均衡问题，防止或治理各种供给不均衡型都市病。

最后，推进都市公共资源交叉共享机制是优化都市公共产品供需结构的重要手段。都市公共资源的稀缺性和都市公共产品供给结构的不均衡性是一种常态，因而都市公共产品供需之间的矛盾具有客观必然性，为了有效治理都市公共产品供给不均衡型都市病，政府可以通过政策引导，鼓励都市公共资源共享以调节都市公共产品供给结构区域不均衡和种类不均衡带来的问题。就公共产品供给的区域不均衡而言，可以通过区域间的公共资源共享以"增加"都市公共产品供给，调节都市公共产品供给的区域不均衡，如可以鼓励教育资源供给充足的区域适当向教育资源供给不足的区域开放，平衡教育资源的区域供给；可以通过鼓励都市大中小学定时向社会开放运动场资源以减少都市公共运动空间和健身场地资源不足的问题；还可以通过鼓励共享汽车、共享自行车、单位停车场定时开放等解决都市交通资源不足、停车场不足、交通拥堵等问题，治理都市公共产品供给不均衡导致的各类都市病。

第三节　供给品质紊乱型都市病治理

供给品质紊乱型都市病，是都市公共产品供给出现品质性问题，使得都市巨系统的某个子系统或构成要素发生变异导致要件功能紊乱，或某个子系统局部发生功能紊乱而引发的都市病。供给品质紊乱型都市病治理的关键在于调节都市公共产品供给品质，改进都市有机体运行状态，恢复都市有机体系统功能。引进现代都市公共产品供给和管理方法，采用现代智能管理技术，加强都市公共产品管理制度化建设，抑制都市公共产品的过度使用，有利于治理供给品质紊乱型都市病。

一、供给品质紊乱型都市病再论析

作为一个复杂的巨系统，都市不仅是现代居民生活的物理空间，更具有重要的政治、经济、文化、社会、服务、生态等功能，是现代社会生活、经济生产、政治活动的集中功能区，是多功能的综合体。都市功能是一个历史演进的发展变化过程，在不同经济社会发展水平和历史阶段，都市的功能并不相同。前工业社会，都市主要功能是贸易和政治功能，当都市人口规模增加后，手工业、文化、服务等功能随之出现；到了工业社会，经济功能成为都市的主导性功能；后现代社会，服务、文化、金融、辐射等功能成为都市的核心功能。可见，都市功能的发挥是一个逐步演进、叠加发展的过程，叠加性发展规律是都市功能发展的一般规律，而且都市功能的叠加不仅仅是单一功能向多元功能的发展，还是都市功能由简单变为复杂、由低级走向高级的持续上升过程，在这种上升过程中，都市功能得到持续发展和优化。[①]

然而，都市功能的叠加发展过程，也是都市不断回应都市人口集聚和规模扩张带来的都市功能发展需要的回应过程。都市功能作用的发挥，依赖于都市系统各构成要件的良性运行。都市人口增加和规模扩张会对都市功能产生各种新的需求，而既有需求和实际供给的公共产品数量和质量往往也会因社会持续发展而不断增加。随着都市人口不断集聚和都市规模持续扩张，都市对公共产品的种类、数量、质量的需求会不断增加，也意味着及时回应社会需求供给各种符合公众意愿和要求的公共产品成为政府的当然责任。但是政府决策能力、资源数量、信息能力、技术能力等往往决定了政府的公共产品供给能力，特别是思想理念、道德素养、寻租腐败、成本收益考量、监管能力、经济人理性、政绩驱动等因素往往增加了政府公共产品供给决策及执行过程中的各种不确定性，进而影响都市公共产品供给品质，使都市公共产品供给品质与都市实际运行需求之间形成张力，导致都市功能紊乱，难以适应都市运行与发展的实际要求，出现供给品质紊乱型都市病。

---

① 孙志刚：《论城市功能的叠加性发展规律》，《经济评论》1999年第1期，第81–85页。

供给品质紊乱型都市病的本质是公共产品供给方面存在的"管理病"。功能紊乱是生物系统的常见疾病。造成生物系统功能紊乱的原因多种多样，受外物刺激、心理压力过大、精神紧张、系统病变、温度变化等，都可能会导致生物系统局部或整个系统发生功能紊乱而形成疾病。都市功能紊乱往往源于都市内外部环境带来的刺激和压力。都市是由无数复杂子系统构成的超级复杂巨系统，既受作为最具复杂性和不确定因素的"人"的影响和干扰，又受外部客观政治、经济、社会、自然环境的影响，系统内各个要素、子系统之间还常常会因为各种原因发生"摩擦"与"冲突"。这个超级巨系统内任何一个微小构件发生细微变化，都可能会发生"蝴蝶效应"，引起某个系统构件、子系统局部、特定子系统全部乃至整个巨系统发生功能性障碍，诱发都市病。城市起源于经济贸易或政治活动，因而城市的经济功能和政治功能是城市的两个原发功能，但是随着城市化进程的持续发展，尤其是进入现代社会以后，城市的生活服务功能成为城市的主要功能。然而，出于政治、经济、社会稳定的考量，城市管理者往往"更愿意把城市看作政治中心、政府控制中心、权贵中心、商品贸易中心和市场发挥作用的中心而忽视了其作为'居民生活中心'的基本构件，各种与经济有关的、与政治有关的、与政府有关的建筑和设计无不打上了利益集团及政府政治、政绩等各种因素的符号，成为城市的'风景'"[①]。但是居民生活的实际需求往往被政府管理者排除在视野之外。政府管理者常常只是从自身观念、政绩、利益，甚至寻租腐败等因素出发考量做出都市公共产品供给与执行决策，使都市公共产品供给出现低质、低效或所谓"超前""高质"供应等情况，而脱离都市生活与运行的实际需求，进而导致都市运行功能紊乱而诱发各种都市病。因此，供给品质紊乱型都市病一般要具体原因具体分析，但整体而言，作为社会系统疾病，供给品质紊乱型都市病一般都缘于都市系统管理不善、执行偏差、监管不力等问题，导致都市公共产品供给出现品质性问题，因而导致都市某个方面出现功能变异，进而诱发系统功能紊乱，致使发生都市病。因此，供给品质紊乱

---

① 任晓林、顾斌：《现代城市管理的功能与主体辩证》，《上海城市管理职业技术学院学报》2009 年第 4 期，第 7-11 页。

型都市病事实上属于都市公共产品供给管理方面存在问题的"管理病"。

　　源于管理问题的供给品质紊乱型都市病需要运用现代管理方法和技术来治理。造成都市公共产品供给品质紊乱的直接原因是传统都市管理理念、管理方法和管理技术已经不能适应新时代都市管理的实际需要。受传统统治型行政和计划经济体制的影响，传统城市管理模式更加关注城市管理的政治效益、经济效益，而忽视了城市管理的公民利益、社会效益，因而表现出更多的政府导向、控制导向、行政导向，进而造成了管理体制上的机构重叠、部门林立、政出多门、各自为政、分散管理、寻租腐败、监管不力的现象。进入市场经济时代后，受新公共管理市场化、民营化导向的影响，传统注重政治性、政绩绩效、经济效益的市场化导向的城市管理被进一步强化，而民本、社会、生态、文化效益被忽视，已经不能适应现代城市管理的需要。要治理供给品质紊乱型都市病必须更新都市管理理念，注重民本导向和社会导向，加强政府监管，促进政府决策和执行科学化、民主化，采用现代都市管理技术和科学技术，以促进都市管理的现代化和科学化，提高都市公共产品供给品质。

二、革新都市治理理念和治理方法

　　城市管理是一门科学。人类具有悠久的城市建设和管理历史，但是城市管理粗放、简单，城市管理科学化不足。例如："中国改革开放四十年（1976—2016）的快速城市化过程中，人们关注的主要是城市经济中心的建设、城市的产业规划、城市居住区的规划、旅游业的开发机遇、城市交通的便利，以及城市管理体制，而忽视了城市的治理功能重塑。"[①] 受传统行政理念的影响，城市管理基本形成政府垄断式城市建设和管理的"管理—控制"模式，这种"管理—控制"模式更注重城市的建设与控制而忽视了城市的治理功能。在管理机制和管理手段方面，偏向于行政手段而缺少法律、市场、社会化的管理措施，"以罚代管"、运动式治理是常用的管理方式。在管理对象方面，主要注重城市建设、经济建设、社会稳定和城市外部形象，对城市生态、人文、环境、民生等"软

---

① 韩福国：《重建现代城市的治理功能》，《城乡规划》2017年第1期，第36-45页。

实力"重视不够。在城市建设方面，偏重于道路、大楼等涉及城市"形象"的标志性建筑建设，而对如下水道之类的基础设施重视不够。这些都决定了城市管理还处于低层次状态，城市公共产品供给品质较低，导致城市各种要素系统难以正常运行、系统之间难以有效协调匹配，因而引发各种都市病，增加了都市病的"不可治理性"。

从英国学者霍华德 1908 年出版《明天的花园城》到芒福德 1938 年出版《城市文化》、沃斯 1938 年出版《作为生活方式的都市性》，西方学者建立起了系统的城市管理科学理论体系，为城市管理现代化奠定了基础。在管理价值追求上，现代城市管理改变了传统城市管理关注管理控制效率而忽视人的因素、忽视城市管理的公平性等问题，开始注重"以人为中心"，强调人的发展和城市服务功能，更加注重城市管理和城市公共产品供给的公平性、回应性和透明性。从管理职能定位上来说，现代城市管理改变了传统城市管理注重政治、经济功能的管理控制导向，更加强调城市的协调服务职能。在管理对象上，早期城市管理理论认为，人、财、物、生态四个要素是城市管理的主要对象。在此之上，现代城市管理理论认为，信息、时间、城市文化和管理方法四个要素同样也是城市管理的对象，更加关注城市政治、经济功能之外的社会、生态、人文、环境等功能。① 在管理方式上，现代城市管理改变传统城市管理"刺激—反应"式的被动管理方式，更多地走向预见式的规划性治理。在管理主体上，现代城市管理改变传统城市管理政府单一主体的管理传统，注重发挥市场、社会多元力量的主体作用。在管理手段上，现代城市管理改变传统城市管理主要采用行政手段的问题，开始更多地引进法律、现代市场和科学技术手段，实现城市管理手段的现代化、科学化、法治化。

如前所述，供给品质紊乱型都市病实质上属于都市公共产品供给管理方面的管理病，是因都市公共产品供给决策科学化不足、执行能力偏低、政策控制技术水平较弱、信息反馈渠道不够畅达等管理问题而导致都市公共产品供给出

---

① 叶南客、李芸：《现代城市管理理论的诞生与演进》，《东南大学学报》2000 年第 2 期，第 43—49 页。

现结构性问题，进而诱致都市系统功能性紊乱而引发的都市病。因此，要治理供给品质紊乱型都市病就有必要革新都市治理理念，从传统都市管理方式转向现代都市治理模式，即：在管理价值导向上坚持以人为中心，注重都市治理的公平性、回应性、透明性；在管理职能定位上，更加注重管理、协调和服务职能；在管理对象上更加关注城市政治、经济、社会、生态、人文、环境等功能之间的平衡与发展；在管理方式上实现主动式、预见性的规划式治理；在管理主体上，引入多元治理模式，注重发挥政府、市场、社会多元力量都市治理作用；在管理手段上，注意发挥行政、市场、法律、教育等多元方法的作用，同时，注重大数据、人工智能、运筹学、系统分析、现代决策科学与技术的系统性应用，提高都市管理的效能，提升都市公共产品供给品质。

三、综合应用现代管理和科学技术

现代管理科学的发展为治理供给品质紊乱型都市病提供了管理技术基础。20 世纪以来，系统论、控制论、运筹学、绩效管理、决策科学等现代管理理论和方法极大丰富了公共管理的管理理论和管理技术，也极大丰富了都市治理的理论工具与技术基础。在都市治理过程中综合运用现代系统分析方法、运筹学、绩效管理、决策科学技术、现代规划技术、人际沟通技术等，毫无疑问可以改变传统简单粗暴的都市治理方式，能够丰富和拓展都市治理的价值关怀和政策工具，有助于实现都市治理的精细化、科学化，实现都市系统的良性运行，防止都市公共产品供给品质紊乱现象。在宏观层面，都市政府需要引进科学的现代城市规划技术、决策科学技术、系统分析技术和绩效管理技术，借以提高都市长远战略规划、发展政策的科学性和前瞻性；在中观层面，都市政府需要运用现代决策分析技术、系统分析技术和绩效管理技术、运筹学、控制论等技术，加强基础设施、常规管理、公共管理政策的系统分析和科学化，防止各类中观政策引发都市公共产品供给品质不佳而引发都市系统功能紊乱问题；在微观层面，针对各种现实发生的都市病，在出台治理政策时，同样需要运用系统分析方法、运筹学和决策科学技术等，保证微观治理政策的科学性，防止微观都市病治理政策品质不佳，出现诸多负外部性影响。

自 20 世纪以来，现代科学技术迅猛发展，为政府在城市治理中运用现代科学技术治理各类都市问题提供了科学技术基础。在城市治理发展史上，早期技术发展主要为城市各项项目提供必需的工程技术或科学技术支持，如为都市给排水系统建设提供工程技术和给排水技术支持、为都市交通设施提供交通科学技术和工程技术支持等。现代电子通信技术、计算机技术的出现和发展为城市治理中运用各种现代技术提供了基础和实践案例，及至移动互联网、大数据、人工智能技术逐步成熟并得到快速转化应用，科学技术被运用于都市综合治理的时代来临。实践中，卫星定位系统技术、移动互联网技术、现代电子通信技术首先被运用于都市交通拥堵治理，在治理都市交通拥堵方面发挥了重要作用。上海市和科大讯飞联手，将人工智能技术运用于刑事案件审判证据链追踪和鉴定，开创了司法领域运用现代科学技术的先例。此外，远程监控系统、人工智能、大数据技术在都市安全治理中也得到广泛运用，现代科学技术的都市病治理作用已经显现。

将现代大数据、移动互联网、人工智能、通信技术应用于都市治理，增强都市公共产品供给的科学性与精准性，提高都市公共产品供给品质，可以有效解决很多传统治理手段无法解决的问题，进而为治理都市病、优化都市治理提供无限可能。如，当前广泛使用的卫星定位和导航技术已经为治理都市交通拥堵提供了重要技术支撑，在有效缓解都市交通拥堵问题方面发挥了重要作用。现代电子监控技术在打击和震慑都市犯罪方面发挥了重要作用，为都市安全问题治理提供了技术支撑。因此，有必要进一步加强现代科学技术在都市病治理过程中的综合应用，发挥大数据、人工智能、移动互联网、现代通信技术等对都市病治理的作用，实现都市病治理手段的现代化、科学化，如进一步发挥卫星定位、通信技术、移动互联网技术的作用，对都市汽车行程进行预警，及时疏导汽车流向以防止交通拥堵；综合运用气象技术、城市规划建设、现代给排水系统建设技术、海绵城市技术等以治理都市雨涝问题。当然，技术一般是没有价值倾向的工具，运用现代管理技术和科学技术以治理都市病，也可能会更多地表现为"冷冰冰"的管理效果导向而忽视人本导向、社会关怀和生态价值，在综合应用现代管理技术和科学技术治理都市病的同时，需要防止技术被滥用而破坏都市管理和都市病治理应有的价值导向和人文关怀。

第四节　都市病整体性治理的路径与对策

针对特定都市病采取针对性治理举措是传统都市病治理的基本方式，对于都市病早期治理实践的现实需要而言，它是必要的，也是过去都市病治理的一般性策略。然而，在具有较多确定性的传统社会，这种治理方式比较符合需要，但是在以复杂性和不确定性为主要特征的现代风险社会和后现代社会，这种治理方式已经难以适应都市治理的严峻挑战。因此，为了应对当下中国的都市病治理，政府在采取针对性治理，特别是分类治理对策的同时，必须引入系统思维，引入都市病整体性治理理念，从宏观、中观、微观三个层面，实现对都市病的整体性治理。

一、都市病整体性治理的基本内涵

新公共管理运动致力于在公共管理领域引进企业管理理论、方法和技术，把市场竞争机制应用于公共产品和公共服务供给领域以应对政府信任危机、管理危机和财政危机，虽然在一定程度上提升了西方政府的公共产品和公共服务供给能力，缓解了西方政府所面临的财政危机和信任危机，但也导致了西方公共管理的碎片化和分散化，在一定程度上降低了政府的协调成本和行政效率。在反思新公共管理运动面临的理论与实践问题的基础上，一场寻找"公共部门协调与整合机制"的改革运动在西方国家悄然兴起。虽然这场改革运动在不同国家有不同的称谓，如"跨部门议题"（Cross-cutting Issues）或"协同型政府"（Joined-up Government）、"整体性政府"（Whole of Government）、"水平化管理"（Horizontal Management）、"网络化治理"（Governing by Network）、"整体性治理"（Holistic Governance）等，但其共同特点都是"通过制度化、经常化和有效的

'跨界'合作以解决复杂而棘手的公共问题（wicked problems），增进公共价值"，因而被学界称作"整体性治理"理论。①

整体性治理理论"着眼于政府内部机构和部门的整体性运作，主张管理从分散走向集中，从部分走向整体，从破碎走向整合"，通过重新政府化，采用大部制、集中采购和专业化的治理方式，以调适新公共管理带来的职能分化、碎片化、市场化的弊端，同时强调要重塑或加强中央过程、压缩行政成本、改善具有公共支撑功能的服务供应链，发展"混合经济模式"为主导共享式公共服务，简化公共部门网络以提高政府公共服务供给的灵活性和反应速度。② 整体性治理理论认为，通过整体性治理方式，可以使公共管理在"具有高程度的公私协作能力"的同时，还具有"充沛的网络管理能力，并通过技术将网络连接起来，在服务运行中给予公民更多的选择权"③，从而达到"为公民提供无缝隙而非分离的服务"的目的④，这为改变传统都市病治理方式提供了理论启示。缘于职能分化的针对性治理举措对单一都市病治理常常是有效的，但都市系统的复杂性决定了针对单一都市病的治理举措往往不能实现都市病的真正治理，要治理日益严重的都市病，必须借鉴整体性治理的基本理念，改变传统针对单一都市病的碎片化治理策略，对都市病采取整体性治理策略。

都市病治理的整体性治理理念打破西医式的单一针对性都市病治理方式，综合考虑都市系统的复杂性、都市各个子系统间的辩证关系、都市病之间的关联性以及都市病治理政策的负外部性影响等因素，运用整体性思维，采用系统化的治理方式对都市病实施整体性治理，既要按照都市病治理时效的短期性需要，根据实际情况对都市病采取针对性治理策略，又要按照系统思维，综合考虑都市系统的复杂相关性。一方面，对"头痛医头、脚痛医脚"式的针对性治

---

① 胡象明、唐波勇：《整体性治理：公共管理的新范式》，《华中师范大学学报（人文社会科学版）》2010年第1期，第11-15页。

② 竺乾威：《从新公共管理到整体性治理》，《中国行政管理》2008年第10期，第52-58页。

③ 斯蒂芬·戈德史密斯、威廉·埃格斯：《网络化治理：公共部门的新型态》，北京大学出版社，2008年。

④ Christopher Pollit, "Joined-up Government: A Survey", *Political Studies Review*, Vol.1, Issue.1, (2003): 34-49..

理方式进行优化升级，在出台针对性治理政策时，统筹考虑针对性治理政策可能的负外部性影响，采取措施改造具有负外部性影响的政策举措，将政策的负外部性影响降至最低，或者放弃具有负外部性影响的政策举措，另外寻求没有负外部性影响或负外部性影响较低的政策工具；另一方面，按照中医"固本强基""辨证施治"的治理理路，逐步改变职能分割的碎片式都市病治理方式，从系统重构都市有机体结构、优化都市系统功能的角度，统合都市治理部门，出台系统提升都市有机体"体质"的整体性治理政策，达到实现都市病治理的目的。简言之，都市病整体性治理理念即综合考量都市系统的有机关联性，秉持整体优化都市有机体结构功能和系统考量单一都市病治理政策及其负外部性影响的要求，统筹制定整体性治理政策和针对性治理策略，以达到系统治理都市病的目的。

都市病整体性治理的目标是：（1）提升都市居民生活幸福指数。都市是人类社会发展的重要成果，也是推动人类文明进步的平台和动力，人类建立都市既是"自生自发"的历史规律使然，也是追求幸福生活驱动的结果。都市病消耗都市资源，降低都市生活幸福指数，因此，都市病整体性治理的首要目标应该是提升都市居民生活幸福指数。（2）促进都市公平正义。公平、正义是中国特色社会主义核心价值观，都市资源缺乏、功能紊乱和供给不均衡的一个重要表征和结果是降低都市公共产品供给和都市生活的公平正义度，会进一步诱发都市结构功能的结构性变异而引发或加重各类都市病。因此，都市病整体性治理必须以促进都市公平正义为目标。（3）优化都市功能结构。导致都市病的根本原因是都市系统的功能结构无法适应不断集聚的都市人口和不断扩张的都市空间规模的需要。因此，都市病整体性治理首先需要整体优化都市系统的功能结构，使其适应都市人口和空间规模发展的需要。（4）消解或减轻都市病病症。都市病是都市结构功能难以适应都市发展需要的结果，都市病侵蚀都市居民生活幸福指数，消耗都市公共资源。因此，都市病整体性治理的直接目标应该是消解或减轻都市病病症。

为达成上述目标，都市病整体性治理需要遵循以下基本原则：（1）坚持系统性思维。都市是复杂的有机功能系统，都市任何一个子系统构件发生变异或子系统之间功能不匹配、链接不正常，都可能会导致都市病。公共政策内蕴的负外部性影响决定了任何一个都市病治理政策都可能会对都市系统运行产生不良影响而诱发新的都市病或加重既有都市病的病症。因此，都市病整体性治理要求必须坚持系统性思维，更多地制定和运用统筹兼顾的综合治理政策。（2）坚持时效治理和固本强基相结合。都市病耗散都市公共资源，降低都市生活幸福感。因此，从实践来看，都市病治理必须考量治理效果的时效性，及时减轻或消解都市病的病症。此外，都市病治理应从"固本强基"的视角，促进优化都市有机体的整体功能结构，以达到从根本上治理都市病的目标。显然，都市病治理的时效性和"固本强基"之间存在较大张力。因此，都市病整体性治理主张将时效治理和"固本强基"相结合，既要注重都市病治理的时效性，及时出台针对性治理政策以缓解都市病病症，更要按照系统性思维，加强都市病系统整体功能结构的系统性再造，达到"固本强基"的目的。（3）坚持职能融合原则。按照整体性政府打破政府职能分化和公共服务碎片化的初衷，更为了实现都市病整体性治理以达到固本强基的目的，都市病整体性治理强调都市病治理的政府职能融合原则，主张在都市病治理中打破传统职能分割和碎片化的单一针对性都市病治理策略，实现都市病治理的职能协调与融合，达到实现都市病整体性治理的目的。（4）坚持多元协作原则。无论是供给不足型都市病、供给不均衡型都市病，还是供给品质紊乱型都市病，其治理都需要都市政府、社会、公民的共同行动，单一政府主体的都市病治理显然不能适应都市病治理的现实需要。如供给不足型都市病的治理首先需要解决资源缺乏的问题，如采用PPP模式引入社会资源投入公共产品供给，但资源匮乏在客观上是常态，因而要求居民适当控制需求就是供给不足型都市病治理之必须，这显然需要居民的理性自觉。可见，都市病治理需要多元主体的共同参与、协调行动和合作共治。

二、都市病整体性治理的宏观理路

都市病整体性治理首先需要从宏观上革新经济社会发展理念，反思政府主导的城市化发展战略，改变传统职能分割的碎片式治理方式，改革政府绩效评价机制，培育和壮大社会组织并积极推动其参与公共治理，加强公民教育以提升公民素质和公共精神，营造都市病整体性治理的宏观生态环境。

一是革新经济社会发展理念。改革开放以来，我国确立了以经济建设为中心的发展理念，通过对内搞活、对外开放，使经济社会得到快速发展，取得了举世瞩目的成就，创造了令世界惊叹的"中国模式"，但同样也积存了一些弊端和问题。具体到经济社会发展领域，经济建设为中心的发展理念事实上演变成了 GDP 为主的政府绩效考核驱动的"晋升锦标赛"[1]，在很大程度上导致经济社会发展理念出现了一定偏差。片面追求经济发展政绩的 GDP 导向的经济发展理念演变成了招商和经济竞争，忽略了环境和人文关怀，也在一定程度上忽视了社会公平，导致了很多短视的公共政策和短期管理行为，更导致政府公共资源投入出现了一定偏差。更加注重经济投入、基础设施建设和政绩工程的公共财政投入，既消耗了大量公共财政资源，导致公共教育、医疗、基础设施投入等相对不足，又因管理监督缺乏等原因导致经济投入、基础设施建设和政绩工程领域出现大量腐败、"豆腐渣工程"，不仅浪费了大量社会资源，还误导了社会经济发展和消费理念，使整个社会呈现出较为严重的经济利益导向驱动性行为特征，出现一边是资源浪费、消耗和非理性消费，另一边是公共产品供给资源缺乏、环境污染严重、社会管理混乱、家庭贫困的畸形公共服务供给与社会不公现象。为此，有必要革新经济社会发展理念，改变传统政府政绩考核方式，把"一切向钱看的经济建设为中心"转向"以人为中心"和"以经济建设为中心"，既要见经济、见物的发展，更要见人、见自然和见人文的健康、协调、可持续发展。

二是反思政府主导的城镇化发展战略。长期以来，城镇化被当作经济社会发展战略乃至现代化发展战略的重要组成部分。2012 年 9 月，李克强总理在全国省部级领导干部推进城镇化建设研讨班学员座谈会上指出："城镇化是现代化

---

① 周黎安：《中国地方官员的"晋升锦标赛"模式研究》，《经济研究》2007 年第 7 期，第 36~50 页。

应有之义和基本之策。"①2013 年，在听取中国科学院和中国工程院城镇化发展研究报告时，他再次指出："从国际经验看，工业化和城镇化是现代化的必由之路。在我们这样一个 13 亿人口的大国实现现代化，人类历史上前所未有，城镇化会面临更多挑战，需要放在现代化的大格局中来把握。"②进入新时代以来，国家提出了新型城镇化的发展战略，把城镇化作为推动中国现代化、促进经济社会发展的驱动力和政策工具，极大推动了城镇化发展进程，但是，一方面，政府主导下快速发展的城镇化战略比较容易单一目标导向，一些乡村在城镇化过程中片面追求速度，缺乏系统性的顶层设计，造成了一些乡村人口空心化、农地抛荒化的现象。另一方面，在城镇根本没有做好吸纳大量人口、迅速扩大空间规模准备的情况下，还给本就资源不足、功能紊乱、供给不均衡的城市带来巨大压力，使本就处于"病态"的城镇系统雪上加霜，加重了城镇系统的病态表现。尤其是当大量农村人口进入城镇，在城镇无法提供足够就业、创业机会、不能保证新进人口生活与发展保障的情况下，会给新进入城镇化的人群、城镇治理、城镇经济社会发展、城镇社会稳定等埋下系列隐患。实际上，从城镇兴衰发展的历史变迁来看，城镇的形成实际上是经济、社会、政治、交通、资源等因素催生的自生自发的演进发展的结果，政府主导与推动的快速城镇化显然会导致城镇容纳能力和人口快速集聚、规模迅速扩大之间的张力问题而引发各种都市病。因此，有必要反思政府主导的城镇化战略，结合乡村振兴战略，统筹考量未来的城镇化、乡村振兴政策，出台更为理性、科学的城镇发展及乡村振兴战略和政策，从宏观上为都市病治理提供更为合理的战略导向和政策环境。

三是改变传统职能分割的碎片式治理方式。自有国家和政府以来，职能分工式的公共管理方式就是国家和政府治理的传统，这既是公共管理科学化、效率化、专业化发展的必然要求，也是官僚机构高效、科学运行的显著特点。然

---

① 《李克强：城镇化是现代化应有之义和基本之策》，中国新闻网，2012 年 9 月 19 日，http://www.chinanews.com/gn/2012/09-19/4196978.shtml，访问日期：2014 年 3 月 23 日。

② 国务院办公厅：《李克强听取中科院、工程院城镇化研究报告并座谈》，中华人民共和国中央人民政府门户网站，2013 年 9 月 7 日，http://www.gov.cn/guowuyuan/2013-09/07/content_2590416.htm，访问日期：2014 年 10 月 3 日。

而，不可否认，职能分割的管理方式确实造成了管理的碎片化问题，增加了公共管理的协调和运行成本。因此，有必要重构公共管理的治理理念和组织模式，在未能真正"打破官僚制"的现实背景下，可以持续推行大部制改革，促进外部成本内部化，有效提升政府管理效能，节约公共资源，逐步导向公共管理的整体性治理。另外，还可以优化政府部门职能分工，把相同或相近的公共管理职能进行归并，置于同一部门，在坚持公共管理专业化的同时，促进政府部门治理职能的统合化，减少职能分割导致的碎片化。此外，需要创新政府部门间的沟通与协调模式，优化职能分工的组织结构和管理模式，按照整体性治理、整体性政府的治理理念，再造公共政策制定、决策和执行流程，推进整体性政府建设和整体性治理。

四是培育和发展社会组织，以优化都市公共产品供给主体结构。社会组织发展水平既是衡量国家和社会现代化程度的重要标志，也是促进经济社会发展、维护公民权利的客观需要。一个社会有大量成熟的社会组织参与公共管理和公共服务供给，常常可以促进形成政府与社会协同治理的公共管理结构，不仅有利于提高公共管理效率和公共服务供给数量和质量，还可以有效促进传统政府向现代政府转型。[1] 据统计，截至 2016 年底，共有 70.2 万家各类社会组织活跃在全国各地，参与各种社会管理服务。[2] "作为独立于政府体系之外承担一定公共职能的非营利组织，目前活跃于现实生活的方方面面。虽然其存在形式、规模大小、所在领域可能千差万别，但通常都具有非营利性、非政府性、志愿性、公益性或共益性等基本属性。同时，它们在社会体系和结构中有着不同于企业和政府的诸多社会功能，能弥补'市场失灵'和'政府失灵'。非营利组织因此成为积极影响社会的重要的组织制度创新形式，在当今社会扮演着越来越重要的角色。"[3] 社会组织所能发挥的主要社会功能包括开发社会资源、供给公益服务、参与城乡公共治理、参与社会协调与社会治理、倡导与影响公共政策等。

---

[1] 文军：《中国社会组织发展的角色困境及其出路》，《江苏行政学院学报》2012 年第 1 期，第 57–61 页。
[2] 《2017 年中国社会组织情况分析》，中国产业信息网，2017 年 11 月 7 日，http://www.chyxx.com/industry/201711/581996.html，访问日期：2018 年 2 月 3 日。
[3] 王名：《非营利组织的社会功能及其分类》，《学术月刊》2006 年第 9 期，第 8–11 页。

因此，必须积极培育和发展各类社会组织，并为其参与公共治理包括城市治理、参与公共产品和公共服务供给提供渠道和环境，促进形成社会组织协同参与的"共建共治共享"的都市治理格局。

五是加强公民素质教育，以优化公共产品需求结构。公民素质是一个国家公民智力、知识、体魄、文明程度、道德品质等的综合体现，它是反映一个国家文明进步程度的重要标志，良好的公民素养可以成为国家经济社会发展的社会资本，为国家经济社会发展提供基础和动力。新中国成立以来，尤其是改革开放以来，公民素质得到较大提升，但不可否认，受各种因素影响，公民整体素质还存在一些与现代文明国家发展不相适应的问题。"推进国家治理体系和治理能力现代化，发展社会主义民主政治，是关系到中国特色社会主义前途命运的重大战略部署。在这个过程中，一个重要的方面就是积极培育人民群众的国家治理主体意识。"[①] 不同于传统统治型国家将公民作为统治对象的统治型行政理念，也不同于现代管理型国家将公民视作管理对象，现代服务型政府和国家治理理论认为，公民同样是国家治理的核心主体。中国是社会主义国家，人民是社会主义国家当家做主的主人，但国家管理是对管理能力和专业知识具有相当要求的专业性事务，现代国家治理和发展经济社会事业都需要公民具备相当的专业能力和综合素养，这就要求我们必须加强公民素质教育，不断提升公民对于国家治理主体意识的认识和实战能力，为推进国家治理体系和治理能力建设打好公民基础。

三、都市病整体性治理的中观方略

在推进宏观治理生态环境建设的同时，政府需要从中观层面改革都市治理方式以促进都市病治理。具体而言，从都市整体性治理这一中观层面上，政府要打破针对单一都市病采取特定治理举措的传统治理方式，推进都市病治理理念创新，针对都市病治理和都市治理现状，加强宣传引导和理论研究，使都市

---

① 《培育人民群众主体意识 推进国家治理体系和治理能力现代化》，央广网，2019 年 12 月 10 日，http://author.baidu.com/home?from=bjh_article&app_id=1568331104387389，访问日期：2020 年 2 月 3 日。

政府确立起整体性治理的都市治理思维及都市病治理思维，同时推动从都市规划层面优化都市空间布局和规划布局，在都市规划阶段做到统筹考量，做好都市病的预防和治理，创新都市公共产品供给模式，改革都市公共政策过程，加强智慧都市建设等，这些都有利于促进都市病治理。

一是确立都市治理的整体性治理理念。整体性治理思想自提出以来影响越来越大，甚至被认为是21世纪政府治理领域的重大理论创新。目前，整体性治理理论虽然已经被引入并产生了重要学术影响，在实践层面也对政府治理实践产生了积极影响，如大部制改革就是一个实践运用。然而，就客观而言，整体性治理理念还没有深入人心，尤其是在基层政府层面，职能分割的碎片管理还根深蒂固，政府公共管理部门化依然是都市政府开展都市治理的惯常逻辑，职能分工的"专业化"甚至还被一些基层政府作为政府治理的发展趋势。当然，源于专业化的职能分工对都市公共治理而言有其客观必然性，但现代都市系统的复杂性和不确定性决定了都市治理必须在坚持专业化职能分工治理的同时，改革传统职能分割的政府治理方式，实现都市整体性治理。因此，需要加大理论宣传力度，引导都市政府逐步树立整体性治理的治理理念，为从都市政府治理的中观层面推进都市病整体性治理奠定基础。

二是优化都市功能空间规划布局。都市是一个复杂的综合系统，都市系统的复杂性决定了都市必然需要各种不同的功能供给以满足都市系统运行的复杂性需要。随着都市系统的演化发展，专业化分工、同类市场集聚发展的规模需要、成本效益考量等，都使都市空间逐渐出现功能分化，特定都市功能供给的行业、特定都市功能空间逐渐呈现出地域集聚的趋势，使都市空间出现功能分化的空间布局。而且随着现代都市规模扩展和都市规划建设的发展，这种都市空间布局功能分化的现象愈益明显，在很大程度上也体现了都市演进发展的历史趋势和客观规律。然而，都市功能空间在给都市生活和都市运行提供极大便利、降低都市运行成本、有效促进都市发展的同时，也在另一方面产生了较大的负外部性影响，在某些方面又加大了都市运行成本，导致都市运行不畅或出现功能性障碍而产生都市病。以都市经济功能区为例，为了促进都市经济集聚

211

发展，发挥经济产业集聚的规模效应，也为了便于综合治理环境污染等现实问题，都市经济产业功能区是现代都市空间发展的重要趋势。然而，都市经济集聚发展的经济功能区建设意味着大量都市人口每天要在居住地和工作地之间奔走，增加了都市交通人流量，导致都市早高峰、晚高峰时段的交通拥堵问题。因此，都市病治理要求必须科学规划、合理优化都市空间功能布局，通过都市空间布局的合理化、科学化，更好地发挥都市功能空间分化的正面作用，促进都市病治理，同时降低都市空间布局功能分化的负外部性影响，防止因空间布局不合理或空间布局功能分化可能导致的各种都市病。

三是创新都市公共产品供给模式。从公共产品供给理论视域视之，都市病既是城市化进程中公共产品供给与需求失衡的表现，也是公共产品供给与需求失衡的必然产物，都市病产生的根源某种程度上就是都市公共产品供需失衡。因此，要治理各种都市病，就必须创新都市公共产品供给模式，提升都市公共产品供给的回应性、公平性、效益和效能，促进都市公共产品供需均衡。新中国成立以后，中国学习苏联建立起了高度集中的计划经济体制，这种高度集中的计划经济体制在都市公共产品供给领域的主要表现就是采用政府垄断、独家供给的公共产品供给模式，在具体公共产品供给方面又表现为按照部门职能提供公共产品的供给模式。改革开放以来，尤其是进入新时代以来，都市公共产品供给模式改革成效明显，已经初步打破了传统政府垄断、独家供给的公共产品供给模式，公共产品供给主体多元化、供给机制市场化趋势明显。但受计划经济体制的影响，政府主导都市公共产品供给的传统局面、凡事找政府的传统观念还没有被彻底改变。在都市公共资源不足、都市需求日益增长的情况下，政府有必要进一步创新都市公共产品供给模式，如合理引入 PPP 模式等，培育形成多元主体协同供给，有效利用政府、社会、市场资源的公共产品供给模式，同时需要打破传统分部门、分职能的碎片式公共产品供给模式，从中观层面上有效解决都市公共资源、供需结构不均衡、供给结构不均衡、供给碎片化的问题。

四是改革和优化都市制度公共产品供给过程。"公共政策是对社会价值的权威性分配。"①作为政府治理社会的主要载体，都市公共政策过程的透明性、科学性、民主化往往决定了都市公共政策的科学性、回应性，对都市治理具有决定性影响。都市公共政策过程通常包括政策制定、政策执行、政策评估、政策终结等环节，决策"黑箱"理论认为政策过程是一个"黑箱"，"许多权力的运作过程是以隐蔽的方式进行的"，隐蔽的权力运作使政策过程成为一个黑箱，"黑箱中到底发生了什么，是政策过程的核心和关键"。②然而，因为其隐蔽性和政策过程的不透明，政策"黑箱"究竟是如何运作的，对外界而言始终是一个谜团。政策过程的这种"黑箱"特性在一定程度上降低了公共政策的回应性和科学性，要有效增强公共政策的回应性和科学性，就必须增强公共政策的透明度和参与度，优化公共政策过程。经过多年建设，我国在公共政策的民主化、透明化方面取得了切实成效，但依然没有从根本上改变政策"黑箱"的现状。因此，有必要按照决策科学化、民主化、透明化、回应性的要求，进一步改革和优化都市公共政策过程，加强都市公共政策过程的协商民主建设，充分发挥全国人大常委会、政治协商会议等机构在都市公共政策过程中的作用，拓展公共政策过程的参与渠道，扩大都市公共政策的有序参与，借以提高都市公共政策的科学性、民主化、透明化和回应性，既有效防止各种都市公共政策失误而导致引发各种都市病，又可以提高都市病治理政策的科学性、民主化、透明化和回应性，促进都市病治理。

五是加快智慧都市建设。自2008年IBM公司提出"智慧地球"战略以来，"智慧城市"已经成为一个时尚而又现实的城市治理理念和实践行动，世界各国都相继开始推进智慧城市行动，如新加坡提出了"智慧岛2015"，日本提出了"i-Japan战略"，德国提出了"T-City计划"，等等，我国的上海、南京、武汉等各大城市也相继开始进行智慧城市建设，为都市治理提供了重要技术手段和平台，尤其是在都市病治理方面发挥了重要作用。杭州是国内最早提出智慧城市建设的城市，早在2011年10月，浙江省就正式发布《关于开展智慧城市建设

① 戴维·伊斯顿：《政治体系——政治学状况研究》，马清槐译，商务印书馆，1993年，第122页。
② 米切尔·黑尧：《现代国家的政策过程》，赵成根译，中国青年出版社，2004年，第22页。

试点工作的通知》，把杭州作为试点城市之一。2012 年 9 月，杭州市政府正式通过《"智慧杭州"建设总体规划（2012—2015）》。2016 年 10 月，杭州市正式宣布推进被称作"城市大脑"的智慧城市建设计划升级版，目标是把杭州全城能源、交通、供水、环境、质量、安监、气象等基础设施全部数据化，并将其和作为"城市大脑"的数据采集系统、数据交换中心相连接，通过超大规模计算平台、开放算法平台和数据应用平台，对杭州全城进行全局实时分析，自动调配公共资源，在很大程度上为提高都市治理水平，促进都市病治理提供了经验和成功案例，因此，有必要进一步推进智慧城市建设，通过智慧城市建设助力都市病治理。

四、都市病整体性治理的微观机制

都市病治理的宏观理路和中观方略都是增强都市有机体系统机能，使之"固本培元"、增强复壮的治本之策。要高效化解都市病病象，治愈都市病病症，消减和遏止都市病的危害，还需要在各种微观机制方面革故鼎新，在整体性治理理念指导下建构切实可行的都市运行管理机制、协调机制和共享机制。

第一，创新都市病治理的整体性协调机制。职能分割的碎片式政府管理方式和公共产品供给模式在都市病治理领域表现为：都市政府在制定特定都市病治理政策时，一般都是按照政府职能分工，由特定都市政府职能部门草拟、出台、执行针对职能管理领域都市病的单一治理政策，如针对交通问题治理的责任部门主要是道路交通规划和建设部门及交通警察管理部门，这两个部门在治理交通拥堵时一般只是"堵漏"式的被动治理，而难以从优化都市功能空间布局的角度实现前端治理，只能治标不能治本，这是导致各大城市在交通拥堵方面都投入了大量人力、物力、财力却效果不彰的重要原因。然而，都市病往往是都市有机体的系统性变异，系统性变异当然需要系统性治理。因此，要有效治理种类繁多的都市病，就必须从整体性治理的角度创新和建立都市病治理的整体性协调机制，改变政府职能部门制定针对性治理政策的都市病治理方式。一方面，在制定和执行特定都市病治理政策时，要统筹各个职能部门参与针对特定都市病的治理政策方案制定和执行，通过多部门协同参与的方式减少或消除针对性都市病治理政策对都市系统可能存在的负外部性影响；另一方面，在制定和执行都市病综合治理政策或制订都市发展规划、空间规划、道路规划等综合性政策时，要协同各个部门共同参与，借以保证都市病综合性治理政策的科学性和整体性。

第二，建立都市公共决策效能管理机制。都市公共决策是都市治理的载体和工具，都市公共政策的科学性、公平性、回应性以及效能如何，在客观上决定了都市治理的水平和都市病治理的效能。在公共部门管理领域，绩效管理是推进政府决策管理效能的重要工具。"政府绩效管理是以实现政府管理的经济、效率、效益和公平为目标的全新的政府管理模式。"[1] 公共部门绩效管理的核心要义是通过客观、科学的公共部门绩效评估，以发现公共部门运行过程中存在的问题，分析这些问题的原因，并找到解决问题的办法。因此，创新都市公共政策效能管理机制，以都市公共政策效能评估为核心，建立多元主体共同参与的都市公共政策效能管理制度，通过都市公共政策效能评估，及时发现都市公共政策尤其是都市病治理政策可能存在的问题，再由多元主体协同制定解决问题的矫正措施，或者修订公共政策方案。这些是促进和提升都市公共政策，尤其是都市病治理政策的科学性的有效方法，能够促进都市病治理。

第三，推行公共产品差异化供给使用机制及成本分担机制。现代公共产品理论把公共产品分为纯公共产品、准公共产品两类。其中，纯公共产品指的是具有完全的非排他性和非竞争性的公共产品；准公共产品指的是难以完全做到非排他性或非竞争性的公共产品。准公共产品又包括俱乐部产品和公共资源。俱乐部产品指的是在消费上具有非竞争性，但能够做到排他性的公共产品；而公共资源指的是消费上具有竞争性却无法做到有效排他的公共产品。[2] 社会主义以社会公平为核心价值导向，但不可否认，改革开放以来，在"允许一部分人先富起来"的方针指引下，随着经济社会的持续发展，人民生活水平也出现

---

[1] 陈宝胜：《中国公共部门绩效管理发展趋势研究》，《经济与管理》2007 年第 10 期，第 74-78 页。

[2] 郭小聪主编《政府经济学》，中国人民大学出版社，2008 年，第 176-177 页。

了较大差异，这种差异的一个重要结果是随着都市人口迅速集聚和都市规模持续扩张，都市公共产品的需求也开始出现分化和差异化。在都市公共资源供给不足、供需结构不均衡、供给种类结构不均衡的现实背景下，都市公共产品供给既需要满足大众对公共产品的一般性需求，客观上也需要满足特定人群对特定俱乐部产品或公共资源的特殊需求，如都市停车位、优质教育、高品质住房等。但公共资源的稀缺性决定了都市显然不可能无差别供给这些公共产品，因此，有必要推行公共资源的差异化供给和使用机制：对大众共同需求的一般性公共产品，都市政府要保障其正常供给；对俱乐部产品，政府可以通过多元供给模式保障提供，但要采用成本分担机制，要求使用者付费；对消费上具有竞争性却无法做到有效排他的公共资源，要鼓励使用者减少或控制使用或分时段使用以降低其使用的拥挤性，同时也可以针对特定人群采取收费的方式以让其分担成本、分流和控制使用量，如设定使用次数，对多次使用者收费。

第四，实施都市公共产品交叉共享机制。共享经济"是通过互联网平台将商品、服务、数据或技能等在不同主体间进行共享的经济模式。其核心是以信息技术为基础和纽带，实现产品的所有权与使用权的分离，在资源拥有者和资源需求者之间实现使用权共享（交易）。其发展理念基于'人们需要的是产品的使用价值，而非产品本身'。在新模式下，人人既是生产者也是消费者，人们越来越注重产品的使用价值而非私有价值、共享性而非独占性"[1]。近年来，随着移动互联网技术迅速发展，共享经济也得到广泛认同和迅速发展。虽然被当作一种新型的消费模式、商业模式和经济模式，但其蕴含的理念和价值决定了共享经济的理论和实践意义显然并不仅仅局限于经济领域，这种共享的理念同样适用于公共治理领域，为政府治理提供了重要启示，也为都市病治理提供了切实可行的政策工具。借鉴共享经济理念，一方面，政府可以在公共产品供给和使用方面引入共享价值，推动都市公共资源的共享，促进实现都市公共资源的集约化使用；另一方面，政府可以在都市病治理领域引入共享经济的理念，鼓

---

[1] 汤天波、吴晓隽：《共享经济："互联网+"下的颠覆性经济模式》，《科学发展》2015年第12期，第78-84页。

励都市市场和社会资源的共享利用，发挥都市市场和社会资源的都市病治理作用，可以促进都市病治理。具体而言：首先，政府可以在公共产品供给和使用方面引入共享价值，鼓励都市区域之间、政府之间、行业之间公共资源的共享利用，如可以促进供给空间结构不均衡的公共资源实现跨区域共享使用，鼓励那些特定公共资源供给较为充分的区域或城市以免费或收费的方式向特定公共资源供给相对不足的区域或城市开放，实现资源共享、成本共担；还可以促进都市学校定时向社会开放公共运动场所，以弥补都市普遍存在的运动场所不足的问题。其次，政府还可以鼓励企业、社会组织等根据实际情况以免费或收费的方式向周边居民、同类企业、社会组织、政府或个人开放特定设备、场所或空间等，实现资源共享，弥补都市公共资源供给不足的问题。再次，可以建构平台或渠道，集约个人资源，鼓励个人以免费或收费的方式，通过特定平台向他人、企业、社会组织乃至政府开放特定资源、知识或特定物品，实现个人资源的集约共享和利用。通过政府、企业、社会、个人的资源交叉共享利用机制，弥补都市公共资源不足的问题，同时减少都市特定资源的浪费和闲置，促进各类都市病治理。

第八章　研究结论

　　本书以都市病及其治理为研究对象，依据公共产品供给理论，构建基于公共产品供给结构的都市病及其治理研究的学术分析框架，对都市病的成因、本质、现状、类型及其危害进行探讨论析，并以三种不同类型大都市的代表北京、上海、杭州为典型个案，研究中国都市病治理现状及现有政策工具应用之得失，进而结合、借鉴若干发达国家国际大都市治理都市病的经验，探寻优化中国都市病治理之路向，提出分类治理与整体性治理结合的都市病治理对策。本研究的主要结论如下。

　　其一，现代都市病的本质，是都市公共产品供给结构失衡导致的都市自组织系统的结构性变异。从公共产品供给理论之视域看，都市公共产品供给的制度结构失衡、主体结构失衡、供需结构失衡与供给空间结构失衡导致都市自组织系统发生了结构性变异，从而引发各种类型的都市病。都市病的本质，是都市公共产品供给结构失衡导致的都市自组织系统的结构性变异。

　　其二，随着当下中国城市化发展进程驶入快车道，都市病正急剧滋生蔓延，并产生恶性影响，对此政府必须有充分认识并积极采取有效对策进行综合治理。本研究以北京、上海、杭州三地为典型个案的对当下中国的都市病现状进行的比较研究揭示，人口膨胀、交通拥堵、环境污染、住房困难、水资源紧缺是中国大都市面临的主要病症；指出"先发展，后治理"的理念、人口增速过快、城市规划不合理、"摊大饼"式发展模式、都市治理手段落后、政策工具单一、职能分割的碎片式都市治理模式等是导致都市病难以治理的主要原因。治理都市病是当下乃至更长一段时间内中国政府改善都市管理运行的重要使命。必须通过发展经济、增加和整合资源供给、改革都市运行管理方式和优化都市运行治理等路径实现对都市病的有效治理。

其三，"单中心"的都市发展布局导致都市在有限空间内人口急剧增加、公共需求极度膨胀、公共资源极度紧张甚至难以为继、环境遭受极度高压并产生破坏性连锁反应，这也是都市病生成的重要原因。"单中心"布局是指都市以核心区域为圆心、向外蔓延形成层层卫星城（镇）的扩张方式的发展规划，也可俗称"摊大饼"式发展模式。几乎所有的现代大城市和特大城市都是通过这种方式发展起来的。这种"单中心"布局虽然在短时期内易于产生资源集聚效应，但是更易于导致都市的区域人口高密度和超高密度，带来环境恶化、住房紧张、学校拥挤、看病困难、交通拥堵等一系列都市病。

其四，产生当下中国都市病的要因在不同类型的都市有所差异，但更有其突出的共性。从公共产品供给理论观之，都市病既是城市化进程过快所诱发的"都市病症"，也是公共产品供给结构不均衡导致都市自组织系统涨落过度和城市系统失衡所导致的结构性问题。都市公共产品供给的结构性问题是引发都市病的关键原因，都市病的本质是都市公共产品供给的结构性失衡。

其五，从公共产品供给视域考察，依据都市病的病因，当下中国都市病可以界分为供给不足型、供给不均衡型、供给品质紊乱型三种主要类型。供给不足型都市病，是因都市公共资源稀缺导致公共产品供给不足而引发的都市病；供给不均衡型都市病，是指公共产品和服务供给不均衡引发的都市病；供给品质紊乱型都市病即都市公共产品供给品质与实际需求之间存在张力，导致都市运行出现功能紊乱而引发的各种病态表现。都市系统的复杂性决定了任何一种都市病往往都不是单因导致的结果。对都市病类型的界分有利于对都市病及其治理开展理论研究。

其六，传统职能分割的碎片式都市病治理策略存在严重的政策负外部性，无法从根本上增强都市有机体的自组织系统。对国内外都市病治理的考察研究表明，受传统的职能分割的碎片化治理模式的影响，现行都市病治理策略强调由分工负责的职能部门根据职能范围，以直接针对特定都市病采取针对性治理工具的碎片式治理方式治理特定都市病。这样做虽然可在短期内减轻某种都市病病象，但职能分割的碎片式治理方式是"头痛医头、脚痛医脚"，效果不彰，而且往往存在较大的政策负外部性，即一种都市病治理举措常常会引发或加重另一种都市病的病症，出现政策激发性都市病。这样做难以促进都市有机体自组织增强复壮，难以优化都市资源配置效率，不利于从根本上治理都市病。

其七，以东京、纽约和伦敦为代表的典型国际大都市治理都市病的一些重要经验值得借鉴。发达国家在城市化发展进程中经历过都市病的阵痛，在都市病治理过程中积累了如下比较丰富的治理经验：一是发挥政府宏观调控的作用，实施都市病的集中治理；二是结合本地特点因应施策，对症下药；三是充分发挥规划与立法引导作用；四是协调跨区域规划，推动城市群（都市圈）内各城市的协调发展；五是健全都市病治理的地方协调机制；六是优先发展健全公共交通体系。这些经验值得借鉴。

其八，针对产生当下中国都市病的差异性与共性成因，治理都市病须施行分类治理与整体治理相结合的综合治理方略，以利于实现标本兼治、"固本培元"，优化和增强都市公共资源的动员、整合与配置效率，使公共产品供给各子系统功能协调，协同发力，高效运行的都市病治理目标。当下中国都市病治理需要根据都市病的生成原因和具体类型，采取分类型治理与整体性治理结合的方式，从根本上进行治理。要综合考量都市系统的复杂性、都市各个子系统间相辅相成且互相制约的辩证关系、都市病之间的关联性以及都市病治理政策的负外部性影响等因素，在进行分类治理的同时，运用整体性思维，从宏观上、中观上、微观上创新都市病治理理念与政策，采用系统方式对都市病实施整体施治。通过这样的标本兼治、"固本培元"的都市病治理，促进都市有机体自组织增强，改善和增强都市公共资源的动员、整合与配置效率，使都市管理运行与公共产品供给各子系统功能协调，协同发力，高效运行。

限于作者之学力与研究能力，本研究在如下方面还存在不足。

一是本研究对都市病成因及其发展规律和趋势的基本理论研究不够深入，未来关于都市病治理的理论研究，一方面，需要从更为宏观、抽象的理论视角来对都市病及其发展规律和趋势等做出更为一般性的理论阐释，从而达到更为深刻地认识都市病的本质及其发展规律的目的；另一方面，需要从更为微观的实证视角对各类具体的都市病做出更为深刻的剖析，以把握特定都市病的发病原因、病症表现和治理之策，从而促进都市病及其治理的理论研究不断深化。

二是本课题研究偏向于总体现状的宏观分析，对不同层级的都市病治理的针对性研究不够，如大城市、中小城市所面临的都市病有所不同，其都市病的形成机理也存在较大差异，本研究所探究的分类治理与整体性治理相统一的分析框架可能难以适用于每一种都市类型，进一步开展类型学视角下的都市病治理的研究是未来需要努力的研究方向。

三是都市病及其治理是一个复杂的公共管理问题，涉及管理学、经济学、政治学、财政学、市政学、城市规划学、社会学、生态学乃至物理学等多学科领域的复杂性知识学，限于知识和能力，作者无法对都市病及其治理进行全面系统的知识学研究。因而，在研究方法、研究结论和治理对策建议等诸多方面，作者必然存在知识学方面的不足，有些方面甚至可能存在谬误之处，相关研究结论还有待于更为深入地研究和验证。

四是本研究对都市病类型的划分可能还存在不够周延之处，对国内外典型都市的都市病治理经验的探讨还仅仅停留于文献研究层面，未能开展实证式考察，对典型都市的都市病现状及其治理策略和治理绩效的研究可能也不够精当，所提出的优化都市病治理的对策建议还有待实践检验。

今后作者将从上述各方面进一步拓展和深化研究。衷心期望得到学界前辈和各位老师对本研究的指导批评，指出和纠正本研究存在的不足和谬误；也希望更多学界、实务界人士能关注都市病及其治理问题，以更好地为都市病治理实践提供理论支撑。

参考文献

一、中文著作

[1] 村英一．城市问题百科全书 [M]．王君健，等，译．哈尔滨：黑龙江人民出版社，1988．

[2] 邓伟志．当代"城市病" [M]．北京：中国青年出版社，2003．

[3] 郭庆旺，赵志耘．财政理论与政策——当前若干重大问题探讨 [M]．北京：经济科学出版社，1999．

[4] 何显明．信用政府的逻辑 [M]．上海：学林出版社，2007．

[5] 胡欣，江小群．城市经济学 [M]．上海：立信会计出版社，2005．

[6] 黄健荣．公共管理新论 [M]．北京：社会科学文献出版社，2005．

[7] 黄健荣．公共管理学 [M]．北京：社会科学文献出版社，2008．

[8] 矶樊纲，武良成．城市化：着眼于城市化的质量 [M]．北京：中国经济出版社，2010．

[9] 金江军．智慧城市：大数据、互联网时代的城市治理 [M]．北京：电子工业出版社，2017．

[10] 金钟范．韩国发展政策 [M]．上海：上海财经大学出版社，2002．

[11] 孔繁斌．公共性的再生产 [M]．南京：江苏人民出版社，2008．

[12] 刘洁．"城市病"防治：以中国超大城市为例 [M]．北京：社会科学文献出版社，2018．

[13] 卢现祥．西方新制度经济学 [M]．北京：中国发展出版社，1996．

[14] 倪鹏飞．中国城市竞争力报告（No.9）[R]．北京：社会科学文献出版社，2011．

222

[15] 宁越敏 . 中国城市研究（第五辑）[M]，北京：商务印书馆，2012.

[16] 潘家华 . 中国城市发展报告（No.3）[R]. 北京：社会科学文献出版社，2010.

[17] 石国亮，张超，徐子梁 . 国外公共服务理论与实践 [M]. 北京：中国言实出版社，2011.

[18] 孙柏英 . 当代地方治理：面向 21 世纪的挑战 [M]. 北京：中国人民大学出版社，2004.

[19] 孙文华 . 治理城市病的规划探讨 [M]. 上海：上海社会科学出版社，2017.

[20] 孙立平 . 转型期的中国社会 [M] 北京：改革出版社，1997.

[21] 王佃利等 . 邻避困境：城市治理的挑战与转型 [M]. 北京：北京大学出版社，2017.

[22] 魏淑艳 . 中国公共政策转移研究 [M]. 沈阳：东北大学出版社，2006.

[23] 吴俊培 . 公共财政研究文集 [M]. 北京：经济科学出版社，2000.

[24] 杨光斌 . 中国经济转型中的国家权力 [M]. 北京：当代世界出版社，2003.

[25] 杨宏山 . 转型中的城市治理 [M]. 北京：中国人民大学出版社，2017.

[26] 易承志 . 大城善治：中国大都市发展中的政府治理机制创新研究 [M] . 北京：北京大学出版社，2017.

[27] 应奇，刘训练 . 公民共和主义 [M]. 北京：东方出版社，2006.

[28] 俞可平 . 治理与善治 [M]. 北京：社会科学文献出版社，2000.

[29] 张敦富 . 城市经济学原理 [M]. 北京：中国轻工业出版社，2005.

[30] 张康之 . 公共管理伦理学 [M]. 北京：中国人民大学出版社，2003.

[31] 张康之 . 寻找公共行政的伦理视角 [M]. 北京：中国人民大学出版社，2002.

[32] 张维迎 . 博弈论与信息经济学 [M]. 上海：格致出版社，上海三联书店，上海人民出版社，2004.

[33] 郑也夫 . 信任：合作关系的建立与破坏 [M]. 杨玉明，等，译 . 北京：中国城市出版社，2003.

[34] 周平 . 当代中国地方政府 [M]. 北京：人民出版社，2007.

[35] 朱光磊，等 . 当代中国社会各阶层分析 [M]. 天津：天津人民出版社，1998.

二、中文期刊

[1] 鲍嘉 . 合肥 2007—2012 城市病测度——基于模糊评价法 [J]. 重庆科学学院学报（社会科学版），2013（6）：84–87.

[2] 柴浩放 . 北京城市病的城乡关系透视 [J]. 生态经济，2015（7）：165–167.

[3] 陈超 . 气候影响下城市水环境治理 PPP 模式补偿机制优化策略研究 [J]. 生态经济，2019（8）：171–175.

[4] 陈哲，刘学敏 . "城市病"研究进展和评述 [J]. 首都经济贸易大学学报，2012（1）：101–108.

[5] 陈友华 . 理性化、城市化与城市病 [J]. 北京大学学报（哲学社会科学版），2016（6）：107–113.

[6] 池子华 . 农民工与近代中国"城市病"综合征 [J]. 徐州师范大学学报（哲学社会科学版），2011（2）：77–82.

[7] 丁金宏 . 论城市爆炸与人口调控 [J]. 前进论坛，2011（2）：33–36.

[8] 董春銮 . 都市病：现代人的阴影 [J]. 健康生活，1998（3）：40–41.

[9] 董梅，张军红 . 新疆"城市病"问题初探 [J]. 新学术，2007（6）：84–86.

[10] 邓雯，杨奕 . 从云端化到智能化：技术驱动下城市治理的路径选择与价值实现 [J]. 情报杂志，2019（11）：199–F0003.

[11] 杜春林，黄涛珍 . 从政府主导到多元共治：城市生活垃圾分类的治理困境与创新路径 [J]. 行政论坛，2019（4）：116–121.

[12] 段小梅 . 城市规模与"城市病"：对城市发展方针的反思 [J]. 中国人口、资源与环境，2001（4）：133–135.

[13] 方维蔚 . 论信息化与"城市病"的治理 [J]. 科学对社会的影响，2004（1）：32–36.

[14] 房亚明 . "城市病"、贫富分化与集权制的限度、资源分布格局的政治之维 [J]. 湖北行政学院学报，2011（4）：27–31.

[15] 风笑天.城镇化:概念、目标与挑战 [J].国家行政学院学报,2014(3):
32–33.

[16] 傅晨.城市化概念辨析 [J].南方经济,2005(4):29–30.

[17] 何强.北京的"城市病"根源何在 [J].中国统计,2008(11):16–17.

[18] 高奇琦,刘洋.人工智能时代的城市治理 [J].上海行政学院学报,2019
(2):33–42

[19] 韩志明.技术治理的四重幻象——城市治理中的信息技术及其反思 [J].探
索与争鸣,2019(6):48–58.

[20] 黄健荣.论现代社会根本性和谐:基于公共管理的逻辑 [J].社会科学,
2009(11):3–12.

[21] 黄健荣.探求破解城市管理困局之对策 [J].人民论坛,2015(17):22–24.

[22] 黄健荣.政府决策注意力资源论析 [J].江苏行政学院学报,2010(10):
101–107.

[23] 焦弓."都市病"困扰现代城市人 [J].现代养生,2010(3):64–65.

[24] 焦晓云.城镇化进程中"城市病"问题研究:涵义、类型及治理机制 [J].经
济问题,2015(7):7–12.

[25] 朗朗,宁育育.城市病的 N 种症状 [J].世界博览,2010(13):30–37.

[26] 李纲等.面向大城市病的政府政策有效性实证研究 [J].信息资源管理学
报,2017(1):20–31.

[27] 李强.当前城市化和流动人口的几个理论问题 [J].江苏行政学院学报,
2002(1):61–68.

[28] 李金龙,李江棋.以新发展理念破解"大城市病" [J].前线,2019(6):
61–63.

[29] 李明超.基于系统科学的城市病评估、实证与治理 [J].上海对外经贸大学
学报,2019(4):90–99.

[30] 李天健.城市病评价指标体系构建及应用研究 [J].城市观察,2012(4):
112–119.

[31] 李天健.北京城市病研究 [D].首都经济贸易大学硕士学位论文，2013.

[32] 梁丽.大数据时代治理"城市病"的技术路径 [J].电子政务，2016（1）：88–95.

[33] 林家彬."城市病"的体制性成因与对策研究 [J].城市规划学刊，2012（3）：16–22.

[34] 刘成玉.中国"大城市病"诊断与治理新思路 [J].中国经济问题，2012（6）：25–32.

[35] 刘纯彬.二元结构与城市化 [J].社会，1990（4）：34–35.

[36] 刘士林.都市化进程论 [J].学术月刊，2006（1）：5–12.

[37] 刘永亮，王孟欣.城乡失衡催生"城市病"[J].城市，2010（5）：71–74.

[38] 刘勇.中国城镇化发展的历程、问题和趋势 [J].经济与管理研究，2011（3）：20–26.

[39] 龙泉.光污染：不可忽视的城市病 [J].康乐园，2002（7）：12–13.

[40] 陆铭.重思"都市病"[J].中国经济报告，2013（2）：69–71.

[41] 陆铭等.治理都市病：如何实现增长、宜居与和谐？[J].经济社会体制比较，2019（1）：22–29.

[42] 马晓河，胡拥军.中国城镇化进程、面临问题及其总体布局 [J].改革，2010（10）：30–45.

[43] 倪鹏飞.中国部分城市已患上严重"城市病"[J].中国经济周刊，2003，3（5）：24–25.

[44] 彭勃，赵吉.从增长锦标赛到治理竞赛：我国城市治理方式的转换及其问题 [J].内蒙古社会科学，2019（1）：63–70.

[45] 仇保兴.复杂自适应系统视角下的城市治理：导向、方法论与特征 [J].城市治理研究，2019（1）：1–10.

[46] 任远.城市病和高密度城市的精细化管理 [J].社会科学，2018（5）：76–82.

[47] 盛广耀.中国城市化模式的反思与转变 [J].经济纵横，2009（9）：31–35.

[48] 石忆邵.中国"城市病"的测度指标体系及其实证分析 [J].经济地理，2014

（10）: 1–6.

[49] 石忆邵 . "大城市病"的症结、根源、诱发力及其破解障碍 [J]. 南通大学
学报，2014（3）: 120–127.

[50] 石忆邵 . 城市规模与"城市病"思辨 [J]. 城市规划汇刊，1998（5）: 15–18.

[51] 石忆邵，俞怡文 . 郊区化究竟是加重还是缓解了城市病 [J]. 经济地理，
2016（8）: 47–54.

[52] 孙柏瑛等 . 大城市的现代治理之路与治理政策走向 [J] 南京大学学报（哲
学·人文科学·社会科学），2019（4）: 96–106.

[53] 孙久文等 . "城市病"对城市经济效率损失的影响 [J]. 经济与管理研究，
2015（3）: 54–62.

[54] 孙立坚 . "金融泡沫"是一种现代城市病 [J]. 社会观察，2009（6）: 60.

[55] 唐耀华 . 城市化概念研究与新定义 [J]. 学术论坛，2013（5）: 113–116.

[56] 唐子来 . "美好城市" VS "城市病" [J]. 城市规划，2012（1）: 52–72.

[57] 王格芳 . 快速城镇化中的"城市病"及其防治 [J]. 中共中央党校学报，2012
（5）: 76–79.

[58] 王桂新 . 中国"大城市病"预防及其治理 [J]. 南京社会科学，2011（12）:
55–60.

[59] 王杰义 . 农村城市化概念的界定及其测定 [J]. 中国农村观察，1996（1）:
55–56.

[60] 王瑾 . 完善导向标识给"大城市病"减压 [J]. 人民论坛，2018（14）: 58–59.

[61] 王晓玥，李双成 . 基于多维视角的"城市病"诊断分析及其风险预估研究
进展与发展趋势 [J]. 地理科学进展，2017（2）: 231–243.

[62] 王许松 . 被都市病蚕食的幸福 [J]. 数据，2011（10）: 10–11.

[63] 文风枫 . 现代都市病大盘点 [J]. 健康天地，2012（11）: 70–71.

[64] 薛松 . "大城市病"笼罩中国 [J]. 环境，2012（9）: 50–52.

[65] 雪生 . 现代都市病"盯"上老年人 [J]. 武当，2006（3）: 187.

[66] 杨文娟 . 江苏"城市病"的防范与治理途径研究 [J]. 现代城市研究，2016

（1）：127–130.

[67] 颜新展 . 直面中国"城市病"[J]. 中州建设，2009（17）：40–44.

[68] 鄢祖容 . "深度城镇化"：破除城市病的有效路径 [J]. 人民论坛，2017（9）：
534–535.

[69] 郁亚娟等 . 城市病诊断与城市生态系统健康评价 [J]. 生态学报，2008（4）：
1736–1747.

[70] 曾广宇，王胜泉 . 论中国的城市化与城市病 [J]. 经济界，2005（1）：54–57.

[71] 张鸿雁 . 中国"非典型现代都市病"的社会病理学研究 [J]. 社会科学，2010
（10）：50–58.

[72] 张忠华，刘飞 . 当前城市病问题及其治理 [J]. 发展研究，2012（2）：84–85.

[73] 赵弘 . 号脉北京城市病 [J]. 中国改革，2014（5）：14–17.

[74] 赵全军 . 都市化理论及其在中国的运用 [J]. 云南社会科学，2005（4）：
74–78.

[75] 郑亚平，聂锐 . 城市规模扩张要"适度"[J]. 宏观经济研究，2010（12）：
58–68.

[76] 周加来 . "城市病"的界定、规律与防治 [J]. 中国城市经济，2004（2）：
30–33.

[77] 王磊 . 公共产品供给主体及边界确定的交易费用经济学分析——兼论我
国公共产品供给过程中交易费用的计量 [J]. 财经问题研究，2007（4）：
37–38.

[78] 曾广录，李映辉 . 论公共产品供给中政府规制的价值逻辑 [J]. 求索，2013
（1）：120–122.

[79] 唐祥来 . 公共产品供给的"第四条道路"——PPP 模式研究 [J]. 经济经纬，
2006（1）：19–22.

[80] 崔开云 . 非政府组织参与中国农村公共产品供给基本问题分析 [J]. 农村经
济，2011（4）：31–32.

[81] 陈小安 . 准公共产品竞争性供给改革分析框架——兼论我国公共产品改革

思路 [J]. 中央财经大学学报，2006（11）：7–10.

[82] 韩心灵. 经济新常态下公共产品供给问题研究 [J]. 理论导刊，2016（9）：
79–80.

[83] 余斌，许敏. 西方公共产品供给理论局限与公共经济的有效供给 [J]. 重庆
社会科学，2014（9）：20–22.

[84] 杨传开，李陈. 新型城镇化背景下的城市病治理 [J]. 经济体制改革，2014
（3）：48–52.

[85] 杨峰，吕尖. 公共产品供给效率：解析、延拓与回应 [J]. 经济问题探索，
2011（12）：17–18.

[86] 刘成奎，周瑞雪，任飞容. 财政幻觉与公共产品供给规模研究 [J]. 福建论
坛（人文社会科学版），2016（10）：39–40.

[87] 王磊. 公共产品供给主体选择——基于交易费用经济学的理论分析框架及
在中国的应用 [J]. 财贸经济，2007（8）：64–65.

[88] 汪阳红. 区域性公共产品供给研究 [J]. 宏观经济管理，2013（4）：57–59.

[89] 李慧，张志超. 美国绩效预算的经验、困难和启示 [J]. 华东经济管理，
2007（10）：14–15.

[90] 赵弘. 北京大城市病治理与京津冀协同发展 [J]. 经济与管理，2014(3)：5–9.

[91] 张宏军. 西方公共产品理论溯源与前瞻——兼论我国公共产品供给的制度
设计 [J]. 贵州社会科学，2010（6）：27–28.

[92] 张经武. 意识、理念与策略：刍议"城市病"及其防治 [J]. 都市文化研究，
2014（10）：118–127.

[93] 张秀清. 城镇化与现代化 [D]. 内蒙古大学硕士学位论文，2006.

三、译著

[1] 阿尔蒙德，鲍威尔. 比较政治学：体系、过程和政策 [M]. 曹沛霖，等，
译. 上海：上海译文出版社，1987.

[2] 阿尔蒙德，维巴. 公民文化：五国的政治态度和民主 [M]. 马殿君，等，
译. 杭州：浙江人民出版社，1989.

[3] 阿特金森，斯蒂格利茨．公共经济学 [M]．蔡江南，译．上海：上海三联书店，1992.

[4] 奥尔森．集体行动的逻辑 [M]．陈郁，等，译．上海：格致出版社，上海三联书店，上海人民出版社，1995.

[5] 奥罗姆．政治社会学——主体政治的社会剖析 [M]．张青华，孙嘉明，等，译．上海：上海人民出版社，1989.

[6] 奥斯本，盖布勒．改革政府：企业精神如何改革着公营部门 [M]．周敦仁，译．上海：上海译文出版社，1996.

[7] 奥斯特罗姆．公共事物的治理之道 [M]．余逊东，陈旭东，译．上海：上海三联书店，2000.

[8] 巴伯．信任：信任的逻辑和局限 [M]．牟斌，等，译．福州：福建人民出版社，1989.

[9] 贝尔．社群主义及其批评者 [M]．李琨，译．北京：生活·读书·新知三联书店，2002.

[10] 贝尔．资本主义文化矛盾 [M]．赵一凡，译．上海：上海三联书店，1989.

[11] 本尼迪克．文化模式 [M]．何锡章，黄欢，等，译．北京：华夏出版社，1987.

[12] 波朗查斯．政治权力与社会阶级 [M]．叶林，等，译．北京：中国社会科学出版社，1982.

[13] 波普诺．社会学（下）[M]．刘云德，王戈，译．沈阳：辽宁人民出版社，1987.

[14] 波普诺．社会学 [M]．李强，译．北京：中国人民大学出版社，1999.

[15] 博克斯．公民治理：引领 21 世纪的美国社区 [M]．孙柏瑛，等，译．北京：中国人民大学出版社，2005.

[16] 博曼，雷吉．协商民主：论理性与政治 [M]．陈家刚，译．北京：中央编译出版社，2006.

[17] 博曼．公共协商：多元主义、复杂性与民主 [M]．黄相怀，译．北京：中央

编译出版社，2006.

[18] 布坎南，塔洛克.同意的计算：立宪民主的逻辑基础 [M].陈光金，译.北京：中国社会科学出版社，2000.

[19] 布坎南.自由、市场和国家 [M].吴良健，等，译.北京：北京经济学院出版社，1988.

[20] 布莱尔.社区权力与公民参与：美国的基层政府 [M].伊佩庄，张雅竹，编译.北京：中国社会出版社，2003.

[21] 达尔.多元主义民主的困境 [M].尤正明，译.北京：求实出版社，1989.

[22] 达尔.民主理论的前言 [M].顾昕，朱丹，译.上海：上海三联书店，1999.

[23] 达尔.现代政治分析 [M].王沪宁，译.上海：上海译文出版社，1987.

[24] 德罗尔.逆境中的政策制定 [M].王满传，等，译.上海：上海远东出版社，1996.

[25] 邓恩.公共政策分析导论 [M].谢明，等，译.北京：中国人民大学出版社，2002.

[26] 杜威.人的问题 [M].傅统先，等，译.上海：上海人民出版社，1965.

[27] 弗雷德里克森.公共行政的精神 [M].张成福，等，译.北京：中国人民大学出版社，2003.

[28] 福克斯.后公共行政的话语指向 [M].楚艳红，译.北京：中国人民大学出版社，2002.

[29] 福山.历史的终结 [M].出版组，译.呼和浩特：远方出版社，1998.

[30] 福山.信任：社会道德与繁荣的创造 [M].李婉容，译.呼和浩特：远方出版社，1998.

[31] 格斯顿.公共政策的制定：程序和原理 [M].朱子文，译.重庆：重庆出版社，2001.

[32] 哈耶克.自由秩序原理 [M].邓正来，译.北京：生活·读书·新知三联书店，1997.

[33] 亨廷顿.变革社会中的政治秩序 [M].张岱云，等，译.上海：上海译文出

版社，1989.

[34] 科恩.论民主 [M]. 聂崇信，朱秀贤，等，译.北京：商务印书馆，1994.

[35] 科斯.论生产的制度结构 [M]. 盛洪，陈郁，等，译.上海：上海三联书店，1994.

[36] 克莱顿·托马斯.公共决策中的公民参与：公共管理者的新技能与新策略 [M]. 孙柏瑛，等，译.北京：中国人民大学出版社，2005.

[37] 克雷默，泰勒.组织中的信任 [M]. 管兵，刘穗琴，等，译.北京：中国城市出版社，2003.

[38] 卢梭.社会契约论 [M]. 李平沤，译.北京：商务印书馆，1980.

[39] 罗尔斯.正义论 [M]. 谢延光，译.上海：上海译文出版社，1991.

[40] 罗森.财政学 [M]. 赵志耕，译.北京：中国人民大学出版社，2003.

[41] 洛克.政府论：下篇 [M]. 翟菊农，叶启芳，等，译.北京：商务印书馆，1982.

[42] 麦金尼斯.多中心体制与地方公共经济 [M]. 毛寿龙，李梅，译.上海：上海三联书店，2000.

[43] 麦金尼斯.多中心体制与地方公共经济 [M]. 毛寿龙，译.上海：上海三联书店，2000.

[44] 麦金尼斯.多中心治道与发展 [M]. 毛寿龙，译.上海：上海三联书店，2000.

[45] 麦金太尔.谁之正义？何种合理性？ [M]. 万俊人，吴海针，王今一，等，译.北京：当代中国出版社，1996.

[46] 曼昆.经济学原理（上册）[M]. 梁小民，译.北京：机械工业出版社，2003.

[47] 孟德斯鸠.论法的精神 [M]. 张雁深，译.北京：商务印书馆，1983.

[48] 纳尔逊.难以抉择：发展中国家的政治参与 [M]. 汪晓寿，等，译.北京：华夏出版社，1989.

[49] 诺思.经济史中的结构与变迁 [M]. 陈郁，译.上海：上海三联书店，上海

人民出版社，1995.

[50] 诺思 . 制度、制度变迁与经济效绩 [M]. 杭行，韦森，译 . 上海：上海三联书店，1994.

[51] 帕特南 . 使民主运转起来：现代意大利的公民传统 [M]. 王列，赖海榕，译 . 南昌：江西人民出版社，2001.

[52] 萨巴蒂尔 . 政策过程理论 [M]. 彭宗超，译 . 北京：生活·读书·新知三联书店，2004.

[53] 萨瓦斯 . 民营化与公私部门的伙伴关系 [M]. 周志忍，译 . 北京：中国人民大学出版社，2002.

[54] 什托姆普卡 . 信任：一种社会学理论 [M]. 程胜利，译 . 北京：中华书局，2005.

[55] 斯蒂格利茨 . 经济学 [M]. 黄险峰，张帆，等，译 . 北京：中国人民大学出版社，2013.

[56] 斯金纳，斯特拉斯 . 国家与公民 [M]. 彭利平，译 . 上海：华东师范大学出版社，2005.

[57] 斯坦因 . 荣格心灵地图 [M]. 朱侃如，译 . 台北：立绪文化事业有限公司，1989.

[58] 斯通 . 政治心理学 [M]. 胡杰，译 . 哈尔滨：黑龙江人民出版社，1997.

[59] 沃伦 . 民主与信任 [M]. 吴辉，译 . 北京：华夏出版社，2004.

[60] 希尔 . 现代国家的政策过程 [M]. 赵成根，译 . 北京：中国青年出版社，2004.

[61] 雅诺斯基 . 公民与文明社会 [M] 柯雄，译 . 沈阳：辽宁教育出版社，2000.

[62] 伊斯顿 . 政治生活的系统分析 [M]. 王浦劬，译 . 北京：华夏出版社，1989.

四、外文资料

[1] Dike Azuka. Environmental Problems in Third World Cities: A Nigerian Example[J]. *Current Anthropology*, 1985, 26(4): 501–505.

[2]　Duneier Mitchell & Molotch Harvey. Talking City Trouble: Interactional Vandalism, Social Inequality, and the "Urban Interaction Problem"[J]. *American Journal of Sociology*, 1999, 104(5): 1263–1295.

[3]　Henderson J. Vernon. *Urbanization in China: Policy Issue and Options* [R]. Reports for the China Economic Research and Advisory Program, 2007.

[4]　Konings Piet. Solving Transportation Problems in African Cities: Innovative Responses by the Youth in Douala, Cameroon[J]. *Africa Today*, 2006, 53(1): 35–50.

[5]　Lipsitz George. No Shining City on a Hill: American Studies and The Problem of Place[J]. *American Studies*, 1999, 40(2): 53–69.

[6]　Mill J.S. *Principles of Poitical Economy*[M]. London: Longman's,Green & Co., 1921.

[7]　Ruggeri Amanda. The Tragedy of Line C: The World's Great Cities Have A Monumental Roblem. By Building For The Future, Must They Erase The Past?[J]. *World Policy Journal*, 2011, 27(4): 49–58.

[8]　Shammas Carole. The Space Problem in Early United States Cities[J]. *The William and Mary Quarterly*, 2000, 57(3): 505–542.

[9]　White Rob. Toxic Cities: Globalizing the Problem of Waste[J]. *Social Justice*, 2008, 35(3): 107–119.

[10]　Wofeso Pelu. One out of Every Two Nigerians Now Lives in a City: There Are Many Problems But Just One Solution[J]. *World Policy Journal*, 2011, 27(4): 67–73.

五、报纸资料

[1]　白志鹏，王宝庆，杜世勇.PM2.5 如何防控 [N]. 中国环境报,2012–02–21（2）.

[2]　傅莎莎.北京每天拥堵 5 小时　私家车使用强度超东京两倍 [N]. 新京报,2010–04–10（3）.

[3] 怀畅 . 把脉都市病 [N]. 中国社会科学报，2011–01–18（1）.

[4] 刘士林 .2007 中国都市化进程报告 [N]. 社会科学报，2007–12–27（1）.

[5] 王夕 . "人人都有都市病"，如何解决 ?[N]. 北京科技报，2009–6–29（48）

[6] 杨健 .400 多个城市存在供水不足 水危机面临大挑战 [N]. 解放日报，
      2009–11–16（6）.

[7] 佚名 . 破解中小城市垃圾围城 路在何方？ [N]. 科技日报，2010–12–10
      （7）.

[8] 张汉飞 . 城市病表现及治理 [N]. 天津日报，2010–11–08.

[9] 朱颖慧 . 城市六大病：中国城市发展新挑战 [N]. 光明日报，2010–11–07.

六、网络资料

[1] 2014 年上半年 74 个城市空气质量状况报告 [R/OL]. PM2.5 监测网，2014–
      07–04[2014–08–06]. http://www.cnpm 25.cn/article/201407043414.html.

[2] 李柯勇，南婷 . 中国三成城市深陷垃圾围城 焚烧厂建设引担忧 [N/OL].
      新华网，2010–10–31[2014–08–06]. http://news.xinhuanet.com/2010–10–31/
      c_12720525.htm.

[3] 74 个监测城市中 33 个空气质量达严重污染级别 [N/OL]. 人民网，2013–01–
      13[2014–08–06]. http://sc.people. com.cn/GB/n/2013/0113/c345460–18012131.
      html.

[4] 孙久文 . 政府需提高城市管理水平，而不能总是限制 [DB/OL]. 央视网，
      2011–08–04[2014–06–01]. http://news.cntv.cn/2011–0804/100216.shtml.

[5] 央视调查背景堵车状况：白领每天路上耗 6 小时 [N/OL]. 搜狐网，2010–
      10–14[2014–07–06]. http://m.sohu.com/n/275685781/?v=3&_trans_=000014_
      baidu_ss.

后 记

在导师和朋友们的鼓励下，本书终于付梓。

本书写作之时，"都市病"这一话题还是比较"前瞻"的，但这些年关于"城市治理"的研究与实践已经风起云涌，很多的构想已经成为现实。以今天的经验审视本书观点，难免会给人有些许"迟滞"之感。但考虑到本书的公共管理视角对城市治理的现代化或有借鉴意义，还是下了决心。

城市，让生活更美好。这已成为人们的共识。然而，城市作为一个有机体、大系统，也会出现各种"疾病"。城市的这些"疾病"被人们称为"城市病"或"都市病"。规模越大，复杂性程度越高的城市以及更大规模的都市，其城市病的病象会更为严重和复杂。都市病的蔓延和加剧不仅严重消解都市公共资源配置效率，阻滞都市经济社会良性运行与都市的可持续性发展，而且会使都市生态环境不断恶化，消减和破坏都市民众的生活质量与幸福指数。本书基于对都市病及其治理研究成果的系统梳理研究，以公共产品供给理论为视角，建构都市病及其治理研究的理论分析框架，在对都市病的概念、成因、本质、现状等基本理论问题进行深入分析的基础上，研究都市病的基本类型，考察都市病的社会危害，提出分类型治理与整体性治理相结合的当下中国都市病治理方略建议，以期为实现标本兼治的都市病治理提供理论借鉴。

当然囿于作者之学力，本研究存在诸多不足，祈望方家们的指正。

时光如白驹过隙。看到样稿，感慨满怀的同时，内心充满了感恩。

2011年在南京大学重启求学之路，非常幸运地投奔到黄健荣教授门下攻读行政管理学博士。由于在职研读，时间和精力常常无法聚焦。但是，黄老师给了我悉心指导，倾注了比一般学生更大量的心血。师母姜秀珍老师也无微不至地关心我的学习和生活。他们共同向我传递做人、做事与做学问的正能量。在此，谨向我的导师和师母致以敬意和感谢！

在此，也要一并感谢：

南京大学的各位教授和老师：孔繁斌教授、童星教授、张凤阳教授、闾小波教授、张康之教授、林闽钢教授、李永刚教授、魏姝教授、周建国教授、王明生教授、陆江兵教授、李良玉教授、杜骏飞教授、严新明副教授和庄蕾老师。感谢你们这些年来给予我的教导、关爱和帮助。

我的诸位同窗契友：陈宝胜、钟裕民、刘伟、胡建刚、钱洁、谢治菊、姚莉、蒋励佳、李玲、杨树林、向玉琼、杨占营、余敏江、廖尹航、徐进，等等。在黄门中，你们对我的扶持、关心和帮助，我牢记在心。

我的家人。感谢父母一直在背后默默地支持我；感谢我的妻子，理解我并不断地鼓励着我；感谢外公和岳母，这些年来为我分担了大量的家务；感谢我的女儿，聪明懂事，让我没有后顾之忧。

浙大出版社的赵静老师和所有参与评阅、评审本书的各位专家。感谢大家对本书的指导和提出的宝贵意见！

道阻且长，行则将至。惟有奋发，方冀未来。

鲍林强

2023 年 8 月 30 日